明史

清 張廷玉等撰

第二〇册

卷二二七至卷二四〇（傳）

中華書局

明史卷二百二十七

列傳第一百十五

龐尚鵬　宋儀望　張岳　李材　陸樹德　蕭廩

賈三近　李頤　朱鴻謨　蕭彥弟雍　查鐸　孫維城

謝杰　郭惟賢　萬象春　鍾化民　吳達可

龐尚鵬，字少南，南海人。嘉靖三十二年進士。除江西樂平知縣。擢御史。偕給事中羅嘉賓出覈南京、浙江軍餉，請罪參將戚繼光、張四維，而盡發胡宗憲失律、貪淫及軍興督撫侵軍需狀。還朝，出按河南。巡撫蔡汝楠欲會疏進白鹿，尚鵬不可。改按浙江。民苦徭役，爲舉行一條鞭法。按治鄉官呂希周、嚴杰、茅坤、潘仲驂子弟僮奴，請奪希周等冠帶。詔盡黜爲民。

尚鵬介直無所倚。所至搏擊豪强，吏民震慴。已，督畿輔學政。隆慶元年請帝時御便殿，延見大臣，恤建言得罪者馬從謙等。已，又申救給事中胡應嘉，論大學士郭朴無相臣體。擢大理右寺丞。

明年春，朝議興九邊屯、鹽。擢尚鵬右僉都御史，與副都御史鄒應龍、唐繼祿分理。尚鵬轄兩淮、長蘆、山東三運司，兼理畿輔、河南、山東、江北、遼東屯務。抵昌平，劾內侍張恩擅殺人，兩淮巡鹽孫以仁贓罪，皆獲譴。其秋，應龍等召還，命尚鵬兼領九邊屯務。疏列鹽政二十事，釐利大興。乃自江北躬歷九邊，先後列上屯政便宜，江北者四，薊鎮者九，遼東、宣、大者各十一，寧夏者四，甘肅者七。奏輒報可。

尚鵬權既重，自負經濟才，慷慨任事。諸御史督鹽政者以事權見奪，欲攻去之。河東巡鹽郜永春劾尚鵬行事乖違，吏部尚書楊博議留之。會中官惡博，激帝怒，譙讓，罷博而落尚鵬職，汰屯鹽都御史官。時三年十二月也。明年復坐按浙時驗進宮幣不中程，斥爲民。

神宗立，御史計坤亨等交薦，保定巡撫宋纁亦白其無罪。萬曆四年冬，始以故官撫福建。奏蠲逋餉銀，推行一條鞭法。劾罷總兵官胡守仁，屬吏咸奉職。張居正奪情，重譴言者。尚鵬移書救，居正深銜之。會拜左副都御史，居正令吏科陳三謨以給由歲月有誤劾之，遂罷去。家居四年卒。浙江、福建暨其鄉廣東皆以裾輕故德尚鵬，立祠祀。天啓中，賜謚惠敏。

宋儀望，字望之，吉安永豐人。嘉靖二十六年進士。授吳縣知縣。民輸白糧京師，輒破家。儀望令諸區各出公田，計役授田贍之。禁火葬，創子游祠，建書院，惠績甚著。徵授御史。劾大將軍仇鸞挾寇自重，疏留中。已，陳時務十二策。巡鹽河東，請開桑乾河通宣、大餉道，言：「河發源金龍池下甕城驛古定橋，會衆水，東流千餘里，入盧溝橋。其間惟大同卜村有叢石，宣府黑龍灣石崖稍險，然不踰五十里，水淺者猶二三尺，疏鑿甚易。曩大同巡撫侯鉞嘗乘小艇赴懷來，歷卜村、黑龍灣，安行無虞。又自懷來泝流，載米三十石達之古定河，足利漕可徵。」時方行空運，率三十石致一石。儀望疏至，下廷議。兵部尚書聶豹言：「河成便漕，兼制敵騎。」工部尚書歐陽必進言：「道遠役重。」遂報罷。

儀望尋省母歸。還朝，發胡宗憲、阮鶚奸貪狀，鶚被逮。二人皆嚴嵩私人，嵩由是不悅。及受命督三殿門工，嵩子世蕃私賈人金，屬必進俾與工事，儀望執不可。工竣，敍勞，擢大理右寺丞。世蕃以爲德，儀望請急歸，無所謝，世蕃益怒。會災異考察京官，必進遷吏部，遂坐以浮躁，貶夷陵判官。嵩敗，擢霸州兵備僉事。請城涿州，除馬戶逋稅。進大名兵備副使，改福建。與總兵官戚繼光合兵破倭，因列海防善後事。詔從其請。隆慶二年，吏部尚書楊博欲黜儀望，考功郎劉一儒持之，乃鐫二秩，補四川僉事。四遷大理少卿。

萬曆二年，張居正當國，雅知儀望才，擢右僉都御史，巡撫應天諸府。奏減屬郡災賦。海警稍定，將吏諱言兵，儀望與副使王叔果修戰備。倭果至，禦之黑水洋，斬獲多，進右副都御史。先有詔雪建文諸臣，儀望創表忠祠祀之南京。宋忠臣楊邦乂，儀望鄉人也，葬江寧，歲久漸湮，儀望爲封其墓，載其祠祀典。故太常卿袁洪愈、祭酒姜寶皆不爲居正所喜，儀望薦之朝，漸失居正意。四年稍遷南京大理卿。踰年改北，被劾罷歸。

儀望少師聶豹，私淑王守仁，又從鄒守益、歐陽德、羅洪先遊。守仁從祀，儀望有力焉。家居數年卒。

張岳，字汝宗，餘姚人。嘉靖三十八年進士。授行人。擢禮科給事中。巡視內府庫藏，奏行釐弊八事。已，又陳時政，極言講學者以富貴功名鼓動士大夫，談虛論寂，靡然成風。又今吏治方清，獨兵部無振刷，推用總兵黃印、韓承慶等，非庸即狡。曹司條例淆亂無章，胥吏朋奸，搏噬將校，其咎必有所歸。時徐階當國，爲講學會，而楊博在兵部，意蓋指二人也。博奏辨乞罷，帝慰留之。博自是惡岳。及掌吏部，岳已遷工科左給事中，遂出爲雲南參議。再遷河南參政。

萬曆初，張居正雅知岳，用爲太僕少卿。再遷南京右僉都御史，督操江。甫到官，會居正父喪謀奪情，南京尚書潘晟及諸給事、御史，咸上疏請留居正。岳獨馳疏請令馳驛奔喪，居正大怒。會大計京官，給事中傅作舟等承風劾岳，貶一秩調外，岳遂歸。久之，操江僉都御史呂藿、給事中吳綰知居正憾未釋，摭劾岳落職閒住。

甫兩月，居正死，南京御史方萬山薦岳，劾作舟。作舟坐斥，起岳四川參議。旋擢右僉都御史，巡撫南、贛。入爲左僉都御史，獻時政四議。其一言宗藩宜以世次遞殺，親盡則停，俾習四民之業。其一言治河之策，夏鎮固當開，泇頭亦不可廢。並報寢。進左副都御史，上疏評議廷臣賢否，爲給事中袁國臣等所論。時已遷刑部右侍郎，坐罷歸。

李材，字孟誠，豐城人，尚書遂子也。舉嘉靖四十一年進士，授刑部主事。素從鄒守益講學。自以學未成，乞假歸。訪唐樞、王畿、錢德洪，與問難。

隆慶中還朝。由兵部郎中稍遷廣東僉事。羅旁賊猖獗，材襲破之周高山，設屯以守。賊有三巢在新會境。調副總兵梁守愚由恩平，遊擊王瑞由德慶入，身出肇慶中道，夜半斬賊五百級，燬廬舍千餘，空其地，募人田之。亡何，倭五千攻陷電白，大掠而去。材追破之石城，設伏海口，伺其遁而殲之，奪還婦女三千餘。會奸人引倭自黃山間道潰而東。材聲言大軍數道至以疑賊，而返故道迎擊，盡殺之。又追襲雷州倭至英利，皆遁去，降賊渠許恩於陽江。錄功，進副使。

萬曆初，張居正柄國，不悅材，遂引疾去。居正卒，起官山東。以才調遼東開原。尋遷雲南洱海參政，進按察使，備兵金騰。金騰地接緬甸，而孟養、蠻莫兩土司介其間，叛服不常。緬部目曰大曩長、曰散奪者，率數千人據其地。材謂不收兩土司無以制緬，遣人招兩土司來歸，而間討抗命夷阿坡。居頃之，緬遣兵爭蠻莫，材合兩土司兵敗緬衆，殺大曩長，逐散奪去。緬帥莽應裏益兵至孟養，復擊沈其舟，斬其將一人，乃退。有猛密者，地在緬境，數爲緬侵奪，舉族內徙，有司居之戶碗。至是，緬勢稍屈，材資遣還故土。亡何，緬人驅象陣大舉復讐，兩土司告急。材遣遊擊劉天俸率把總寇崇德等出威緬，渡金沙江，與孟養兵會遮浪迎擊之。賊大敗，生擒繡衣賊將三人。巡撫劉世曾、總兵官沐昌祚以大捷聞，詔令覆勘。未上，而材擢右僉都御史，撫治鄖陽。

材好講學，遣部卒供生徒役，卒多怨。又徇諸生請，改參將公署爲學宮。參將米萬春諷門卒梅林等大譟，馳入城，縱囚毁諸生廬，直趨軍門，挾賞銀四千，洶洶不解。居二日，萬春脅材更軍中不便十二事，令上疏歸罪副使丁惟寧、知府沈鈇等，材隱忍從之。惟寧責數萬春，萬春欲殺惟寧，跳而免，材遂復劾惟寧激變。詔下鈇等吏，貶惟寧三官，材還籍候勘。時十五年十一月也。

御史楊紹程勘萬春首亂，宜罪。大學士申時行庇之，置不問，旋調天津善地去。而材又以雲南事被訐，遂獲重譴。初，有詔勘征緬功，巡按御史蘇酇言斬馘不及千，破城拓地皆無驗，猛密地尙爲緬據，材、天倖等虛張功伐，副使陳嚴之與相附和，宜並罪。帝怒，削世籍，奪昌祚祿一年，材、嚴之、天倖俱逮下詔獄。刑部尙書李世達、左都御史吳時來、大理少卿李棟等，當材、天倖徒，嚴之鐫秩。帝不懌，奪郎中、御史、寺正諸臣俸，典詔獄李登雲等亦解官。於是改擬遣戍。特旨引紅牌說謊例，坐材、天倖斬，嚴之除名。大學士時行等數爲解，給事中唐堯欽等亦言：「材以夷攻夷，功不可泯。奏報偶虛，坐以死，假令盡虛無實，掩罪爲功，何以罪之？設不幸失城池，全軍不返，又何以罪之？」帝皆不聽。幽繫五年，論救者五十餘疏。已，天倖以善用火器，釋令立功，時行等復爲材申理，皆不省。

亡何，孟養使入貢，具言緬人侵軼，天朝救援，破敵有狀，聞典兵者在獄，衆皆流涕，而楚雄士民閻世祥等亦相率詣闕訟冤。帝意乃稍解，命再勘。勘至，材罪不掩功。大學士王錫爵等再疏爲言，帝故遲之，至二十一年四月，始命戍鎮海衞。

材所至，輒聚徒講學，學者稱見羅先生。繫獄時，就問者不絕。至戍所，學徒益衆。許孚遠方巡撫福建，日相過從，材以此忘羈旅。久之赦還。卒年七十九。

陸樹德，字與成，尚書樹聲弟也。嘉靖末進士。除嚴州推官。行取當授給事、御史，會樹聲拜侍郎，乃授刑部主事。

隆慶四年改禮科給事中。穆宗御朝講，不發一語。樹德言：「上下交爲泰，今暌隔若此，何以劘君德，訓萬幾？」不報。屢遷都給事中。六年四月詔輟東宮講讀，樹德言：「自四月迄八月，爲時甚遙，請非盛暑，仍御講筵。」不聽。穆宗頗倦勤，樹德言：「日月交蝕，旱魃爲災，當及時修省。」及帝不豫，又請謹藥餌，善保護，仲夏亢陽月，宜益慎起居。帝不悅，疏皆留中。內臣請祈福戒壇，已得旨，樹德言：「戒壇度僧，男女擾雜，導淫傷化。陛下欲保聖躬，宜法大禹之惡旨酒，成湯之不邇聲色，何必奉佛。」

未幾，穆宗崩，神宗嗣位，中官馮保擠司禮孟沖而代之。樹德言：「先帝甫崩，忽傳馮保掌司禮監，果先帝意，何不傳示數日前，乃在彌留後。果陛下意，則哀痛方深，萬幾未御，何暇念中官。」疏入，保大恨。比議祧廟，樹德請毋祧宣宗，仍祀睿宗世室，格不行。已，極陳民運白糧之患，請領之漕臣，從之。

樹德居言職三年，疏數十上，率侃直。會樹聲掌禮部，乃量遷尙寶卿。歷太常少卿，南京太僕卿，以右僉都御史巡撫山東。樹德素淸嚴，約束僚吏，屛絕聲伎。山東民壯改民兵，戍薊門，隆慶末令歲輸銀二萬四千，罷其戍役。尋命增輸三萬，樹德請如河南例罷之。帝不從，而爲免增輸之數。德府白雲湖故民田，爲王所奪，後已還民，王復結中官謀復之。樹德爭不得，乞休歸。久之卒。

蕭廩，字可發，萬安人。祖乾元以御史劾劉瑾，廷杖下獄，終雲南副使。廩舉嘉靖末進士，授行人。隆慶三年擢御史。因地震，請加禮中宮。已，出覈陝西四鎮兵食。斥將吏隱占卒數萬人歸伍。固原州海剌都之地，密邇松山，爲楚府牧地。廩言楚府封武昌，牧地在塞下，與寇接，王所收四五百金，而奸宄窟穴，弊甚大，宜諭使獻之朝廷。詔可。已，改巡茶馬。七苑牧地，養馬八千七百餘匹，而占地五萬五千三百頃有奇。廩但給萬二千二百餘頃，歲益課二萬。

萬曆元年巡按浙江。請祀建文朝忠臣十二人，從祀王守仁於文廟。尋擢太僕少卿，再遷南京太僕卿。九年，由光祿卿改右僉都御史，巡撫陝西。時方覈天下隱田，大吏爭希居正指增賦，應令如額而止。境內回回部常羣行拾麥穗，間或草竊，耀州以變告。應撫諭之，戮數人，變遂定；令拾麥毋帶兵器，儕偶不得至十人。

進右副都御史，移撫浙江。先以賞貢使，歲增造綵幣二千。應請均之福建及徽、寧諸府，從之。已，請減上供織造，不許。遷工部右侍郎，召改刑部。進兵部左侍郎，以官卒。贈尙書。

應初從歐陽德、鄒守益遊。制行醇謹，故所至有立。

賈三近，字德修，嶧縣人。隆慶二年進士。選庶吉士，授吏科給事中。四年六月疏言：「善治者守法以宜民，去其太甚而已。今廟堂之令不信於郡縣，郡縣之令不信於小民。蠲租矣而催科愈急，振濟矣而追逋自如，恤刑矣而冤死相望。正額之輸，上供之需，邊疆之費，雖欲損毫釐不可得。形格勢制，莫可如何。且監司考課，多取振作集事之人，而輕寬平和易之士，守令雖賢，安養之心漸移於苛察，撫字之念日奪於征輸，民安得不困。乞戒有司務守法，而監司殿最毋但取旦夕功，失惇大之體。」已，復疏言：「撫按諸臣遇州縣長吏，率重甲科而輕鄉舉。同一寬也，在進士則爲撫字，在舉人則爲姑息。同一嚴也，在進士則爲精明，在舉人則爲苛戾。是以爲舉人者，非華顚鮐齒不就選；人或裹足毁裳，息心仕進。夫鄉舉豈乏才良，宜令勉就是途，因行激勸。」詔皆俞允。再遷左給事中，勘事貴州。中道罷遣，遂請急歸。

神宗嗣位，起戶科給事中。萬曆元年，平江伯陳王謨以太后家姻，夤緣得鎭湖廣。三近劾其垢穢，乃不遣。給事中雒遵，御史景嵩、韓必顯劾譚綸被謫，三近率同列救之，詔增供用庫黃蠟歲二萬五千，三近等又諫，皆不從。時方行海運，多覆舟，以三近言罷其役。肅王縉熿，隆慶間用賄以輔國將軍襲封，至是又請復莊田，三近再疏爭，遂弗予。初，有令征賦以八分爲率，不及者議罰。三近請地凋敝者減一分，詔從之。中官溫泰請盡輸關稅、鹽課於內庫，三近言課稅本餉邊，今屯田半蕪，開中法壞，塞下所資惟此，苟歸內帑，必誤邊計。議乃寢。頃之，擢太常少卿。再遷南京光祿卿，請假歸。

十二年召掌光祿，其秋拜右僉都御史，巡撫保定。畿輔大饑，振貸有方。召拜大理卿。未上，以親老歸養。起兵部右侍郎，復以親老辭，不許。尋卒。

李頤，字惟貞，餘干人。隆慶二年進士。授中書舍人。博習典故，負才名。萬曆初，擢御史。同官胡涍、景嵩、韓必顯，給事中雒遵相繼獲譴，抗疏申救，不聽。淸軍湖廣、廣西，請免土民遠戍，祇充傍近衞所軍，制可。忤張居正，出爲湖州知府。遷蘇松兵備副使、湖廣按察使。鄖陽兵變，知府沈鈇且得罪，頤爲白其冤，而密殲首亂者。以母喪歸。起故官，莅陝西，進河南右布政使。擢右僉都御史，巡撫順天。進右副都御史。以定亂兵，進兵部右侍郎。長昂桀驁，頤與總兵王保擒其心腹小郎兒等七人，賊遂讋。已，別部伯牙入寇，督將士敗之羅文峪，進左侍郎。久之，進右都御史。

時礦稅使四出。馬堂駐天津，王忠駐昌平，王虎駐保定，張曄駐通州。頤疏言：「燕京王氣所鍾，去陵寢近，開鑿必損靈氣。」又言：「畿輔地荒歲儉，而敕使誅求不遺纖屑，恐臨淸激變之慘，復見輦轂下。」已，遼東稅使高淮誣劾山海同知羅大器，頤復言：「內監外僚，初無統攝，且遼陽礦稅何預薊門？若皆效淮所爲，有司將無遺類。陛下奉天之權，制馭宇內，今盡落宦豎手，朝奏夕報，如響應聲。縱所劾當罪，尚非所以爲名，何況無辜，暴加摧折。」皆不報。頤在鎭十年，威望大著。中使憚頤廉正，畿民少安。二十九年，以工部右侍郎代劉東星管理河道。議上築決口，下疏故道，爲經久計。甫兩月，以勞卒。贈兵部尚書。

頤仕宦三十餘年，敝車羸馬，布衣蔬食。初爲御史，首請祀胡居仁於文廟，寢未行。見居仁裔孫希祖幼且貧，字以女，養之於家。弟謙早卒，以己廕畀其子。

朱鴻謨，字文甫，益都人。隆慶五年進士。授吉安推官。識鄒元標於諸生，厚禮之。擢南京御史。元標及吳中行等得罪，鴻謨疏救，語侵居正，斥爲民。

鴻謨歸，杜門講學，不入城市。居正卒，起故官，出按江西。奏蠲水災賦，請減饒州磁器，不報。又疏薦建言削籍者，忤旨，奪俸。擢光祿少卿。由大理少卿擢右僉都御史，提督操江。改撫應天、蘇州十府。引二祖節儉之德，請裁上供織造，報聞。吳中徭役不均，令一以田爲準，不及百畝者無役，縣爲立籍，定等差。貴游子弟恣里中，無賴者與共爲非，遠近訛言謂有不軌謀。鴻謨盡捕之，上疏告變。朝議將用兵，兵部主事伍袁萃亟言於尚書石星，令覆勘，乃解。鴻謨尋入爲刑部右侍郎，卒官。不能斂，僚屬醵金以辦。贈刑部尚書，謚恭介。

蕭彥，字思學，涇縣人。隆慶五年進士。除杭州推官。萬曆三年擢兵科給事中。自塞上多警，邊吏輒假招降倖賞。彥言：「議招逆黨，爲中國逋亡設耳，乃欲以此招漠北敵人。夫李俊、滿四等休養百年，稱亂一旦，降人不可處內地，明矣。宜一切報罷。」從之。以工科左給事中閱視陝西四鎭邊務。還奏訓兵、儲餉十事，並允行。

尋進戶科都給事中。初，行丈量法，延、寧二鎭益田萬八千餘頃。總督高文薦請三年征賦，彥言：「西北墾荒永免科稅，祖制也。況二鎭多沙磧，奈何定永額，使初集流庸懷去志。」遂除前令。詔購金珠，已，停市，而命以其直輸內庫。彥言不當虛外府以實內藏，不聽。尋上言：「察吏之道，不宜視催科爲殿最。昨隆慶五年詔征賦不及八分者，停有司俸。至萬曆四年則又以九分爲及格，仍令帶征宿負二分，是民歲輸十分以上也。有司憚考成，必重以敲扑。民力不勝，則流亡隨之。臣以爲九分與帶征二議，不宜並行。所謂寬一分，民受一分之賜也。」部議允行。未幾，浙江巡撫張佳胤復以舊例請，部又從之。彥疏爭，乃詔如新令。詔取黃金三千二百兩，彥請納戶部言減其半，不從。

擢太常少卿，以右僉都御史巡撫貴州。都勻答千巖苗叛，土官蒙詔不能制，彥檄副使楊寅秋破擒之。宣慰安國亨詭言獻大木，被賚。及徵木無有，爲彥所劾。國亨懼，誣商奪其木，訐彥於朝。帝怒，欲罪彥。大學士申時行等言國亨反噬，輕朝廷，帝乃止。

改撫雲南。時用師隴川，副將鄧子龍不善御軍，兵大譟，守備姜忻撫定之。而其兵素驕，給餉少緩，遂作亂。鼓行至永昌，趨大理，抵瀾滄，過會城。彥調土、漢兵夾攻之，斬首八十，脅從皆撫散。事聞，賚銀幣。自緬甸叛，孟養、車里二宣慰久不貢。至是修貢，彥撫納之。

尋以副都御史撫治鄖陽。進兵部右侍郎，總制兩廣軍務。日本躪朝鮮。會暹羅入貢，其使請勤王，尚書石星因令發兵搗日本。彥言暹羅處極西，去日本萬里，安能飛越大海，請罷其議，星執不從。既而暹羅兵卒不出。召拜戶部右侍郎，尋卒。

彥從同縣查鐸學，有志行。服官明習天下事，所在見稱。後贈右都御史，謚定肅。

弟雍，廣東按察使。宦績亞於彥，而學過之。時稱「二蕭」。

查鐸，字子警，嘉靖四十五年進士。隆慶時，爲刑科左給事中。忤大學士高拱，出爲山西參議。萬曆初，官廣西副使，移疾歸。繕水西書院，講王畿、錢德洪之學，後進多歸之。

孫維城，字宗甫，丘縣人。隆慶五年進士。歷知濬、太康、任丘三縣。萬曆十年擢南京御史。初，張居正不奔喪，寧國諸生吳仕期欲上書諫。未發，太平同知龍宗武告之操江胡檟以聞於居正。會有僞爲海瑞劾居正疏者，播之邸抄。宗武意仕期，遂置獄，搒掠七日而卒。居正死，仕期妻訟冤，維城疏言狀。檟已擢刑部侍郎，宗武湖廣參議，皆落職戍邊，天下快之。中官田玉提督太和山請兼行分守事，帝許之，維城援祖制力陳不可。

俄以救言官范儁，奪俸一年。忤座主大學士許國，出爲永平知府。遷赤城兵備副使。繕亭障二百六十所，招史、車二部千餘人。以功屢進按察使，兵備如故。部長安兔挾五千騎邀賞，維城請於督、撫，革其市賞而責之，戢不敢肆。尋以右布政使移守宣府，改廣東左布政使。

二十九年拜右僉都御史，巡撫延綏。河套常犯順，罷貢市十餘年。後復松山，築邊城，諸部長恐，益侵軼。至是，吉囊、卜莊等乞款。〔一〕聞巡撫王見賓當去，請益切。在寧夏者曰著宰，亦請之巡撫楊時寧。兩鎮交奏，給事中桂有根請聽邊臣自主。維城方代見賓，時寧亦遷去，以黃嘉善代，二人並申約束。維城又條善後六事，款事復堅。

初，維城在宣府，與總兵官麻承恩不相能。會承恩亦移鎮延綏。一日，維城見城外積沙及城，命餘丁除之。承恩紿其衆曰：「食不宿飽，且塞沙可盡乎？」卒遂譟。維城曉之曰：「除城沙，以防寇耳，非謂塞上沙也。」卒悟而散。維城因自劾，帝慰留維城，治譁者。然維城竟坐是得疾，不數月卒。將吏入視其橐，僅俸數金，賻而歸其喪。

謝杰，字漢甫，長樂人。萬曆初進士。除行人。册封琉球，却其餽。其使入謝，仍以金餽，卒言於朝而返之。歷兩京太常少卿。南京歲祀懿文太子，以祠祭司官代，杰言：「祝版署御名，而遣賤者將事，於禮爲褻。請如哀沖、莊敬二太子例，遣列侯。」帝是之，乃用南京五府僉書。累遷順天府尹。以右副都御史巡撫南、贛。屬吏被薦者以賄謝，杰曰：「賄而後薦，干戈之盜。薦而後賄，衣冠之盜。」人以爲名言。進南京刑部右侍郎。

二十五年春，杰以帝荒於政事，疏陳十規。言：「前此兩宮色養維一，今則定省久曠，慶賀亦疏。孝安太后發引，並不親送。前此太廟時饗皆躬親，今則皆遣代。前此經筵臨御，聖學日勤，今則講官徒設，講席久虛。前此披星視朝，今則高拱深居，累年不出。前此歲旱步禱郊壇，今則圜丘大報，久缺齋居；宸宮告災，亦忘修省。前此四方旱澇，多發帑金，今則採礦榷稅。前此用財有節，今則歲進月輸；而江右之磁，江南之紵，西蜀之扇，關中之絨，率取之踰額。前此樂聞讜言，今則封事甫陳，嚴綸隨降，但經廢棄，永不賜環。前此撫卹宗室，恩義有加，今則楚藩見誣，中璫旋出，以市井奸宄間骨肉懿親。前此官盛任使，下無曠鰥，今則大僚屢虛，庶官不補。是陛下孝親、尊祖、好學、勤政、敬天、愛民、節用、聽言、親親、賢賢，皆不克如初矣。」不報。召爲刑部左侍郎，擢戶部尚書督倉場。時四方遇災，率請改折，杰請歲運必三百萬以上方許議折，從之。三十二年卒官。

初，杰父敎諭廷袞家居老矣，族人假其名逋賦。縣令劉禹龍言於御史逮之。杰代訊，幾斃。後撫贛，禹龍家居，未嘗修隙，時服其量。

郭惟賢，字哲卿，晉江人。萬曆二年進士。自清江知縣拜南京御史。張居正既死，吳中行、趙用賢等猶未錄。會皇長子生，詔赦天下，惟賢因請召諸臣。馮保惡其言，謫江山丞。保敗，還故官。劾左都御史陳炌希權臣指，論罷御史趙燿、〔三〕趙應元，不可總憲紀。炌罷去。又薦王錫爵、賈三近、孫鑨、何源、孫丕揚、耿定向、曾同亨、詹仰庇，皆獲召。主事董基諫內操被謫，惟賢救之，忤旨，調南京大理評事。給事中阮子孝、御史潘惟岳等交章救。帝怒，奪俸有差。惟賢尋遷戶部主事，歷順天府丞。

二十年以右僉都御史巡撫湖廣。景王封德安，土田倍諸藩，國絕賦額猶存。及帝弟潞王之國衞輝，悉以景賦予王。王奏賦不及額，帝爲奪監司以下俸，責撫按急奏報。惟賢言：「景府賦額皆奸民投獻，妄張其數。臣爲王履畝，增賦二萬五千，非復如往者虛數，王反稱不足，何也？且潞去楚遠，莫若徵之有司，轉輸潞府。會典皇莊及勳戚官莊，遇災蠲減視民田。今襄、漢水溢，王佃民流亡過半，請蠲如例。」又言：「長沙、寶慶、衡州三衞軍戍武岡，而永州、寧遠諸衞遠戍廣西，瘴癘死無數。請分番迭戍武岡，罷其戍廣西者。」帝悉報許。承天守備中官以徵興邸舊賦，請罪潛江知縣及諸佃民，旨下撫按勾捕。惟賢言：「臣撫楚，事無不當問。今中官問，而臣等爲勾捕，臣實不能。」帝直其言而止。尋請以太和山香稅充王府逋祿，免加派小民，又請以周敦頤父輔成從祀啓聖。詔皆從焉。

入爲左僉都御史。言行取不宜久停，言官不宜久繫，臺員不宜久缺。已，復言天下多故，乃自大僚至監司率有缺不補，政日廢弛，且建言獲譴者不下百餘人，効忠者皆永棄，帝不納。尋遷左副都御史。請早建皇儲，愼簡輔弼，亟行考選，盡下推舉諸疏，俱不報。久之，以憂歸。起戶部左侍郎，未上卒。贈右都御史。天啓初，謚恭定。

萬象春，字仁甫，無錫人。萬曆五年進士。選庶吉士，授工科給事中。皇女生，詔戶部、光祿寺各進銀十萬兩。象春力諫，不聽。

屢遷禮科都給事中。鄭貴妃有盛寵，而帝耽於酒。象春因慈寧宮災疏諫，報聞。時宗室繁衍，歲祿不繼，象春議變通。會河南巡撫褚鈇亦奏其事，帝卽命象春遍詣河南、山西、陝西諸王府，計畫以聞。象春抵河南方集議，而周府諸宗人疑鈇疏出宗正睦㮮意，羣毆睦㮮幾死。象春以狀聞，帝爲奪諸人歲祿。象春復以次詣秦、晉諸藩，奏上便宜十五事，多著爲令。眞人張國祥乞三年一覲，象春言左道無民社寄，不當在述職之列。時詔許后父永年伯王偉乘肩輿，象春言：「勳戚不乘輿，祖制也。固安伯陳景行、武清伯李偉，太后父，衰白封，始賜肩輿。定國公徐文璧班首重臣，嗣爵久，故亦蒙殊典。今偉非三人比，乞寢前命。」皆不許。孟秋將享廟，帝齋宿宮中，象春言當在便殿，不當於內寢。帝怒，停俸三月。已，因災異，言：「外吏貪殘不當遣緹騎逮問，宮禁邃密不當宿重兵，廷臣建言貶黜當敍還，內臣有犯當付外廷按治。」帝報聞。象春在諫垣久，前後七十餘疏，多關軍國計。請復建文年號，加景帝廟諡，尤爲時所稱。

出爲山東參政。妖賊郭大通爲亂，計擒之。歷山西左布政使。二十五年以右副都御史巡撫山東。倭躪朝鮮，濱海郡邑悉戒嚴。象春拊軍民，供饋運，應機立辦。中使陳增以礦稅至，象春疏論其害。福山知縣韋國賢忤增被侵辱，象春力保持之，增遂劾國賢沮撓，象春黨庇。詔逮國賢，奪象春俸，遂引疾歸。起南京工部右侍郎，未上卒。贈右都御史。

鍾化民，字維新，仁和人。萬曆八年進士。授惠安知縣，多異政。御史安九域薦於朝，以俸未及期，移知樂平，治復最。徵授御史。與同官何卓、王愼德交章請建儲，不報。出視陝西茶馬，言：「邊塞土寒，獨畜馬爲業。今慮其闌出爲厲禁，於是民間孳息與境內貿易俱廢，公私緩急亦無所資。請聽踰境販鬻，特不得入番中。又曩寧夏乏餉，歲發萬金易米二萬七千石，後所司乾沒，濫征之民。請以墾田粟補之，永停徵派。」俱報可。巡按山東，歲旱請蠲振先發後聞。坐寧夏時取官銀交際，爲尙寶丞周弘禴所劾，調行人司正。

累遷儀制郎中。瀋王珵堯由支庶嗣，請封其庶子爲郡王，化民持不可。帝傳諭曰：「第予虛名，令藉是婚娶耳。」化民奏曰：「瀋王子與元子孰親？王子不卽封，慮妨婚娶。元子不卽立，不慮妨豫敎乎？」帝怒，以化民辭直無以難。帝命並封三王，化民與顧允成等面詰王錫爵於朝房。尋進光祿丞。

二十二年，河南大饑，人相食，命化民兼河南道御史往振。荒政具舉，民大悅。旣竣，繪圖以進。帝嘉之，褒諭者再。擢太常少卿。二十四年以右僉都御史巡撫河南，討平南陽礦盜。夾河賊嘯聚數千人，復督兵破之。時方采礦，抗疏力諫。

化民短小精悍，多智計。居官勤厲，所至有聲。徧歷八府，延父老問疾苦。勞瘁卒官，士民相率頌於朝。詔贈右副都御史，賜祠曰忠惠。

吳達可，字安節，宜興人，尚書儼從孫也。萬曆五年進士。歷知會稽、上高、豐城，並有聲。

選授御史。疏請御經筵勤學，時與大臣臺諫面議政務，報聞。大學士趙志皐久疾乞休，未得請。達可力言志皐衰庸，宜罷，不納。二十八年正月請因始和布令，舉皇長子册立冠婚禮，簡輔臣補臺諫，撤礦稅中使，不報。視鹽長蘆。歲侵，繪上饑民十四圖，力請振貸。稅使馬堂、張日華議加鹽稅，奸商妄稱嘉靖中大同用兵貸其貲三萬六千金，請於鹽課補給，戶部許之。達可皆抗爭，事得已。

改按江西。稅使潘相毆折輔國將軍謀圯肢，並繫宗人宗達，誣以劫課，劾上饒知縣李鴻主使。帝切責謀圯等，奪鴻官。達可言：「宗人無故受刑，又重之以詰責，將使天潢人人自危。鴻無辜，不當黜。願亟正相罪，復鴻官。」同官湯兆京亦極論相罪，且言遼東高淮、陝西梁永、山東陳增、廣東李鳳、雲南楊榮皆元惡，爲民害，不可一日留。皆弗聽。鴻，吳人，大學士申時行之壻。萬曆十六年舉北闈鄉試，爲吏部郎中高桂所攻。後七年成進士。至是，抗相，以强直稱。相又請開廣信銅塘山，採取大木，鑿泰和斌姥山石膏，達可復極諫不可，閣臣亦爭之，乃寢。

還掌河南道事。佐溫純大計京官。尋陳新政要機，痛規首輔沈一貫。疏留中。擢太僕少卿，再遷南京太僕卿。召改光祿，進通政使。鎭撫史晉以罪罷，妄投封章詆朝貴。達可封其疏而劾之，晉尋得罪。奏請正疏式、屏讒邪、重駁正、懲奸宄數事，帝嘉納焉。尋上疏乞休去。卒，贈右副都御史。

贊曰：龐尙鵬諸人歷官中外，才諝幹局，咸有可稱。賈三近陳時政，多長者之言，其言資格，深中積弊。謝杰卻屬吏饋，亦無愧楊震云。

校勘記

〔一〕吉囊卜莊等乞款　卜莊，神宗實錄卷三六二嘉靖二十九年八月辛卯條、國榷卷七九頁四八八一作「莊卜」。

〔二〕論罷御史趙燿　趙燿，原作「趙耀」，據本書卷二二五趙煥傳、神宗實錄卷一三九萬曆十一年七月癸未條改。

明史卷二百二十八

列傳第一百十六

魏學曾 葉夢熊 梅國楨 李化龍 江鐸

魏學曾，字惟貫，涇陽人。嘉靖三十二年進士。除戶部主事，遷郎中。中官爲商人請支芻糧銀鉅萬，學曾持不可，乃已。尋擢光祿少卿，進右僉都御史，巡撫遼東。隆慶初，土蠻大入永平。學曾入駐山海，檄諸將王治道等追擊至義院口，大捷。進右副都御史。學曾乃易置將吏，招納降附，釐屯田二千餘頃，數破敵，被賞賚。以疾去。起兵部右侍郎，提督神樞營。旋改吏部，轉左侍郎。

穆宗崩，大學士高拱欲去馮保，屬言官論劾。學曾遺書大學士張居正曰：「外人皆言公與保有謀，遺詔亦出公手。今日之事，不宜復護此閹。」居正怒。及拱被逐，舉朝失色，學曾獨大言曰：「上踐阼伊始，輒逐顧命大臣，且詔出何人，不可不明示百官。」要諸大臣詣居正邸爭之。諸大臣多不往，居正亦辭以疾。自是益忤。出爲南京右都御史。未上，給事中宗弘暹希居正指劾之。詔以故官候調，學曾遂歸。居正歿踰年，起南京戶部右侍郎。召爲右都御史，督倉場。尋以南京戶部尚書致仕。

萬曆十八年，順義王撦力克西赴青海，火落赤、眞相犯洮河，副總兵李奎、李聯芳先後被殺。朝命尚書鄭洛經略七鎭兼領總督，洛固辭總督。明年春，閣臣王錫爵薦學曾。起兵部尚書，總督陝西、延、寧、甘肅軍務。時洛專主款。學曾至，與議不合，陝西巡撫葉夢熊助之。初，順義王封，夢熊以諫沮坐得罪，學曾亦爲高拱言不便。至是，撦力克助叛，學曾、夢熊欲遂討之，詆洛玩寇。會撦力克東歸，火落赤諸部亦徙去，學曾奏撦力克雖歸，陰留精兵二萬於嘉峪，欲助火落赤、眞相。其說本採諸道路，朝士乃爭附和之。錫爵意悔，具疏言狀，又遺書責夢熊。而兵部尚書石星以順義既東，宣、大事急，召洛還定撫議，置學曾疏不問。未幾，河套部長土昧明安入市畢，要請增賞。學曾令總兵官杜桐、神木參將張剛、孤山遊擊李紹祖出不意擊斬明安，俘馘四百八十餘級，奪馬畜器械稱是。學曾以功加太子少保。而明安子擺言太聲言復仇，號召諸部。

明年，哱拜反，遂煽諸部爲亂。拜，西部人也。嘉靖中得罪其部長，父兄皆見殺，拜跳脫來降，驍勇屢立戰功。前督撫王崇古、石茂華先後奏加副總兵，遂多畜亡命。子承恩，拜夢妖物入妻施脅而生；狼形梟啼，性狼戾。拜老，承恩襲父爵。十九年，洮、河告警，御史周弘禴舉承恩及指揮土文秀、拜義子哱雲等。巡撫黨馨檄文秀西援，拜請經略鄭洛，願與子承恩從出師。馨惡其自薦，抑損之，拜以故心怨。至金城，見諸鎮兵皆出其下。比賊退，取道塞外還，寇騎遇之皆辟易，遂有輕中外心。馨數裁拜，且按承恩罪笞之二十，雲、文秀亦以他故怨馨。會戍卒請衣糧久弗給，拜遂嗾軍鋒劉東暘、許朝作亂。二十年三月殺馨及副使石繼芳，〔一〕逼總兵官張維忠縊死。雲、文秀殺遊擊梁琦、守備馬承光。東暘稱總兵，奉拜爲謀主，承恩、朝爲左、右副總兵，雲、文秀爲左、右參將。承恩遂陷玉泉營、中衞、廣武，河西望風靡。惟文秀徇平虜，參將蕭如薰堅守不下。賊既取河西四十七堡，且渡河，復誘河套著力兎、宰僧犯平虜、花馬池。全陝皆震動。

學曾檄副總兵李昫率遊擊吳顯趨靈州，別遣遊擊趙武趨鳴沙州，沿河扼賊南渡，而自駐花馬池，當賊衝。昫等渡河，賊將多遁去，四十七堡皆復，惟寧夏鎮城尙爲賊據。著力兎等中外相呼應，拜、文秀攻趙武於玉泉。雲引著力兎攻平虜，如薰設伏射殺雲。昫救武，圍亦解。四月，昫引兵與故總兵牛秉忠抵鎮城下。帝已擢董一奎爲總兵，李賁副之，已，復擢如薰代一奎，而以麻貴代賁。未至，昫等攻城。賊於東西二門各出驍騎三千搏戰，步卒列火車爲營。官軍擊之，奪其車百輛，追奔入湖，賊溺死無算。副總兵王通戰尤力。家丁高益等乘勝入北門，後兵不繼被殺，通亦負傷，榆林遊擊俞尚德戰死。翼日，朝、文秀脅慶王上東城，乞暫罷兵，詭言願獻首惡。會官軍糧盡，乃引退，休近堡。

學曾日夜趣芻餉，調延綏、莊浪、蘭、靖、榆林兵。道回遠，所治舟亦未具，乃駐花馬池，俟軍至移靈州。頃之，延綏遊擊姜顯謨、都司蕭如薫，甘州故總兵張傑及麻貴軍皆至，復抵鎮城攻之。賊計延綏、榆林兵出內虛，勾黃台吉妻，令其子捨達大、從子火落赤、土昧鐵雷掠舊安邊、磚井堡以牽我兵。承恩復以間合寇兵，伏延漢渠，掠糧車二百。學曾自花馬池還靈州，被圍，救至而解。貴等數攻城不能克，賊殺慶王妃，盡掠其宮人金帛。牛秉忠戰傷右股，乃復退師。帝用尚書星言，賜學曾尚方劍督戰。會寧夏巡撫朱正色、甘肅巡撫葉夢熊、監軍御史梅國楨，〔三〕諸大將劉承嗣、董一奎、李如松先後至軍，六月復攻城，連戰不下。

夢熊，字男兆，歸善人。嘉靖四十年進士。由福清知縣入爲戶部主事，轉餉寧夏。改御史，以諫受把漢那吉降，貶郃陽丞。累遷贛州知府，平黃鄉賊。遷浙江副使，改永平。萬曆十七年冬，由山東布政使擢右僉都御史，巡撫貴州。尋改陝西，進右副都御史。以請討撦力克，與經略洛議相左。廷議方右洛，絀其議不用。會撦力克東歸，洛亦還宣、大，乃移夢熊甘肅，與學曾共事。夢熊有膽決，敢任事。會拜反，上疏自請討賊，帝然之。以六月至靈州，與學曾合。

國楨，字克生，麻城人。少雄傑自喜，善騎射。舉萬曆十一年進士。除固安知縣。中官詣國楨請收責於民，國楨僞令民鬻妻以償。民夫婦哀慟，中官爲毀券。擢御史，會拜反，學曾師久無功。時寧遠伯李成梁方被論，廷議欲遣爲大將，未敢決，國楨獨疏保之。乃遣成梁子如松爲提督，將遼東、宣、大、山西諸鎮兵以往。而國楨監其軍，遂與如松至寧夏。

初，學曾欲招東暘，朝，令殺拜父子贖罪，遣卒葉得新往。四人方約同死，折得新脛，置之獄。巡撫朱正色以賊詭請降，而張傑嘗總寧夏兵，故與拜善，遣傑入城招之。朝乃舁得新見傑，得新大罵賊，被殺，傑亦縶不遣。而學曾以賊求撫爲之請，帝切責。及是，城中百戶姚欽、武生張遐齡射書城外，約內應，夜半舉火。外兵不至，賊殺其黨五十人，欽縋城出，來奔。當是時，賊外以求撫緩兵，而陰結寇爲助，然糧盡，勢且困。七月，學曾與夢熊、國楨定計，決黃河大壩水灌之，水抵城下。時套寇卜失兔、莊禿賴以三萬騎犯定邊、小鹽池，用土昧鐵雷爲前鋒，而別遣宰僧以萬騎從花馬池西沙湃口入，爲拜聲援。麻貴擊之右溝，寇稍挫，分趨下馬關及鳴沙洲。學曾令遊擊龔子敬扼沙湃口，而檄延綏總兵官董一元搗土昧鐵雷巢，斬首百三十餘級，寇大驚引去。遇子敬，圍之十重，子敬死，寇亦去，賊援遂絕。學曾益決大壩水。八月，河決隄壞，復繕治之，城外水深八九尺，東西城崩百餘丈。著力兔、宰僧復入李剛堡。如松、貴等擊敗之，追奔至賀蘭山。賊益懼求款，未決，會學曾得罪罷。朝命以夢熊代，夢熊遂成功。

初，學曾之遣人招東暘、朝也，留固原十餘日以俟之，帝責其玩寇；李昫渡河又稍遲，松山、河套寇先入，官軍用是再失利。學曾嘗上疏令監軍無與兵事，帝爲飭國楨如其言，國楨頗憾之。及至軍，劾諸將觀望，而頗以玩寇爲學曾罪。給事中許子偉亦劾學曾惑於招撫，誤國事。國楨又言僉事隨府從城上躍下，賊令四人下取，我軍咫尺不敢前；又北寇數萬斷我糧道，殺戮無算，匿不以奏。帝遂大怒，逮學曾至京。然學曾逮未踰月，城壞而大軍入，賊竟以破滅。

夢熊既代學曾，亦賜尙方劍。時調度靈州，獨國楨監軍寧夏。賊被圍久，食盡無援，而城受水浸，益大崩。國楨挾諸將趨南關。秉忠先登，國楨大呼，諸將畢登。賊退據大城，攻數日不下。國楨使閒紿東暘、朝、承恩互相殺，以降貰其罪。三人內猜疑，東暘、朝遂先誘殺承恩黨文秀。承恩亦與其黨周國柱誘東暘、朝殺之；盡懸東暘、朝、文秀首城上，開門降。如松率兵圍拜家。拜倉皇縊，闔室自焚死。夢熊自靈州馳至，下令盡誅拜黨及降人二千，慰問宗室士庶。寧夏平。夢熊、正色、國楨各上捷奏，而俘承恩獻京師。帝御門受賀，詔磔承恩於市，夢熊、正色、國楨各廕世官，如松功第一，如薰、貴、秉忠等加恩有差。學曾初奪職爲民，敍功，以原官致仕。

學會任事勞勩。灌城招降之策，本其所建。及宣捷，帝召見大學士趙志皐、張位，志皐、位力爲學會解，尙書星以下多白學會無罪。國楨亦上疏言：「學會應變稍緩，臣請責諸將以振士氣，而逮學會之命，發自臣疏，竊自悔恨。學會不早雪，臣將受萬世譏。」如松亦言：「學會被逮時，三軍雨泣。」夢熊亦推功學會。帝初不聽，既而復其官。居家數年卒。夢熊以功進右都御史。

初，卜失兔爲都督，其部長切盡台吉最用事。切盡台吉死，卜失兔不能制諸部。經略鄭洛專事羈縻。學會以洮河之變惡諸部爲逆，襲殺明安。會拜反，著力兔、宰僧遂聲言與拜爲一家，而卜失兔、莊禿賴亦引兵助之。及拜誅，切盡台吉之比吉率著力兔、宰僧、莊禿賴等頓首花馬池塞下，悔罪求款。夢熊爲奏請。帝以夢熊初主學會，責其前後異議，令要諸部縛叛贖罪。著力兔等求款益堅，夢熊乃與巡撫田樂奏上四鎭款戰機宜，俟朝議。中外相仗莫敢決，卜失兔遂率諸部大入定邊。總兵官麻貴等擊却之，夢熊以功加太子少保。未幾，切盡台吉從子青把都兒犯甘肅，總兵官楊濬、副總兵何崇德禦之，斬首六百餘級。夢熊復加太子太保、兵部尙書。尋入爲南京工部尙書，而以都御史李汶代。〔三〕自洮河變後，寇頗輕中國。招撫議既絕，諸部數入犯，四鎭遂頻歲用兵云。夢熊雖功多，其品望遠出學會下。卒官。

國楨既招降承恩，以夢熊貪功殺降劾其罪。夢熊奏辨，言：「拜所畜家人皆死士，綏一二日東陽、朔黨復集，必再亂。臣寧負殺降名，以絕禍本。」帝爲下詔和解之。論功，擢國楨太僕少卿。踰年，遷右僉都御史，巡撫大同。久之，遷兵部右侍郎，總督宣、大、山西軍務。在鎭三年，節省市賞銀十五萬兩有奇。父喪歸，未起而卒。贈右都御史。

李化龍，字于田，長垣人。萬曆二年進士。除嵩縣知縣。年甫二十，胥吏易之。化龍陰察其奸，悉召置之法，縣中大治。遷南京工部主事，歷右通政使。

二十二年夏，擢右僉都御史，巡撫遼東。初，總兵官李成梁破殺泰寧速把亥，其子把兔兒弟炒花據舊遼陽以北，居兩河之中，益結土蠻爲患。其年四月，把兔兒圍遼陽，朵顏小歹青、福餘伯言兒分犯錦、義，掠清細河，巡撫韓取善坐免。化龍受事甫兩月，把兔兒與伯言兒等寇鎭武，又約土蠻子卜言台周犯右屯。把兔兒先至吳家墳。化龍與總兵官董一元定計先擊把兔、伯言兒，伯言兒中流矢死，把兔被傷。卜言台周至，攻右屯不利，亦解去。於是把兔、小歹青、卜言台周益相結，謀復前恥。化龍與一元嚴備之。一元又出塞，擣巢有功，而把兔傷重竟死，邊塞讋服。詳具一元傳。化龍進兵部右侍郎。

明年，小歹青悔禍款塞，請開木市於義州，且告朶顏長昂將犯邊。已，長昂果犯錦、義，副總兵李如梅擊却之。歹青言既信，化龍遂許其請。上疏曰：

環遼皆敵也，迤北土蠻種類多不可數。近邊者，直寧前則長昂，直錦、義則小歹青，直廣寧、遼、瀋則把兔、炒花、花大，直開、鐵則伯言、煖兔，其在東邊海西則猛骨孛羅、那林孛羅、卜寨，皆與遼地項背相望。並牆圍獵，則刁斗聲相聞，蓋肘腋憂也。自那卜被剿，數年東陲無事。去年把兔、伯言戰死，炒花、花大一敗塗地。今伯言子宰賽受罰，入市廣寧，遼、瀋、開、鐵間警報漸希。所未馴伏者，惟小歹青與長昂耳。

小歹青素兇狡，雄長諸部。西助長昂，東助炒花。大舉動以數萬，小竊則飛騎出沒錦、義間。自周之望、柏朝翠戰歿，無敢以一矢加遺。凌河上下方數百里，野多暴骨，民無寧宇。遠慮者每以河西不保爲虞。今乃叩關求市，臣遍詢將領及彼地居民，僉言木市開有五利。

河西無木，皆在邊外，叛亂以來，仰給河東，以邊警又不時至。故河西木貴於玉，市通則材木不可勝用。利一。所疑於歹青者無信耳。彼重市爲生路，當市時必不行掠。即今年市而明年掠，我已收今年不掠之利矣。利二。遼東馬市，成祖所開，無他賞，本聽商民與交易。木市與馬市等，有利於民，不費於官。利三。大舉之害酷而希，零竊之害輕而數。小歹青不掠錦、義，零竊少矣。又西不助長昂，東不助炒花，則敵勢漸分。即寧前、廣寧患亦漸減。且大舉先報，又得預爲備。利四。零竊既希，邊人益得修備。利五。

疏入，從之。化龍尋以病去，木市亦停止。其後總兵官馬林復議開市，與巡撫李植相左，論久不決，小歹青遂復爲寇云。

二十七年三月，化龍起故官，總督湖廣、川、貴軍務兼巡撫四川，討播州叛臣楊應龍。應龍之先曰楊鏗。〔四〕明初內附，授宣慰使。應龍性猜狠嗜殺。數從征調，恃功驕蹇。知川兵脆弱，陰有據蜀志，間出剽州縣。嬖小妻田雌鳳，讒殺妻張氏，屠其家。用誅罰立威，所屬五司七姓不堪其虐，走貴州告變。巡撫葉夢熊疏請大征。詔不聽，逮繫重慶獄。應龍詭將兵征倭自效，得脫歸。復逮，不出。四川巡撫王繼光發兵討，覆於白石，應龍諉罪諸苗。朝廷命邢玠總督。值東西用兵，勢未能窮治，因招撫之。應龍益結生苗，奪五司七姓地，幷湖廣四十八屯以畀之，〔五〕歲出侵掠。是年二月敗官軍於飛練堡，都司楊國柱、指揮李廷棟等皆死。已，復破殺綦江參將房嘉寵、遊擊張良賢，投屍蔽江下。僞軍師孫時泰請直取重慶，擣成都，劫蜀王爲質，而應龍遷延，聲言爭地界，冀曲赦如曩時。化龍至成都，徵兵未至，亦謬爲好語縻之。

帝聞綦江破，大怒。追褫前四川、貴州巡撫譚希思、江東之職，而賜化龍劍，假便宜討賊。賊焚東坡、爛橋、梗湖、貴路，又焚龍泉，走都司楊惟忠。化龍劾諸大帥不用命者，沈尚文逮治，童元鎮、劉綎皆革職充爲事官。諸軍大集，化龍先檄水西兵三萬守貴州，斷招苗路，乃移重慶，大誓文武。明年二月分八道進兵。川師四路：總兵官劉綎由綦江，總兵官馬孔英由南川，總兵官吳廣由合江，副將曹希彬受廣節制，由永寧。黔師三路：總兵官童元鎮由烏江，參將朱鶴齡受元鎮節制，統宣慰使安疆臣由沙溪，總兵官李應祥由興隆。楚師一路分兩翼：總兵官陳璘由偏橋，副總兵陳良玭受璘節制，由龍泉。每路兵三萬，官兵三之，土司七之。貴州巡撫郭子章駐貴陽，湖廣巡撫支可大移沅州，化龍自將中軍策應。帝以楚地遼闊，又擢江鐸爲僉都御史，巡撫偏、沅。湖廣設偏沅巡撫，自鐸始也。

推官高折枝先以南川兵進，據桑木鎮，綎復自綦江入。應龍以勁兵二萬屬其子朝棟曰：「爾破綦江，馳南川，盡焚積聚，彼無能爲也。」比抗諸路兵皆大敗，應龍頓足歎曰：「吾不用時泰計，今死矣！」或言水西佐賊，化龍詰之疆臣，斬賊使，二氏交遂絕。烏江兵敗績，逮下元鎮於理，諸將益奮。綎先入婁山關，直抵海龍囤，璘、疆臣兵亦至。賊勢急，上囤死守，遣使詐降。化龍檄諸將斬使，焚書。以綎與應龍有舊，諭無通賊，綎械其人以自明。八路兵皆會囤下，築長圍困之，更番迭攻。六月，綎破土、月二城，應龍窘，與二妾俱縊。明晨，官軍入城，七子皆被執。詔磔應龍屍幷子朝棟於市。自出師至滅賊，凡百有十四日。播自唐乾符中入楊氏，二十九世，八百餘年，至應龍而絕。以其地置遵義、平越二府，分屬川、貴。

化龍初聞父喪，以金革起復，至是乞歸終制。三十一年四月起工部右侍郎，總理河道，與淮、揚巡撫李三才奏開泇河，由直河入泇口抵夏鎭二百六十里，避黃河呂梁之險。再以憂去，未代。敍前平播功，晉兵部尙書，加少保，廕一子世錦衣指揮使。

三十五年夏，起戎政尙書。化龍以京營根本，奏陳十一濫、十二苦、十九宜，又上屯政十二事，皆置不理。兵部自二十七年後，左、右侍郎皆空署。未幾，尙書蕭大亨亦致仕，化龍掌部事。三十七年正月，京師訛言寇至，民爭避匿，邊民逃入都門者亦數萬，九門晝閉。輔臣言兵部尙書惟一人，何以應猝變，帝亦不報。遼戰士二萬餘皆老弱，而稅監高淮肆虐，遼人切齒。化龍請停稅課且增兵萬人，又條上兵食款戰之策，帝皆不報。一品秩滿，加柱國、少傅兼太子太保。卒官，年七十。諡襄毅，贈少師，加贈太師。

化龍具文武才。播州之役，以劉綎驕蹇，先摧挫之而薦其才，故綎爲盡力。開河之功，爲漕渠永利，詳見河渠志。

江鐸，字士振，仁和人。高祖玭，景泰時爲禮科給事中。劾石亨怙寵罔上，有直聲。官至山東參政。曾祖瀾，正德時南京禮部尚書。卒諡文昭。祖曉，嘉靖中工部侍郎。父圻，萬曆初廣西提學僉事。父母疾，嘗藥舐糞。居喪寢苦三年，經寢室必俯其首，妻經夫廬亦然。卒，門人私諡爲孝端先生。自玭至鐸五世皆進士。而曉弟暉，正德中爲庶吉士，與舒芬等諫南巡受杖。世宗時，由編修出爲河南僉事。

鐸登第在萬曆二年。授刑部主事。累官山西按察使，擢撫偏、沅。夾攻楊應龍有功，與郭子章皆廕一子世錦衣指揮。丁母艱去。奪情，命留討皮林諸洞蠻，平之。詳具陳璘傳。以勞疾歸。卒，贈兵部右侍郎。

贊曰：哱拜一降人耳，雖假以爵秩而憑藉未厚。倉猝發難，據鎮城，聯外寇，邊鄙爲之騷然，武備之弛有由來矣。楊應龍惡稔貫盈，自速殄滅。然盤踞積久，地形險惡，非師武臣力，奏績豈易言哉。李化龍之功可與韓雍、項忠相埒，較寧夏之役，難易懸殊矣。

校勘記

〔一〕二十年三月殺馨及副使石繼芳　三月，原作「二月」，據本書卷二〇神宗本紀、神宗實錄卷二四六萬曆二十年三月戊辰條改。

〔二〕梅國楨　原作「梅國禎」，據本書卷二三八及明史稿傳一一五李成梁傳附李如松傳、神宗實録卷二四七萬曆二十年四月甲辰條、明進士題名碑録癸未科改。下同。卷目照改。

〔三〕以都御史李汶代　李汶，神宗實録卷二八四萬曆二十三年四月己未條、國榷卷七七頁四七四九同。本書卷三二七韃靼傳作「李收」，又作「李旼」，明史稿傳二〇一韃靼傳統作「李旼」。

〔四〕應龍之先曰楊鏗　楊鏗，原作「楊鑑」，據本書卷三一二及明史稿傳一八六播州宣慰司傳、太祖實録卷七一洪武五年正月乙丑條、萬曆武功録頁五〇八播酋楊應龍列傳中改。

〔五〕并湖廣四十八屯以畀之　湖廣，原作「湖貴」，據本書卷三一二及明史稿傳一八六播州宣慰司傳、萬曆武功録頁五二一播酋楊應龍列傳下改。

明史卷二百二十九

列傳第一百十七

劉臺 馮景隆 孫繼先 傅應禎 王用汲 吳中行 子亮 元 從子宗達

趙用賢 孫士春 艾穆 喬璧星 葉春及 沈思孝 丁此呂

劉臺，字子畏，安福人。隆慶五年進士。授刑部主事。萬曆初，改御史。巡按遼東，坐誤奏捷，奉旨譙責。四年正月，臺上疏劾輔臣張居正，曰：

臣聞進言者皆望陛下以堯、舜，而不聞責輔臣以皐、夔。何者？陛下有納諫之明，而輔臣無容言之量也。高皇帝鑒前代之失，不設丞相，事歸部院，勢不相攝，而職易稱。文皇帝始置內閣，參預機務。其時官階未峻，無專肆之萌。二百年來，卽有擅作威福者，尙惴惴然避宰相之名而不敢居，以祖宗之法在也。乃大學士張居正偃然以相自處，自高拱被逐，擅威福者三四年矣。諫官因事論及，必曰：「吾守祖宗法。」臣請卽以祖宗法正之。

祖宗進退大臣以禮。先帝臨崩，居正託疾以逐拱，既又文致之王大臣獄。及正論籍籍，則抵拱書，令勿驚死。旣迫逐以示威，又遺書以市德，徒使朝廷無禮於舊臣。祖宗之法若是乎？

祖宗朝，非開國元勳，生不公，死不王。成國公朱希忠，生非有奇功也，居正違祖訓，贈以王爵。給事中陳吾德一言而外遷，郎中陳有年一爭而斥去。臣恐公侯之家，布賄厚施，緣例陳乞，將無底極。祖宗之法若是乎？

祖宗朝，用內閣冢宰，必由廷推。今居正私薦用張四維、張瀚。四維在翰林，被論者數矣。其始去也，不任教習庶吉士也。四維之爲人也，居正知之熟矣。知之而顧用之，夫亦以四維善機權，多憑藉，自念親老，旦暮不測，二三年間謀起復，任四維，其身後託乎？瀚生平無善狀。巡撫陝西，贓穢狼籍，及驟躐銓衡，唯諾若簿吏，官缺必請命居正。所指授者，非楚人親戚知識，則親戚所援引也；非宦楚受恩私故，則恩故之黨助也。瀚惟日取四方小吏，權其賄賂，而其他則徒擁虛名。聞居正貽南京都御史趙錦書，臺諫毋議及冢宰，則居正之脅制在朝言官，又可知矣。祖宗之法如是乎？

祖宗朝，詔令不便，部臣猶甞駁擬之不審。今得一嚴旨，居正輒曰「我力調劑故止是」；得一溫旨，居正又曰「我力請而後得之」。由是，畏居正者甚於畏陛下，感居正者甚於感陛下。威福自己，目無朝廷。祖宗之法若是乎？

祖宗朝，一切政事，臺省奏陳，部院題覆，撫按奉行，未聞閣臣有舉劾也。居正定令，撫按考成章奏，每具二册，一送內閣，一送六科。撫按延遲，則部臣糾之。六部隱蔽，則科臣糾之。六科隱蔽，則內閣糾之。夫部院分理國事，科臣封駁奏章，舉劾，其職也。閣臣銜列翰林，止備顧問，從容論思而已。居正創爲是說，欲脅制科臣，拱手聽令。祖宗之法若是乎？

至於按臣回道考察，苟非有大敗類者，常不舉行，蓋不欲重挫抑之。近日，御史俞一貫以不聽指授，調之南京。由是巡方短氣，莫敢展布，所憚獨科臣耳。居正於科臣旣啖之以遷轉之速，又恐之以考成之遲，誰肯舍其便利，甘彼齮齕，而盡死言事哉。往年，趙參魯以諫遷，猶曰外任也；余懋學以諫罷，猶曰禁錮也；今傅應禎則謫戍矣，又以應禎故，而及徐貞明、喬巖、李禎矣。摧折言官，讐視正士。祖宗之法如是乎？

至若爲固寵計，則獻白蓮白燕，致詔旨責讓，傳笑四方矣。規利田宅，則誣遼王以重罪，而奪其府地，今武岡王又得罪矣。爲子弟謀舉鄉試，則許御史舒鼇以京堂，布政施堯臣以巡撫矣。起大第於江陵，費至十萬，制擬宮禁，遣錦衣官校監治，鄉郡之脂膏盡矣。惡黃州生儒議其子弟倖售，則假縣令他事窮治無遺矣。編修李維楨偶談及其豪富，不旋踵卽外斥矣。蓋居正之貪，不在文吏而在武臣，不在內地而在邊鄙。不然，輔政未幾，卽富甲全楚，何由致之？宮室輿馬姬妾，奉御同於王者，又何由致之？

在朝臣工，莫不憤歎，而無敢爲陛下明言者，積威之劫也。臣舉進士，居正爲總裁。臣任部曹，居正薦改御史。臣受居正恩亦厚矣，而今敢訟言攻之者，君臣誼重，則私恩有不得而顧也。願陛下察臣愚悃，抑損相權，毋俾僨事誤國，臣死且不朽。

疏上，居正怒甚，廷辯之，曰：「在令，巡按不得報軍功。去年遼東大捷，臺違制妄奏，法應降謫。臣第請旨戒諭，而臺已不勝憤。後傅應禎下獄，究詰黨與。初不知臺與應禎同邑厚善，實有所主。乃妄自驚疑，遂不復顧藉，發憤於臣。且臺爲臣所取士，二百年來無門生劾師長者，計惟一去謝之。」因辭政，伏地泣不肯起。帝爲降御座手掖之，慰留再三。居正强諾，猶不出視事，帝遣司禮太監孫隆齎手敕宣諭，乃起。遂捕臺至京師，下詔獄，命廷杖百，遠戍。居正陽具疏救，乃除名爲民，而居正恨不已。臺按遼東時，與巡撫張學顏不相得。至是學顏爲戶部，誣臺私贖鍰，居正屬御史于應昌巡按遼東覈之，而令王宗載巡撫江西，廉臺里中事。應昌、宗載等希居正意，實其事以聞，遂戍臺廣西。臺父震龍、弟國，俱坐罪。臺至潯州未幾，飲於戍主所，歸而暴卒。是日居正亦卒。

明年，御史江東之訟臺冤，劾宗載、應昌。詔復臺官，罷宗載、應昌，下所司廉問。南京給事中馮景隆因言遼東巡撫周詠與應昌共陷臺，應昌已罷，詠尙爲薊遼總督，亦宜罷。南京御史孫繼先亦發學顏陷臺罪。帝方嚮學顏。以景隆疏中幷劾李成梁，學顏爲成梁訟。繼先又並劾學顏、成梁。乃謫景隆薊州判官，繼先臨淸州判官，置學顏不問。已而江西巡撫曹大埜、遼東巡撫李松，勘報宗載、應昌等朋比傾陷皆有狀。刑部以故入論，奏宗載等遣戍、除名、降黜有差。贈臺光祿少卿，廕一子。天啓初，追謚毅思。

馮景隆，浙江山陰人。萬曆五年進士。嘗訟趙世卿冤，且請召張位、習孔敎，申救御史魏允貞，至是謫官。後量移南陽推官。

孫繼先，字胤甫，盂人。隆慶五年進士。居正旣敗，繼先請召吳中行、趙用賢、艾穆、沈思孝、鄒元標幷及余懋學、趙應元、傅應禎、朱鴻謨、孟一脈、王用汲。又薦魏學曾、宋纁、張岳、毛綱、胡執禮、王錫爵、賈三近、溫純、曹科、陳有年、朱光宇、趙參魯等諸人。旣坐謫，終南京吏部主事。

傅應禎，字公善，安福人。隆慶五年進士。除零陵知縣。殲洞庭劇寇，論殺祁陽巨猾，民賴以安。調知溧水。

萬曆三年徵授御史。張居正當國，應禎其門生也，有所感憤，疏陳重君德、蘇民困、開言路三事，言：

邇者雷震端門獸吻，京師及四方地震疊告，曾未聞發詔修省，豈真以天變不足畏耶？眞定抽分中使，本非舊典，正統間嘗暫行之，先帝納李芳言，已詔罷遣，而陛下顧欲踵行失德之事，豈眞以祖宗不足法耶？給事中朱東光奏陳保治，初非折檻解衣者比，乃竟留中不報，豈眞以人言不足恤耶？此三不足者，王安石以之誤宋，不可不深戒也。

陛下登極初，自隆慶改元以前逋租，悉賜蠲除，四年以前免三徵七，恩至渥也。乃上軫恤已至，而下延玩自如，曾未有擔負相屬者，何哉？小民一歲之入，僅足給一歲，無遺力以償負也。近乃定輸不及額者，按撫聽糾，郡縣聽調。諸臣畏譴，督趣倍嚴。致流離接踵，怨咨愁歎，上徹於天。是豈太平之象，陛下所樂聞者哉？請下明詔，自非官吏乾沒，並曠然除之。民困既蘇，則災沴自弭。

陛下登極初，召用直臣石星、李已，臣工無不慶幸。近則趙參魯糾中涓而謫爲典史，余懋學陳時政而錮之終身，他如胡執禮、裴應章、侯於趙、趙煥等封事累上，一切置之，如初政何？臣請擢參魯京職，還懋學故官，爲人臣進言者勸。」疏奏，居正以疏中王安石語侵己，大怒，調旨切責；以其詞及懋學，執下詔獄，窮治黨與。應禎瀕死無所承，乃謫戍定海。給事中嚴用和、御史劉天衢等疏救，不聽。方應禎下獄，給事中徐貞明偕御史李禎、喬巖入視之。錦衣帥余𠘰以聞，三人亦坐謫。

十一年，用御史孫繼先言，召復官。〔一〕帝將幸昌平閱壽宮，而薊鎮告警，應禎止帝勿行，且陳邊備甚悉。優詔答之。俄擢南京大理寺丞。將行，奏薦海內知名士三十七人。尋移疾歸，三年而卒。贈本寺右少卿。應禎與同邑劉臺同舉進士，爲御史，同忤居正得禍，鄉人並祠祀之。

王用汲，字明受，晉江人。爲諸生時，郡被倭，客兵橫市中。會御史按部至，用汲言狀。知府曰：「此何與諸生事？」用汲曰：「范希文秀才時，以天下爲己任，矧鄉井之禍乃不關諸生耶？」舉隆慶二年進士，授淮安推官。稍遷常德同知，入爲戶部員外郞。

萬曆六年，首輔張居正歸葬其親，湖廣諸司畢會。巡按御史趙應元獨不往，居正嗛之。

及應元事竣得代，卽以病請。僉都御史王篆者，居正客也，素憾應元，且迎合居正意，屬都御史陳炌劾應元規避，遂除名。用汲不勝憤，乃上言：

御史應元以不會葬，得罪輔臣，遂爲都御史炌所論，坐託疾欺罔削籍，臣竊恨之。夫疾病人所時有，今在廷大小諸臣，曾以病請者何限。御史陸萬鍾、劉光國、陳用賓皆以巡方事訖引疾，與應元不異也，炌何不並劾之。卽炌當世宗朝，亦養病十餘年。後夤緣攀附，驟列要津。以退爲進，宜莫如炌。已則行之，而反以責人，何以服天下。陛下但見炌論劾應元，以爲恣情趨避，罪當罷斥。至其意所從來，陛下何由知之。

如昨歲星變考察，將以弭災也，而所挫抑者，半不附宰臣之人。如翰林習孔教，則以鄒元標之故；禮部張程，則以劉臺之故；刑部浮躁獨多於他部，則以艾穆、沈思孝而推戈；考後劣轉趙志皋，又以吳中行、趙用賢而遷怒。蓋能得輔臣之心，則雖屢經論列之潘晟，且得以不次蒙恩；苟失輔臣之心，則雖素負才名之張岳，難免以不及論調。臣不意陛下省災塞咎之舉，僅爲宰臣酬恩報怨之私。且凡附宰臣者，亦各藉以酬其私，可不爲太息矣哉！

孟子曰「逢君之惡其罪大」，臣則謂逢相之惡其罪更大也。陛下天縱聖明，從諫勿咈。諸臣熟知其然，爭欲碎首批鱗以自見。陛下欲織錦綺，則撫臣、按臣言之；欲採珍異，則部臣、科臣言之；欲取太倉光祿，則臺臣、科臣又言之。陛下悉見嘉納，或遂停止，或不爲例。至若輔臣意之所向，不論是否，無敢一言以正其非，且有先意結其歡，望風張其焰者，是臣所謂逢也。今大臣未有不逢相之惡者，姈特其較著者爾。

以臣觀之，天下無事不私，無人不私，獨陛下一人公耳。陛下又不躬自聽斷，而委政於衆所阿奉之大臣。大臣益得成其私而無所顧忌，小臣益苦行私而無所愬告，是驅天下而使之奔走乎私門矣。陛下何不日取庶政而勤習之，內外章奏躬自省覽，先以意可否焉，然後宣付輔臣，俾之商搉。閱習既久，智慮益弘，幾微隱伏之間自無逃於天鑒。夫威福者，陛下所當自出；乾綱者，陛下所當獨攬。寄之於人，不謂之旁落，則謂之倒持。政柄一移，積重難返，此又臣所日夜深慮，不獨爲應元一事已也。

疏入，居正大怒，欲下獄廷杖。會次輔呂調陽在告，張四維擬削用汲籍，帝從之。居正以罪輕，移怒四維，厲色待之者累日。

用汲歸，屏居郭外，布衣講授，足不踐城市。居正死，起補刑部。未上，擢廣東僉事。尋召爲尙寶卿，進大理少卿。會法司議胡檟、龍宗武殺吳仕期獄，傅以謫戍。用汲駁奏曰：「按律，刑部及大小官吏，不依法律、聽從上司主使、出入人罪者，罪如之。蓋謂如上文，罪斬、妻子爲奴、財產入官之律也。仕期之死，檟非主使者乎？宗武非聽上司主使者乎？今僅謫戍，不知所遵何律也。」上欲用用汲言，閣臣申時行等謂仕期自斃，宜減等，獄遂定。尋遷順天府尹。歷南京刑部尚書，致仕。

用汲爲人剛正，遇事敢爲。自尹京後，累遷皆在南，以强直故也。卒，贈太子太保，謚恭質。

吳中行，字子道，武進人。父性，兄可行，皆進士。性，尚寶丞。可行，檢討。〔三〕中行甫冠舉鄉試，性誡無躁進，遂不赴會試。隆慶五年成進士，選庶吉士，授編修。

大學士張居正，中行座主也。萬曆五年，居正遭父喪，奪情視事。御史曾士楚、吏科都給事中陳三謨倡疏奏留，舉朝和之，中行獨憤。適彗出西南，長竟天，詔百官修省，中行乃首上疏曰：「居正父子異地分暌，音容不接者十有九年。一旦長棄數千里外，陛下不使匍匐星奔，憑棺一慟，必欲其違心抑情，銜哀茹痛於廟堂之上，而責以訏謨遠猷，調元熙載，豈情也哉！居正每自言謹守聖賢義理，祖宗法度。宰我欲短喪，子曰：『予有三年之愛於其父母乎？』王子請數月之喪，孟子曰：『雖加一日愈於已。』聖賢之訓何如也？在律，雖編氓小吏，匿喪有禁；惟武人得墨衰從事，非所以處輔弼也。即云起復有故事，亦未有一日不出國門，而遽起視事者。祖宗之制何如也？事繫萬古綱常，四方視聽，惟今日無過舉，然後後世無遺議。銷變之道無踰此者。」

疏既上，以副封白居正。居正愕然曰：「疏進耶？」中行曰：「未進不敢白也。」明日，趙用賢疏入。又明日，艾穆、沈思孝疏入。居正怒，謀於馮保，欲廷杖之。翰林院侍講趙志皐、張位、于愼行、張一桂、田一儁、李長春，修撰習孔敎、沈懋學俱具疏救，格不入。學士王錫爵乃會詞臣數十人，求解於居正，弗納。遂杖中行等四人。明日，進士鄒元標疏爭，亦廷杖。五人者，直聲震天下。中行、用賢並稱吳、趙。南京御史朱鴻謨疏救五人，亦被斥。中行等受杖畢，校尉以布曳出長安門，舁以板扉，卽日驅出都城。中行氣息已絕，中書舍人秦柱挾醫至，投藥一匕，乃蘇。輿疾南歸，刲去腐肉數十臠，大者盈掌，深至寸，一肢遂空。

九年大計京官，列五人察籍，錮不復敍。居正死，士楚當按蘇、松，憮然曰：「吾何面目見吳、趙二公！」遂引疾去。三謨已擢太常少卿，尋與士楚俱被劾削籍。廷臣交薦中行，召復故官，進右中允，直經筵。大學士許國攻李植、江東之，詆中行、用賢爲其黨。中行奏辨，因乞罷，不許。再遷右諭德。御史蔡系周劾植，復侵中行，中行求去，章四上。詔賜白金、文綺，馳傳歸。言者屢薦，執政抑不召。久之，起侍講學士，掌南京翰林院。同里僉事徐常吉嘗訟中行，事已解，給事中王嘉謨復摭舊事劾之，命家居俟召。尋卒。後贈禮部右侍郎。

子亮、元，從子宗達。亮官御史，坐累貶官，終大理少御。元，江西布政使。宗達，少傅、建極殿大學士。〔三〕亮尙志節，與顧憲成諸人善。而元深疾東林，所輯吾徵錄，詆毀不遺力。兄弟異趣如此。

趙用賢，字汝師，常熟人。父承謙，廣東參議。用賢舉隆慶五年進士，選庶吉士。萬曆初，授檢討。張居正父喪奪情，用賢抗疏曰：「臣竊怪居正能以君臣之義效忠於數年，不能以父子之情少盡於一日。臣又竊怪居正之勳望積以數年，而陛下忽敗之一旦。莫若如先朝楊溥、李賢故事，聽其暫還守制，刻期赴闕，庶父子音容乖暌阻絕於十有九年者，得區區稍伸其痛於臨穴憑棺之一慟也。國家設臺諫以司法紀、任糾繩，乃今曉曉爲輔臣請留，背公議而徇私情，蔑至性而創異論。臣愚竊懼士氣之日靡，國是之日淆也。」疏入，與中行同杖除名。用賢體素肥，肉潰落如掌，其妻腊而藏之。用賢有女許御史吳之彥子鎭。之彥懼及，深結居正，得巡撫福建。過里門，不爲用賢禮，且坐鎭於其弟下，曰「婢子也」，以激用賢。用賢怒，已察知其受居正黨王篆指，遂反幣告絕。之彥大喜。

居正死之明年，用賢復故官，進右贊善。江東之、李植輩爭嚮之，物望皆屬焉。而用賢性剛，負氣傲物，數訾議大臣得失。申時行、許國等忌之。會植、東之攻時行，國遂力詆植、東之，而陰斥用賢、中行，謂：「昔之專恣在權貴，今乃在下僚；昔顛倒是非在小人，今乃在君子。意氣感激，偶成一二事，遂自負不世之節，號召浮薄喜事之人，黨同伐異，罔上行私，其風不可長。」於是用賢抗辨求去，極言朋黨之說，小人以之去君子、空人國，詞甚激憤。帝不聽其去。黨論之興遂自此始。

尋充經筵講官。再遷右庶子，改南京祭酒。薦舉人王之士、鄧元錫、劉元卿，清修積學。又請建儲，宥言官李沂罪。居三年，擢南京禮部右侍郎。以吏部郎中趙南星薦，改北部。尋以本官兼敎習庶吉士。

二十一年，王錫爵復入內閣。初，用賢徙南，中行、思孝、植、東之已前貶，或罷去，故執政安之。及是，用賢復以爭三王並封語侵錫爵，爲所銜。會改吏部左侍郎，與文選郎顧憲成辨論人才，羣情益附，錫爵不便也。用賢故所絕婚吳之彥者，錫爵里人，時以僉事論罷，使其子鎭訐用賢論財逐壻，蔑法棄倫。用賢疏辨，乞休。詔禮官平議。尚書羅萬化以之彥其門生，引嫌力辭。錫爵乃上議曰：「用賢輕絕，之彥緩發，均失也。今趙女已嫁，難問初盟；吳男未婚，無容反坐。欲折其衷，宜聽用賢引疾，而曲貸之彥。」詔從之。用賢遂免歸。

戶部郎中楊應宿、鄭材復力詆用賢，請據律行法。都御史李世達、侍郎李禎疏直用賢，〔四〕斥兩人讒諂，遂爲所攻。高攀龍、吳弘濟、譚一召、孫繼有、安希范輩皆坐論救褫職。自是朋黨論益熾。中行、用賢、植、東之創於前，元標、南星、憲成、攀龍繼之。言事者益裁量執政，執政日與枝拄，水火薄射，訖於明亡云。

用賢長身聳肩，議論風發，有經濟大略。蘇、松、嘉、湖諸府，財賦敵天下半，民生坐困。用賢官庶子時，與進士袁黃商搉數十晝夜，條十四事上之。時行、錫爵以爲吳人不當言吳事，調旨切責，寢不行。家居四年卒。天啓初，贈太子少保、禮部尙書，謚文毅。

孫士春、士錦，崇禎十年同舉進士。士春，字景之。第三人及第，授編修。明年，兵部尙書楊嗣昌奪情視事，未幾入閣。少詹事黃道周劾之，下獄。士春上疏曰：「嗣昌墨縗視事，旣已罔效。陛下簡入綸扉，自應力辭新命。乃閱其奏牘，徒計歲月久近間，絕無哀痛惻怛之念，何奸悖一至此也。陛下破格奪情，曰人才不足故耳。不知人才所以不振，正由愛功名、薄忠孝致之。且無事不講儲材，有事輕言破格，非用人無弊之道也。臣祖用賢，首論故相奪情，幾斃杖下，腊敗肉示子孫。臣敢背家學，負明主，坐視綱常掃地哉？」帝怒，謫廣東布政司照磨。祖孫並以攻執政奪情斥，士論重之。後復故官，終左中允。

艾穆，字和父，平江人。以鄉舉署阜城教諭，鄰郡諸生趙南星、喬璧星皆就學焉。入爲國子助教。張居正知穆名，欲用爲誥敕房中書舍人，不應。

萬曆初，擢刑部主事。進員外郎，錄囚陝西。時居正法嚴，決囚不如額者罪。穆與御史議，止決二人。御史懼不稱，穆曰：「我終不以人命博官也。」還朝，居正盛氣譙讓。穆曰：「主上沖年，小臣體好生德，佐公平允之治，有罪甘之。」揖而退。

及居正遭喪奪情，穆私居歎息，遂與主事沈思孝抗疏諫曰：「自居正奪情，妖星突見，光逼中天。言官曾士楚、陳三謨甘犯清議，率先請留，人心頓死，舉國如狂。今星變未銷，火災繼起。臣敢自愛其死，不灑血一爲陛下言之。陛下之留居正也，動曰爲社稷故。夫社稷所重，莫如綱常。而元輔大臣者，綱常之表也。綱常不顧，何社稷之能安？且事偶一爲之者，例也；而萬世不易者，先王之制也。今棄先王之制，而從近代之例，如之何其可也。居正今以例留，腼顏就列矣。異時國家有大慶賀、大祭祀，爲元輔者，欲避則害君臣之義，欲出則傷父子之情。臣不知陛下何以處居正，居正又何以自處也。徐庶以母故辭於昭烈曰：『臣方寸亂矣。』居正獨非人子而方寸不亂耶？位極人臣，反不修匹夫常節，何以對天下後世！臣聞古聖帝明王勸人以孝矣，未聞從而奪之也。爲人臣者，移孝以事君矣，未聞爲所奪也。以禮義廉恥風天下猶恐不足，顧乃奪之，使天下爲人子者，皆忘三年之愛於其父，常紀隳矣。異時卽欲以法度整齊之，何可得耶！陛下誠眷居正，當愛之以德，使奔喪終制，以全大節；則綱常植而朝廷正，朝廷正而百官萬民莫不一於正，災變無不可弭矣。」

時吳中行、趙用賢請令居正奔喪，葬畢還朝，而穆、思孝直請令終制，故居正尤怒。中行、用賢杖六十，穆、思孝皆八十加梏拲，置之詔獄。越三日，以門扉舁出城，穆遣戍涼州。創重不省人事，既而復甦，遂詣戍所。穆，居正鄉人也。居正語人曰：「昔嚴分宜時未有同鄉攻擊者，我不得比分宜矣。」九年，大計，復置穆、思孝察籍。

及居正死，言官交薦，起戶部員外郎。遷四川僉事，屢遷太僕少卿。十九年秋，擢右僉都御史，巡撫四川。故崇陽知縣周應中、賓州知州葉春及行義過人，穆舉以自代，不報。既之官，有告播州宣慰使楊應龍叛者，貴州巡撫葉夢熊請征之。蜀人多言應龍强，未易輕舉，穆亦不欲加兵，與夢熊異。朝命兩撫臣會勘，應龍不願赴貴州，乃逮至重慶，對簿論斬，輸贖，放之還。穆病歸，未幾卒。後應龍復叛，議者追咎穆，奪其職。

喬璧星，臨城人。官右僉都御史，亦巡撫四川。

葉春及，歸善人。由鄉舉授福清教諭。上書陳時政，纚纚三萬言。終戶部郎中。

沈思孝，字純父，嘉興人。舉隆慶二年進士。又三年，謁選。高拱署吏部，欲留爲屬曹，思孝辭焉，乃授番禺知縣。殷正茂總制兩廣，欲聽民與番人互市，且開海口諸山徵其稅，思孝持不可。

萬曆初，舉卓異，又爲刑部主事。張居正父喪奪情，與艾穆合疏諫。廷杖，戍神電衞。居正死，召復官，進光祿少卿。政府惡李植、江東之及思孝輩。思孝遷太常少卿，御史龔仲慶希指詆之，思孝遂求去，不許。尋遷順天府尹，坐寬縱冒籍舉人，貶三秩視事。思孝御三品服自若，被劾，調南京太僕卿，仍貶三秩。未幾，謝病歸。

吏部尚書陸光祖起爲南京光祿卿。尋進右僉都御史，巡撫陝西。寧夏哱拜叛，詔思孝移駐下馬關，爲總督魏學曾聲援。思孝以兵少，請募浙江及宣、大騎卒各五千，發內帑供軍，并乞宥故都御史李材罪，令立功。詔思孝近地召募，而罷材勿遣。思孝與學曾議軍事不合，給事中侯慶遠劾思孝舍門戶而守堂奧，設邏卒以衞妻孥，不任封疆事。改撫河南，辭不赴。

頃之，召爲大理卿。中官郝金詐傳懿旨下獄，刑部薄其罪，思孝駁誅之。帝悅，進工部左侍郎。陝西織羊絨爲民患，以思孝奏，減十之四。進右都御史，協理戎政。初，廷推李禎爲首，思孝次之，帝特用思孝。或疑有奧援，給事中楊東明、鄒廷彥相繼疏劾。帝以廷彥受東明指，謫東明，奪廷彥俸。

二十三年，吏部尙書孫丕揚掌外察，黜參政丁此呂。思孝與東之素善此呂。會御史趙文炳劾文選郞蔣時馨受賄，時馨疑思孝嗾之，遂訐思孝先庇此呂，後求吏部不得，以此二事憾己，遂結江東之、劉應秋等，令李三才屬文炳。帝惡時馨，罷其官。思孝等疏辨，且求去。丕揚言時馨無罪，此呂受贓有狀，思孝不當庇。因上此呂訪單，乞歸。訪單者，吏部當察時，咨公論以定賢否，廷臣因得書所聞以投掌察者。事率覈實，然間有因以中所惡者。帝降詔慰留丕揚，逮此呂，詰讓思孝。御史俞价、强思、馮從吾，給事中黃運泰、祝世祿，皆爲時馨訟冤，語侵思孝、東之。給事中楊天民、馬經綸、馬文卿又各疏劾思孝，大抵言文炳之疏由思孝，藉以搖丕揚也。思孝屢乞罷，因詆丕揚負國。員外郞岳元聲言大臣相攻，宜兩罷，似並論丕揚、思孝，而其指特攻時馨以及丕揚。疏方上，文炳忽變其說，謂：「元聲、東之述思孝意，迫之救此呂、劾時馨，非己意也。」帝皆置不問。

思孝素以直節高天下，然尙氣好勝，動輒多忤，以此呂故，頗被物議。然時馨、此呂皆非端人，丕揚、思孝亦各有所左右。其明年，御史林培請辨忠邪，又力詆思孝、東之；且言：「丕揚杜門半載，辭疏十上，意必得請而後已。思孝則杜門未幾，近見從吾、運泰等罷，謂朝廷不難去言官五六人以安我。此人不去，爲朝端害。」帝顧思孝厚，謫培官。乾淸宮災，思孝請行皇長子冠禮以回天心。又以日本封事大壞，請亟修戰守備，幷論趙志皐、石星誤國。其秋，丕揚去位，思孝亦引疾，詔馳傳歸，朝端議論始息。久之，丕揚復起爲吏部，御史記事復詆思孝與顧天埈合謀欲搆陷丕揚。顧憲成、高攀龍力辨其誣，而思孝卒矣。天啓中，贈太子少保。

丁此呂，字右武，新建人。萬曆五年進士。由漳州推官徵授御史。慈寧宮災，請撤鼇山，停織造、燒造，還建言譴謫諸臣，去張居正餘黨，速誅徐爵、游七。報聞。尋劾禮部侍郎高啓愚命題示禪授意，謫潞安推官。語詳李植傳。尋遷太僕丞，歷浙江右參政。考察論黜，復遣官逮之。大學士趙志皐等再疏乞宥，且言此呂有氣節，未必果貪汚。丕揚亦言此呂無逮問條，乞免送詔獄。帝皆不從，逮下鎭撫，謫戍邊。

贊曰：劉臺諸人，皆以論張居正得罪。罰最重者，名亦最高。用汲之免也，幸耳。平心論之，居正爲相，於國事不爲無功；諸人論之，不無過當。然聞謗而不知懼，忿戾怨毒，務快已意。虧盈好還，禍釀身後。傳曰「惟善人能受盡言」。於戲難哉！

校勘記

〔一〕十一年用御史孫繼先言召復官　十一年，原作「十一月」。明通鑑卷六六考異謂傳應禎萬曆三年坐謫戍，在戍所八年，召復官應在萬曆十一年，「傳中『月』字蓋『年』字之誤」。考異說是，據改。

〔二〕可行檢討　檢討，明史稿傳一〇八吳中行傳作「修撰」。

〔三〕元江西布政使宗達少傅建極殿大學士　明史稿傳一〇八吳中行傳作「元，江西參政。宗達，少師、中極殿大學士」。據本書卷一〇九宰輔年表，吳宗達于崇禎六年十二月晉少傅、建極殿大學士，七年二月晉少師、中極殿大學士。

〔四〕侍郎李禎疏直用賢　李禎，原作「李楨」。按本書卷二二一及明史稿傳一〇二有李禎傳，事蹟與此合，今改正。

明史卷二百三十

列傳第一百十八

蔡時鼎　萬國欽王教　饒伸兄位　劉元震　元霖

湯顯祖李琯　逯中立盧明諏　楊恂冀體　朱爵

姜士昌宋燾　馬孟禎　汪若霖

蔡時鼎，字台甫，漳浦人。萬曆二年進士。歷知桐鄉、元城，爲治淸嚴。徵授御史。太和山提督中官田玉兼分守事，時鼎言不可，並及玉不法狀。御史丁此呂以劾高啓愚被謫，時鼎論救，語侵楊巍、申時行。報聞。已，巡鹽兩淮。悉捐其羨爲開河費，置屬邑學田。

還朝，會戚畹子弟有求舉不獲者，誣順天考官張一桂私其客馮詩、章維寧及編修史鈳子記純，又濫取冒籍者五人。帝怒，命詩、維寧荷枷，解一桂、鈳官。時行等爲之解。帝益怒，奪鈳職，下詩、維寧吏。法司廷鞫無驗，忤旨被讓。卒枷二人一月，而調一桂南京。時鼎以事初糾發不由外廷，徑從中出，極言宵人蜚語直達御前，其漸不可長；且盡疑大臣言官有私，則是股肱耳目舉不可信，所信者誰也？帝怒，手札諭閣臣治罪。會時行及王錫爵在告，許國、王家屏僅擬停俸，且請稍減詩、維寧荷校之期，以全其命。帝不從，責時鼎疑君訕上，降極邊雜職。又使人詗知發遣冒籍者多寬縱，責府尹沈思孝對狀。國、家屏復上言：「人君貴明不貴察。苟任一己見聞，猜防苛密，縱聽斷精審，何補於治；且使姦人乘機得中傷善類，害胡可言。願停察訪以崇大體，宥言官以彰聖度。」帝不懌，手詔詰讓。是日，帝思時行，遣中使就第勞問。而國等既被責，具疏謝，執爭如初。會帝意稍解，乃報聞。時鼎竟謫馬邑典史，告歸。居二年，吏部擬序遷，不許。御史王世揚請如石星、海瑞、鄒元標例，起之廢籍，不報。已，起太平推官，進南京刑部主事，就改吏部。

十八年冬，復疏劾時行，略言：「比年天災民困，紀綱紊斁，吏治混淆。陛下深居宮闕，臣民呼籲莫聞。然羣工進言，猶蒙寬貸。乃輔臣時行則樹黨自堅，忌言益甚。不必明指其失，卽意向稍左，亦輒中傷。或顯斥於當時，或徐退於後日。致天下諛佞成風，正氣消沮。方且內託之乎雅量，外託之乎清明，此聖賢所以重似是之防，嚴亂德之戒也。夫營私之念重，則奉公之意必衰；巧詐之機熟，則忠誠之節必退。自張居正物故，張四維憂去，時行卽爲首輔。懲前專擅，矯以謙退；鑒昔嚴苛，矯以寬平。非不欲示休休之量，養和平之福，無如患得患失之心勝，而不可則止之義微。貌退讓而心貪競，外包容而中忮刻。私僞萌生，欲蓋彌著。夫居正之禍在徇私滅公，然其持法任事，猶足有補於國。今也改革其美，而紹述其私；盡去其維天下之心，而益巧其欺天下之術。徒思邀福一身，不顧國禍，若而人者，尙可俾相天下哉！」因歷數其十失，勸之省改。疏留中。尋進南京禮部郎中。卒官。貧不具含殮，士大夫賻而治其喪。

萬國欽，字二愚，新建人。萬曆十一年進士。授婺源知縣。徵拜御史。言事慷慨，不避權貴。十八年劾吏部尙書楊巍，被詰讓。里居尙書董份，大學士申時行、王錫爵座主也，屬浙江巡按御史奏請存問。國欽言份諂事嚴嵩，又娶尙書吳鵬已字之女，居鄉無狀，不宜加隆禮，事遂寢。

初，吏部員外郎趙南星、戶部主事姜士昌疏斥政府私人。〔一〕給事中李春開以出位糾南星、士昌，而其黨陳與郊爲助。刑部主事吳正志上疏，言春開、與郊媚政府，干淸議，且論御史林祖述保留大臣之非。於是御史赫瀛集諸御史於朝堂，議合疏糾正志，以臺體爲辭。國欽與周孔教獨不署名。瀛大恚，盛氣讓國欽。國欽曰：「冠豸冠，服豸服，乃日以保留大臣傾善類爲事，我不能苟同。」瀛氣奪，疏不果上，而正志竟謫宜君典史。奄人袁進等毆殺平民，國欽再疏劾之。

十八年夏，火落赤諸部頻犯臨洮、鞏昌。七月，帝召見時行等於皇極門，咨以方略，言邊備廢弛，督撫乏調度，欲大有所振飭。時行以款貢足恃爲言。帝曰：「款貢亦不足恃。若事務媚敵，使心驕意大，豈有饜足時。」時行等奉諭而退。未幾，警報狎至，乃推鄭洛爲經略尚書行邊，實用以主款議也。國欽抗疏劾時行，曰：「陛下以西事孔棘，特召輔臣議戰守，而輔臣於召對時乃飾詞欺罔。陛下怒賊侵軼，則以爲攻抄熟番。臨、鞏果番地乎？陛下責督撫失機，則以爲咎在武臣。封疆僨事，督撫果無與乎？陛下言款貢難恃，則云通貢二十年，活生靈百萬。西寧之敗，肅州之掠，獨非生靈乎？是陛下意在戰，時行必不欲戰；陛下意在絕和，時行必欲與和。蓋由九邊將帥，歲餽金錢，漫無成畫。寇已殘城堡，殺吏民，猶謂計得。三邊總督梅友松意專媚敵。前奏順義謝恩西去矣，何又圍我臨、鞏？後疏盛誇戰績矣，何景古城全軍皆覆？甘肅巡撫李廷儀延賊入關，不聞奏報，反代請贖罪。計馬牛布帛不及三十金，而殺掠何止萬計。欲仍通市，臣不知於國法何如也。此三人皆時行私黨，故敢朋奸誤國乃爾。」因列上時行納賄數事。帝謂其淆亂國事，誣污大臣，謫劍州判官。

初，國欽疏上，座主許國責之曰：「若此舉，爲名節乎，爲國家乎？」國欽曰：「何敢爲名節，惟爲國事耳。即言未當，死生利害聽之。」國無以難。

二十年，吏部尚書陸光祖擬量移國欽爲建寧推官，饒仲爲刑部主事。帝以二人皆特貶，不宜遷，切責光祖，而盡罷文選郎中王敎，員外郎葉隆光，主事唐世堯、陳遴瑋等。大學士趙志皐疏救，亦被譙責。國欽後歷南京刑部郎中，卒。

王敎，淄川人。佐光祖澄淸吏治。給事中胡汝寧承權要旨劾之，事旋白。竟坐推國欽、仲，斥爲民。

饒仲，字抑之，進賢人。萬曆十一年進士。授工部主事。十六年，庶子黃洪憲典順天試，大學士王錫爵子衡爲舉首，申時行壻李鴻亦預選。禮部主事于孔兼疑舉人屠大壯及鴻有私。尙書朱賡、禮科都給事中苗朝陽欲寢其事。禮部郎中高桂遂發憤謫可疑者八人，並及衡，請得覆試。錫爵疏辨，與時行並乞罷。帝皆慰留之，而從桂請，命覆試。禮部侍郎于愼行以大壯文獨劣，擬乙置之。都御史吳時來及朝陽不可。桂直前力爭，乃如愼行議，列甲乙以上。時行、錫爵調旨盡留之，且奪桂俸二月。衡實有才名，錫爵大憤，復上疏極詆桂。伸乃抗疏言：「張居正三子連占高科，而輔臣子弟遂成故事。洪憲更謂一舉不足重，居然置之選首。子不與試，則錄其壻，其他私弊不乏聞。覆試之日，多有不能文者。時來罔分優劣，蒙面與桂力爭，遂朦朧擬請。至錫爵訐桂一疏，劍戟森然，乖對君之體。錫爵柄用三年，放逐賢士，援引憸人。今又巧護己私，欺罔主上，勢將爲居正之續。時來附權蔑紀，不稱憲長。請俱賜罷。」

疏既入，錫爵、時行並杜門求去。而許國以典會試入場，閣中遂無一人。中官送章奏於時行私第，時行仍封還。帝驚曰：「閣中竟無人耶？」乃慰留時行等而下伸詔獄。給事中胡汝寧、御史林祖述等復劾伸及桂，以媚執政。御史毛在又侵孔兼，謂桂疏其所使。孔兼奏辨求罷。於是詔諸司嚴約所屬，毋出位沽名，而削伸籍，貶桂三秩，調邊方，孔兼得免。

伸既斥，朝士多咎錫爵。錫爵不自安，屢請敍用。起伸南京工部主事，改南京吏部。引疾歸，遂不復出。熹宗卽位，起南京光祿寺少卿。天啓四年累官刑部左侍郎。魏忠賢亂政，請告歸。所輯學海六百餘卷，時稱其浩博。

兄位。累官工部右侍郎。母年百歲，與伸先後以侍養歸。

先是，任丘劉元震、元霖兄弟俱官九列，以母年近百歲，先後乞養親歸，與仲兄弟相類。一時皆以爲榮。元震，字元東，隆慶五年進士。由庶吉士，萬曆中歷官吏部侍郎。天啓中，贈禮部尚書，謚文莊。元霖，萬曆八年進士。歷官工部尚書。福王開邸洛陽，有所營建。元霖執奏，罷之。卒，贈太子太保。

湯顯祖，字若士，臨川人。少善屬文，有時名。張居正欲其子及第，羅海內名士以張之。聞顯祖及沈懋學名，命諸子延致。顯祖謝弗往，懋學遂與居正子嗣修偕及第。顯祖至萬曆十一年始成進士。授南京太常博士，就遷禮部主事。

十八年，帝以星變嚴責言官欺蔽，並停俸一年。顯祖上言曰：「言官豈盡不肖，蓋陛下威福之柄潛爲輔臣所竊，故言官向背之情，亦爲默移。御史丁此呂首發科場欺蔽，申時行屬楊巍劾去之。御史萬國欽極論封疆欺蔽，時行諷同官許國遠謫之。一言相侵，無不出之於外。於是無恥之徒，但知自結於執政。所得爵祿，直以爲執政與之。縱他日不保身名，而今日固已富貴矣。給事中楊文舉奉詔理荒政，徵賄鉅萬。抵杭，日宴西湖，鬻獄市薦以漁厚利。輔臣乃及其報命，擢首諫垣。給事中胡汝寧攻擊饒伸，不過權門鷹犬，以其私人，猥見任用。夫陛下方責言官欺蔽，而輔臣欺蔽自如。失今不治，臣謂陛下可惜者四。朝廷以爵祿植善類，今直爲私門蔓桃李，是爵祿可惜也。羣臣風靡，罔識廉恥，是人才可惜也。輔臣不越例予人富貴，不見爲恩，是成憲可惜也。陛下御天下二十年。前十年之政，張居正剛而多欲，以羣私人，囂然壞之。後十年之政，時行柔而多欲，以羣私人，靡然壞之。此聖政可惜也。乞立斥文舉、汝寧，誡諭輔臣，省愆悔過。」帝怒，謫徐聞典史。稍遷遂昌知縣。二十六年上計京師，投劾歸。又明年大計，主者議黜之。李維禎爲監司，力爭不得，竟奪官。家居二十年卒。

顯祖意氣慷慨，善李化龍、李三才、梅國楨。後皆通顯有建豎，而顯祖蹭蹬窮老。三才督漕淮上，遣書迎之，謝不往。

顯祖建言之明年，福建僉事李琯奉表入都，列時行十罪，語侵王錫爵。言惟錫爵敢恣睢，故時行益貪戾，請並斥以謝天下。帝怒，削其籍。甫兩月，時行亦罷。琯，豐城人。萬曆五年進士，嘗官御史。既斥歸，家居三十年而卒。

顯祖子開遠，自有傳。

逯中立，字與權，聊城人。萬曆十七年進士。由行人擢吏科給事中。遇事敢言。行人高攀龍，御史吳弘濟，南部郎譚一召、孫繼有、安希范咸以爭趙用賢之罷被斥，中立抗疏曰：「諸臣率好修士，使跧伏田野，誠可惜也。陛下怒言者，則曰『出朕獨斷』，輔臣王錫爵亦曰『至尊親裁』。臣謂所斥者非正人也，則斷自宸衷，固陛下去邪之明；卽擬自輔臣，亦大臣爲國之正。若所斥者果正人也，出於輔臣之調旨，而有心斥逐者爲妬賢；卽出於至尊之親裁，而不能匡救者爲竊位。大臣以人事君之道，當如是乎？陛下欲安輔臣，則罷言者；不知言者罷，輔臣益不自安。」疏入，忤旨，停俸一歲。

尋進兵科右給事中。有詔修國史，錫爵舉故詹事劉虞夔爲總裁。虞夔，錫爵門生也，以拾遺劾罷。諸御史言不當召。而中立詆虞夔尤力，並侵錫爵，遂寢召命。未幾，文選郎顧憲成等以會推閣臣事被斥，給事中盧明諏救之，亦貶秩。中立上言：「兩年以來，銓臣相繼屏斥。尙書孫鑨去矣，陳有年杜門求罷矣，文選一署空曹逐者至再三，而憲成又繼之。臣恐今而後，非如王國光、楊巍，則不能一日爲冢宰；非如徐一櫝、謝廷寀、劉希孟，則不能一日爲選郎。臧否混淆，舉錯倒置，使黜陟重典寄之權門，用舍斥罰視一時喜怒，公議壅閼，煩言滋起。此人才消長之機，理道廢興之漸，不可不深慮也。且會推閣臣，非自十九年始。

皇祖二十八年廷推六員，而張治、李本二臣用；卽今元輔錫爵之入閣，亦會推也。蓋特簡與廷推，祖宗並行已久。廷推必諧於僉議，特簡或由於私援。今輔臣趙志皐等不稽故典，妄激聖怒，卽揭救數語，譬之强笑，而神不偕來，欲以動聽難矣。方今疆埸交聳，公私耗敝，羣情思亂，識者懷憂。乃朝議紛紜若爾，豈得不長歎息哉！」帝怒，嚴旨責讓，斥明諫爲民，而貶中立陝西按察司知事。引疾歸，家居二十年卒。熹宗時，贈光祿少卿。

盧明諏，黃巖人。萬曆十四年進士。

楊恂，字伯純，代人。萬曆十一年進士。授行人，擢刑科給事中。錦衣冗官多至二千人，請大加裁汰，不用。累遷戶科都給事中。朝鮮用兵，冒破帑金不貲。恂請嚴敕邊臣，而劾武庫郎劉黃裳侵耗罪。黃裳卒罷去。尋上節財四議，格不行。

王錫爵謝政，趙志皐代爲首輔。御史柳佐、章守誠劾之。志皐乞罷，不許。御史冀體極論志皐不可不去。帝怒，責對狀。體抗辭不屈，貶三秩，出之外，以論救者衆，竟斥爲民。恂復論志皐，並及張位。其略曰：「今之議執政者，僉曰擬旨失當也，貪鄙無爲也。是固可憂，而所憂有大於是者。許茂樺罷閒錦衣，厚齎金玉爲奸，被人緝獲。使大臣淸節素孚，彼安敢冒昧如此！乃緝獲者被責，而行賄者不問。欲天下澄清，其可得耶？可憂者一。楊應龍負固不服，執政貪其重餌，與之交通。如近日綦江捕獲奸人，得所投本兵及提督巡捕私書。其餘四緘及黃金五百、白金千、虎豹皮數十，不言所投。臣細詢播人，始囁嚅言曰『求票擬耳』。夫票擬，輔臣事也，而使小醜得以利動哉？可憂者二。推陞者，吏部職也。邇來創專擅之說以蠱惑聖聰，陛下入其言而疑之。於是內託上意，外諉廷推，或正或陪，惟意所欲。苟兩者俱無當，則駁令更推；少不如意，譴謫加焉。倘謂簡在帝心，非政府所預，何所用者非梓里姻親，則門牆密契也？如是而猶曰吏部專擅乎？可憂者三。言官，天子耳目，糾繩獻納，其職也。邇來進朋黨之說以激聖怒，陛下納其譖而惡之。於是假託天威，肆行胸臆。非顯斥於建白之時，則陰中於遷除之日。倘謂斷自宸衷，無可挽救，何所斥者非宿昔積怨，則近日深讐也？如是而猶謂言官結黨乎？可憂者四。首輔志皐日薄西山，固無足責。位素負物望，乃所爲若斯；且其機械獨深，朋邪日衆，將來之禍，更有難言者。請罷志皐而防位，嚴飭陳于陛、沈一貫，毋效二人所爲。」

疏入，忤旨。命鐫一級，出之外。志皐、位疏辨，且乞宥恂，于陛、一貫亦論救。乃以原品調陝西按察經歷。引疾歸。久之，吏部尚書蔡國珍奉詔起廢。及恂，未召卒。

冀體，武安人。被廢，累薦不起，卒於家。

其時以論志皐獲譴者又有朱爵，開州人。由茌平知縣召爲吏科給事中。嘗論時政闕失，因疏志皐、位寢閣塹藏罪，不報。尋切諫三王並封，且論救朱維京、王如堅等，復劾志皐、位私同年羅萬化爲吏部。坐謫山西按察知事，卒於家。天啓中，贈太僕少卿。

姜士昌，字仲文，丹陽人。父寶，字廷善。嘉靖三十二年進士。官編修。不附嚴嵩，出爲四川提學僉事。再轉福建提學副使，累遷南京國子監祭酒。請罷納粟例，復積分法，又請令公侯伯子弟及舉人盡入監肄業，詔皆從之。累官南京禮部尚書。嘗割田千畝以贍宗族。

士昌五歲受書，至「惟善爲寶」，以父名輟讀拱立。師大奇之。舉萬曆八年進士，除戶部主事，進員外郎。請帝杜留中，錄遺直，舉召對，崇節儉。尋進郎中。以省親去。

還朝，言吏部侍郎徐顯卿搆陷張位，少詹事黃洪憲力擠趙用賢，宜黜之以警官邪；主事鄒元標、參政呂坤、副使李三才素著直讜，宜拔擢以厲士節。又請復連坐之法，愼巡撫之選，旌苦節之士，重贓吏之罰。疏入，給事中李春開劾其出位。遂下詔禁諸司毋越職刺舉。已，因風霾，請早建國本。貴妃父鄭承憲乞改造父塋，詔與五千金。士昌言：「太后兄陳昌言止五百金，而妃家乃十之，何以示天下」？弗納。稍遷陝西提學副使，江西參政。

三十四年，大學士沈一貫、沈鯉相繼去國。明年秋，士昌齎表入都，上疏言：

皇上聽一貫、鯉並去，輿論無不快一貫而惜鯉。夫一貫招權罔利，大壞士風吏道，恐天下林居貞士與己齟齬，一切阻遏，以杜將來。即得罪張居正諸臣，皇上素知其忠義、注意拔擢者，皆擯不復用，甚則借他事處之。其直道左遷諸人、久經遷轉在告者，一貫亦擯不復用。在廷守正不阿、魁磊老成之彥，小有同異，亦巧計罷之。且空部院以便於擇所欲用，空言路以便於恣所欲爲，空天下諸曹與部院、言路等，使人不疑。至於己所欲用所欲爲者，又無不可置力而得志；所不欲者，輒流涕語人曰「吾力不能得之皇上」。善則歸己，過則歸君，人人知其不忠。

夫鯉不肥身家，不擇利便，惟以衆賢効之君，較一貫忠邪遠甚。一貫既歸，貨財如山，金玉堆積；鯉家徒壁立，貧無餘貲，較一貫貪廉遠甚。一貫忠鯉邪正相形，借妖書事傾害，非皇上聖明，幾至大悞。臣以爲輔臣若一貫憸邪異常，直合古今奸臣盧杞、章惇而三矣。然竟無一人以鯉、一貫之賢奸爲皇上正言別白者，臣竊痛之。

且一貫之用，由王錫爵所推轂。今一貫去，以錫爵代首揆，是一貫未嘗去也。錫爵素有重名，非一貫比。然器量褊狹，嫉善如讎。高桂、趙南星、薛敷教、張納陛、于孔僉、高攀龍、孫繼有、安希范、譚一召、顧憲成、章嘉禎等一黜不復。頃聞錫爵有疏請錄遺佚。謂宜如其所請，召還諸臣，然後敦趣就道，不然，恐錫爵無復出理也。至論劾一貫諸臣，如劉元珍、龐時雍、陳嘉訓、朱吾弼，亦亟宜召復，以爲盡忠發奸者之勸。至於他臣，以觸忤被中傷異同致罷去者，請皆以次拂拭用之。

說者謂皇上於諸臣，雖三下明詔，意若向用，寔未欲用者，臣獨以爲不然。皇上初嘗罷傅應禎、余懋學、鄒元標、艾穆、沈思孝、吳中行、趙用賢、朱鴻謨、孟一脈、趙世卿、郭惟賢、王用汲等，後又嘗謫魏允貞、李三才、黃道瞻、譚希思、周弘禴、江東之、李植、曾乾亨、馮景隆、馬應圖、王德新、顧憲成、李懋檜、董基、張鳴岡、饒伸、郭實、諸壽賢、顧允成、彭遵古、薛敷教、吳正志、王之棟等，旋皆擢用。頃年改調銓曹鄒觀光、劉學曾、李復陽、羅朝國、趙邦柱、洪文衡等於南京，亦俱漸還清秩。而鄒元標起自戍所，累蒙遷擢，其後未有一言忤主，而謂皇上忽復怒之，而調之南，而錮不復用，豈不厚誣皇上也哉。蓋皇上本無不用諸臣之心，而輔臣實決不用諸臣之策也。說者謂俗流世壞，宜用潔清之臣表率之。然古今廉相獨推楊綰、杜黃裳，以其能推賢薦士耳。王安石亦有清名，乃用其學術驅斥諸賢，竟以禍宋。爲輔臣者可不鑒於此哉。

其意以陰諷李廷機。廷機大恚，疏辨曰：「人才起用，臣等不惟不敢干至尊之權，亦何敢侵吏部職。」士昌見疏，復貽書規之，廷機益不悅，然帝尚未有意罪士昌也。會朱賡亦疏辨如廷機指，帝乃下士昌疏，命罪之。吏部侍郎楊時喬，副都御史詹沂請薄罰，不許。詔鐫三秩爲廣西僉事。御史宋燾論救，復詆一貫，刺廷機。帝益怒，謫燾平定判官，再謫士昌興安典史。士昌好學，勵名檢。居恒憤時疾俗，欲以身輓之。故雖居散僚，數有論建，竟齟齬以終。士昌謫之明年，禮部主事鄭振先劾賡等大罪十二，亦鐫三秩，調邊方用。

宋燾，泰安人。萬曆二十九年進士。自庶吉士授御史，任氣好搏擊。出按應天諸府，疏斥首輔朱賡。廷臣繼有請，皆責備輔臣，其端自燾發也。及坐謫，旋請假歸。卒於家。天啓初，贈士昌太常少卿，燾光祿少卿。

馬孟禎，字泰符，桐城人。萬曆二十六年進士。授分宜知縣。將內召，以征賦不及四分，爲戶部尚書趙世卿所劾，詔鐫二秩。甫三日，而民逋悉完。鄒元標、萬國欽輩亟稱之。續授御史。文選郎王永光，儀制郎張嗣誠，都給事中姚文蔚、陳治則，以附政府擢京卿，南京右都御史沈子木年幾八十未謝政，孟禎並疏論之。大學士李廷機被劾奏辨，言入仕以來，初無大謬。孟禎駁之曰：「廷機在禮部昵邪妄司官彭遵古，而聶雲翰建言忤時，則抑之至死。秉政未幾，姜士昌、宋燾、鄭振先皆得罪。姚文蔚等濫授京堂，陳用賓等屢擬寬旨。猶不謂之謬哉？」王錫爵辭召，密疏痛詆言者。孟禎及南京給事中段然並上疏極論。尋陳僉商之害，發工部郎陳民志、范鈁黷貨罪。又陳通壅蔽、錄直臣、決用舍、恤民窮、急邊餉五事。請召用鄒元標、趙南星、王德完，放廷機還田里。皆不報。

三十九年夏，怡神殿災。孟禎言：「二十年來，郊廟、朝講、召對、面議俱廢，通下情者惟章奏。而疏入旨出悉由內侍，其徹御覽與果出聖意否，不得而知，此朝政可慮也。臣子分流別戶，入主出奴，愛憎由心，雌黃信口，流言蜚語，騰入禁庭，此士習可慮也。畿輔、山東、山西、河南，比歲旱饑。民間賣女鬻兒，食妻啖子，鋌而走險，急何能擇。一呼四應，則小盜合羣，將爲豪傑之藉，此民情可慮也。」帝亦不省。

吏部侍郎蕭雲舉佐京察，有所庇，孟禎首疏攻之。論者日衆，雲舉引去。山海參將李獲陽忤稅監，下獄死，孟禎爲訟冤，因請貸卞孔時、王邦才、滿朝薦、李嗣善等之在獄者，且言：「楚宗一獄，死者已多，今被錮高牆者，誰非高皇帝子孫，乃令至是。」皆弗聽。四十二年冬，考選科道，中書舍人張光房，〔三〕知縣趙運昌、張廷拱、曠鳴鸞、濮中玉，以言論忤時，抑不得與。孟禎不平，具疏論之。是時三黨勢張，忌孟禎讜直，出爲廣東副使。移疾不赴。

天啓初，起南京光祿少卿，召改太僕。以憂歸。魏忠賢得志，爲御史王業浩所論，遂削籍。崇禎初，復官。

孟禎少貧。既通顯，家無贏資。惟銜趙世卿抑己，既入臺卽疏劾世卿，人以爲隘。

汪若霖，字時甫，光州人。父治，保定知府。若霖舉萬曆二十年進士，授行人。三十三年擢戶科給事中。言「有司貪殘，率從輕論，非律；邊吏竭脂膏，外媚敵，內媚要津，而京軍十萬半虛冒，非計」。兵部尚書蕭大亨被劾求去，吏部議留，若霖力詆部議。雲南民變，殺稅使楊榮，詔從巡撫陳用賓言，〔三〕命四川丘乘雲兼領。〔四〕若霖言：「用賓養成榮惡，今不直請罷稅，而倡議領於四川，負國甚。乞亟斥用賓，追寢前命。」皆不報。

進禮科右給事中。自正月至四月不雨，若霖上疏曰：「臣稽洪範傳，言之不從，是謂不乂，〔五〕厥罰恒暘。今郊廟宜親，朝會宜舉，東宮講習宜開，此下累言之，而上不從者也。又有上言之而中變者：稅務歸有司，權璫猶侵奪；起廢有明詔，啓事猶沉閣是也。有上屢言之而久不決、下數言之而上不斷者：中外大僚之推補，被劾諸臣之進退是也。凡此皆言不從之類。積鬱成災，天人恒理。陛下安得漠然而已哉！」時南京戶、工二部缺尚書，禮部缺侍郎，廷推故尚書徐元泰、貴州巡撫郭子章、故詹事范醇敬。若霖言：「三人不足任，且舉者不能無私。請自今廷推勿以一人主持，衆皆畫諾。宜籍舉主姓名，復祖宗連坐之法。」詔申飭如若霖言，所推悉報寢。兵部主事張汝霖，大學士朱賡壻也。典試山東，所取士有篇章不具者。若霖疏劾之，停其俸。中官楊致中枉法拷殺指揮鄭光擢，若霖率同官列其十罪，不報。

朱賡獨相，朝事益弛。若霖言：「陛下獨相一賡，而又晝接無聞，補牘莫應，此最大患也。方今紀綱壞，政事壅，人才耗，庶職空，民力窮，邊方廢，宦豎横，盜賊繁，士大夫幾忘廉恥禮義，而小民愁苦冤痛之聲徹於寓內。輔臣宜慨然任天下重，收拾人心，以効之當宁。如徒謙讓未遑，或以人言，輕懷去就，則陛下何賴焉？」賡乃緣若霖指，力請帝急行新政。帝亦不省。

五月朔，大雨雹。若霖謂用人不廣，大臣專權之象，具疏切言之。已而京師久雨，壞田廬。若霖復言大臣比周相倚，小臣趨風，其流益甚；意復詆賡及新輔李廷機輩也。三十六年巡視庫藏，見老庫止銀八萬，而外庫蕭然，諸邊軍餉逋至百餘萬。疏請集議長策，亦留中。

先是，吏部列上考選應授科道者，知縣新建汪元功、進賢黃汝亨、南昌黃一騰與焉。賡黨給事中陳治則推轂元功、汝亨。若霖劾二人囂競，吏部因改擬部曹。治則怒劾一騰交搆。帝以言官紛爭，留部疏。廷臣屢請乃下，而責若霖首倡煩言，並元功、汝亨、一騰各貶一級，出之外。廷臣論救，皆不省。若霖遂出爲潁州判官，卒。

贊曰：明至中葉以後，建言者分曹爲朋，率視閣臣爲進退。依阿取寵則與之比，反是則爭。比者不容於淸議，而爭則名高。故其時端揆之地，遂爲抨擊之叢，而國是淆矣。雖然，所言之是非，閣臣之賢否，黑白判然，固非私怨惡之所得而加，亦非可盡委之沽直好事，謂人言之不足恤也。

校勘記

〔一〕戶部主事姜士昌疏斥政府私人　姜士昌，原作「張士昌」。明史稿傳一一二萬國欽傳、神宗實錄卷二一八萬曆十七年十二月癸未條都作「姜士昌」。按本書本卷有姜士昌傳，事跡與此合，據改。

〔二〕張光房　原作「張先房」，據本書卷二二五鄭繼之傳及卷二五四孫居相傳、明史稿傳一〇四鄭繼之傳及傳一三四孫居相傳、明進士題名碑錄萬曆辛丑科改。

〔三〕詔從巡撫陳用賓言　陳用賓，原作「趙用賓」，據本書卷二一神宗紀、卷三〇五梁永傳、神宗實錄卷四四九萬曆三十六年八月癸亥條改。

〔四〕命四川丘乘雲兼領　丘乘雲，原作「丘承雲」，據本書卷三〇五梁永傳、神宗實錄卷四一九萬曆三十四年三月己卯條改。

〔五〕言之不從是謂不乂　不乂，原作「不入」。明史稿傳一一四汪若霖傳作「不乂」。按漢書卷二七中劉向所撰洪範五行傳作「不乂」。據改。

明史卷二百三十一

列傳第一百十九

顧憲成 歐陽東鳳 吳炯 顧允成 張納陛 賈巖 諸壽賢 彭遵古
錢一本 子春 于孔兼 陳泰來 史孟麟 薛敷教
安希范 吳弘濟 譚一召 孫繼有 劉元珍 龐時雍 葉茂才

顧憲成，字叔時，無錫人。萬曆四年舉鄉試第一。八年成進士，授戶部主事。大學士張居正病，朝士羣爲之禱，憲成不可。同官代之署名，憲成手削去之。居正卒，改吏部主事。請告歸三年，補驗封主事。

十五年大計京朝官，都御史辛自修掌計事。工部尚書何起鳴在拾遺中，自修坐是失執政意。給事中陳與郊承風旨並論起鳴、自修，實以攻自修而庇起鳴。於是二人並罷，并責御史糾起鳴者四人。憲成不平，上疏語侵執政，被旨切責，謫桂陽州判官。稍遷處州推官。丁母憂，服除，補泉州推官。舉公廉第一。擢吏部考功主事，歷員外郎。會有詔三皇子並封王。憲成偕同官上疏曰：

皇上因祖訓立嫡之條，欲暫令三皇子並封王，以待有嫡立嫡，無嫡立長。臣等伏而思之，「待」之一言，有大不可者。太子，天下本。豫定太子，所以固本。是故有嫡立嫡，無嫡立長，就見在論是也，待將來則非也。我朝建儲家法，東宮不待嫡，元子不並封。廷臣言甚詳，皇上概弗省，豈皇上創見有加列聖之上乎？有天下者稱天子，天子之元子稱太子。天子繫乎天，君與天一體也；太子繫乎父，父子一體也。主鬯承祧，於是乎在，不可得而爵。今欲並封三王，元子之封何所係乎？無所係，則難乎其爲名；有所係，則難乎其爲實。

皇上以爲權宜云耳。夫權宜者，不得已而行之也。元子爲太子，諸子爲藩王，於理順，於分稱，於情安，有何不得已而然乎？耦尊鈞大，逼所由生。皇上以祖訓爲法，子孫以皇上爲法。皇上不難創其所無，後世詎難襲其所有。自是而往，幸皆有嫡可也，不然，是無東宮也。又幸而如皇上之英明可也，不然，凡皇子皆東宮也。無乃啓萬世之大患乎？皇后與皇上共承宗祧，期於宗祧得人而已。皇上之元子諸子，即皇后之元子諸子。恭妃、皇貴妃不得而私之，統於尊也。豈必如輔臣王錫爵之請，須拜皇后爲母，而後稱子哉？

況始者奉旨，少待二三年而已，俄改二十年，又改於二十一年，然猶可以歲月期也。今日「待嫡」，是未可以歲月期也。命方布而忽更，意屢遷而愈緩。自並封命下，叩閽上封事者不可勝數，至里巷小民亦聚族而竊議，是孰使之然哉，人心之公也。而皇上猶責輔臣以擔當。錫爵夙夜趣召，乃排羣議而順上旨，豈所謂擔當；必積誠感悟納皇上於無過之地，乃眞擔當耳。不然，皇上且不能如天下何，而況錫爵哉！

皇上神明天縱，非溺寵狎昵之比。而不諒者，見影而疑形，聞響而疑聲，即臣等亦有不能爲皇上解者。皇上盛德大業，比隆三五。而乃來此意外之紛紛，不亦惜乎。伏乞令皇元子早正儲位，皇第三子、皇第五子各就王爵。父父子子，君君臣臣，兄兄弟弟。宗廟之福，社稷之慶，悉在是矣。

憲成又遺書錫爵，反覆辨論。其後並封議遂寢。

二十一年京察。吏部尙書孫鑨、考功郎中趙南星盡黜執政私人，憲成實左右之。及南星被斥，憲成疏請同罷，不報。尋遷文選郎中。所推舉率與執政牴牾。先是，吏部缺尙書，錫爵欲用羅萬化，憲成不可，乃用陳有年。後廷推閣臣，萬化復不與。錫爵等皆恚，萬化乃獲推，會帝報罷而止。及是，錫爵將謝政，廷推代者。憲成舉故大學士王家屛，忤帝意，削籍歸。事具有年傳。

憲成既廢，名益高，中外推薦無慮百十疏，帝悉不報。至三十六年，始起南京光祿少卿，力辭不就。四十年卒於家。天啓初，贈太常卿。魏忠賢亂政，其黨石三畏追論之，遂削奪。崇禎初，贈吏部右侍郎，謚端文。

憲成姿性絕人，幼即有志聖學。暨削籍里居，益覃精研究，力闢王守仁「無善無惡心之體」之說。邑故有東林書院，宋楊時講道處也，憲成與弟允成倡修之，常州知府歐陽東鳳與無錫知縣林宰爲之營構。落成，偕同志高攀龍、錢一本、薛敷教、史孟麟、于孔兼輩講學其中，學者稱涇陽先生。當是時，士大夫抱道忤時者，率退處林野，聞風響附，學舍至不能容。憲成嘗曰：「官輦轂，志不在君父，官封疆，志不在民生，居水邊林下，志不在世道，君子無取焉。」故其講習之餘，往往諷議朝政，裁量人物。朝士慕其風者，多遙相應和。由是東林名大著，而忌者亦多。

既而淮撫李三才被論，憲成貽書葉向高、孫丕揚爲延譽。御史吳亮刻之邸抄中，攻三才者大譁。而其時于玉立、黃正賓輩附麗其間，頗有輕浮好事名。徐兆魁之徒遂以東林爲口實。兆魁騰疏攻憲成，恣意誣詆。謂滸墅有小河，東林專其稅爲書院費；關使至，東林輒以書招之，卽不赴，亦必致厚餽；講學所至，僕從如雲，縣令館穀供億，非二百金不辦；會時必談時政，郡邑行事偶相左，必令改圖；及受黃正賓賄。其言絕無左驗。光祿丞吳炯上言爲一一致辨，因言：「憲成貽書救三才，誠爲出位，臣嘗咎之，憲成亦自悔。今憲成被誣，天下將以講學爲戒，絕口不談孔、孟之道，國家正氣從此而損，非細事也。」疏入，不報。嗣後攻擊者不絕，比憲成歿，攻者猶未止。凡救三才者，爭辛亥京察者，衞國本者，發韓敬科場弊者，請行勘熊廷弼者，抗論張差梃擊者，最後爭移宮、紅丸者，忤魏忠賢者，率指目爲東林，抨擊無虛日。借魏忠賢毒焰，一網盡去之。殺戮禁錮，善類爲一空。崇禎立，始漸收用。而朋黨勢已成，小人卒大熾，禍中於國，迄明亡而後已。

歐陽東鳳，字千仞，潛江人。年十四喪父，哀毀骨立。母病嘔血，跪而食之。舉於鄉，縣令憫其貧，遺以田二百畝，謝不受。萬曆十七年成進士，除興化知縣。大水壞堤，請振於上官不應，遂自疏於朝。坐越奏停俸，然竟如所請。屢遷南京刑部郎中，擢平樂知府。撫諭生瑤，皆相親如子弟。因白督學監司，擇其俊秀者入學，瑤漸知禮讓。稅使橫行，東鳳力抗之。以才調常州。布帷瓦器，胥吏不能牟一錢，擒奸人劇盜且盡。憲成輩講學，爲建東林書院。居四年，謝事歸。起山西副使，擢南京太僕少卿，並辭不就。卒於家。

吳炯，字晉明，松江華亭人。萬曆十七年成進士，授杭州推官。入爲兵部主事，乞假歸。恬靜端介，不騖榮利。家居十二年，始起故官。久之，進光祿丞。天啓中，累遷南京太僕卿。魏忠賢私人石三畏追論炯黨庇憲成，落職閒住。崇禎初，復官。炯家世素封。無子，置義田以贍族人。郡中貧士及諸生赴舉者，多所資給。嘗輸萬金助邊，被詔旌獎。

顧允成，字季時，憲成弟。性耿介，厲名節。舉萬曆十一年會試，十四年始赴殿試。對策中有曰：「陛下以鄭妃勤於奉侍，册爲皇貴妃，廷臣不勝私憂過計。請立東宮，進封王恭妃，非報罷則峻逐。或不幸貴妃弄威福，其戚屬左右竊而張之，內外害可勝言。頃張居正罔上行私，陛下以爲不足信，而付之二三匪人。恐居正之專，尚與陛下二。此屬之專，遂與陛下一。二則易間，一難圖也。」執政駭且恚，置末第。

會南畿督學御史德清人房寰，連疏詆都御史海瑞，允成不勝憤。偕同年生彭遵古、諸壽賢抗疏劾之，略言：「寰妬賢醜正，不復知人間羞恥事。臣等自幼讀書，即知慕瑞，以爲當代偉人。寰大肆貪汙，聞瑞之風，宜愧且死，反敢造言逞誣，臣等所爲痛心。因劾其欺罔七罪。始寰疏出，朝野多切齒。而政府庇之，但擬旨譙讓。及得允成等疏，謂寰已切讓，不當出位妄奏，奪三人冠帶，還家省愆，且令九卿約束辦事進士，毋妄言時政。南京太僕卿沈思孝上言：「二三年來，今日以建言防人，明日以越職加人罪，且移牒諸司約禁，而進士觀政者，復令堂官鉗束之。夫禁其作奸犯科可也，而反禁其讜言直諫；敎其砥行立節可也，而反敎以緘默取容。此風一開，流弊何極。諫官避禍希寵不言矣，庶官又不當言；大臣持祿養交不言矣，小臣又不許言。萬一權奸擅朝，傾危宗社，陛下安從聞之。臣歷稽先朝故事，練綱、鄒智、孫磐、張璁並以書生建言，未聞以爲罪，獨奈何錮允成等耶？」疏入，忤旨被責，三人遂廢。寰復詆瑞及思孝，其言絕狂誕。自是獲罪淸議，出爲江西副使。給事中張鼎思劾其奸貪，寰亦訐鼎思請寄事。諸給事中不平，連章攻寰，寰與鼎思並謫，遂不復振。

久之，南京御史陳邦科請錄用允成等，不許。巡按御史復言之，詔許以敎授用。允成歷任南康、保定。入爲國子監博士，遷禮部主事。三王並封制下，偕同官張納陛、工部主事岳元聲合疏諫曰：「册立大典，年來無敢再瀆者，以奉二十一年舉行之明詔。茲旣屆期，羣臣莫不引領。而元輔王錫爵星駕趣朝，一見禮部尚書羅萬化、儀制郎于孔兼，卽戒之弗言，慨然獨任，臣等實喜且慰。不意陛下出禁中密札，竟付錫爵私邸，而三王並封之議遂成；卽次輔趙志皐、張位亦不預聞。夫天下事非一家私議。元子封王，祖宗以來未有此禮，錫爵安得專之，而陛下安得創之。當是時，光祿丞朱維京、給事中王如堅疏先入。帝震怒，戍極邊。

維京同官涂杰、王學曾繼之，斥爲民。及是諫者益衆，帝知不可盡斥，但報「遵旨行」。已而竟寢。

未幾，吏部尚書孫鑨等以拾遺事被責。允成謂閣臣張位實爲之，上疏力詆位，因及錫爵。納陛亦抗章極論，并侵附執政者。帝怒，謫允成光州判官，納陛鄧州判官。皆乞假歸，不復出。

納陛，字以登，宜興人。年十六，從王畿講學。舉萬曆十七年進士。由刑部主事改禮部。生平尚風節。鄉邑有利害，輒爲請於有司而後已。東林書院之會，納陛與焉。又與同邑史孟麟、吳正志爲麗澤大會，東南人士爭赴之。

時與允成等同以部曹爭三王並封，又爭拾遺事者，戶部主事滁人賈巖，亦貶曹州判官。投劾歸，卒。天啓中，贈允成、納陛光祿少卿，巖尚寶丞。

諸壽賢，字延之，崑山人。既釋褐，上疏願放歸田，力學十年，然後從政。章下所司，寢不奏。既斥歸。久之，起南陽教授。入爲國子助教，擢禮部主事。戚里中貴干請，輒拒之。遘疾，請告歸，授徒自給。久之卒。

彭遵古，麻城人，終光祿少卿。

錢一本，字國瑞，武進人。萬曆十一年進士。除廬陵知縣，徵授御史。入臺即發原任江西巡按祝大舟貪墨狀，大舟至遣戍。已，論請從祀曹端、陳眞晟、羅倫、羅洪先於文廟。出按廣西。

帝以張有德請備大禮儀物，復更册立東宮期，而申時行柄國，不能匡救。一本上論相、建儲二疏。其論相曰：

昨兪旨下輔臣，令輔臣總政。夫朝廷之政，輔臣安得總之。內閣代言擬旨，本顧問之遺，遇有章奏，閣臣宜各擬一旨。今一出時行專斷。皇上斷者十一，時行斷者十九。皇上斷謂之聖旨，時行斷亦謂之聖旨。惟嫌怨所在，則以出自聖斷爲言，罪何可勝誅。所當論者一。

評事雒于仁進四藥之箴，陛下欲見之施行，輔臣力勸留中。旣有言及輔臣之章，亦盡留中不下。道吾君以遂非文過如此，復安望其盡忠補過耶？所當論者二。

科場弊竇，汙人齒頰，而敢擬原無私弊之旨，以欺吾君。臣請執政子弟有中式而被人指摘者，除名改蔭。又與見從仕籍者，暫還里居，俟父致政，乃議進止。毋令犬馬報主之心，不勝其牛馬子孫之計。所當論者三。

大臣以身殉國，安復有家。乃以遠臣爲近臣府庫，又合遠近之臣爲內閣府庫。開門受賂自執政始，而歲歲申餽遺之禁何爲哉？所當論者四。

墨敕斜封，前代所患；密啓言事，先臣弗爲。今閣臣或有救援之舉，或有密勿之謀，類具揭帖以進；雖格言正論，讜議忠謀，已類斜封密啓之爲，非有公聽並觀之正。況所言公，當與天下公言之；所言私，忠臣不私。奈何援中書之故事，啓留中之弊端，昭恩怨之所由，示威福之自己。所當論者五。

我國家倣古爲治，部院卽分職之六卿，內閣卽論道之三公。未聞三公可盡攬六卿之權，歸一人掌握，而六卿又頫首屏氣，唯唯聽命於三公，必爲請教而後行也。所當論者六。

三公職在論道。師，道之教訓。今講幄經年不御，是何師也？傅，傅之德義。今外帑匱乏，私藏充盈，不能一爲救正，是何傅也？保，保其身體。今聖躬常年靜攝，尙以多疾爲辭，是何保也？其兼銜必曰太子之師、傅、保，而册立皇元子之儀，至今又復改遲，臣不知其所兼者何職矣。所當論者七。

翰林一途，謂之儲相。累貲躡級，循列卿位，以覬必得。遂使國家命相之大任，僅爲閣臣援引之私物。庸者習軟熟結納之態，黠者恣憑陵侵奪之謀。外推內引，璫閣表裏。始進不正，安望其終。故自來內閣之臣一據其位，遠者二十年，近者十年，不敗不止。嵩之鑒不遠，而居正蹈之；居正之鑒不遠，而時行又蹈之。繼其後者庸碌罷駑，或甚於時行；褊隘執拗，又復爲居正。若非大破常格，公天下以選舉，相道終未可言。所當論者八。

先民詢芻蕘之言，明王設誹謗之木。今大臣懼人攻己，而欲鉗天下之口，不目之爲奸、爲邪、爲浮薄，必詈之爲讒、爲謗、爲小人。目前之耳目可塗，身後之是非難罔。所當論者九。

君臣之分，等於天地。今上名之曰總政，己亦居之曰總政。以其身居於寵利之極，耐彈忍辱，必老死於位而後已。古所謂元老大臣，乃如是其不知進退存亡者耶？大臣既無難進易退之節，天下安有頑廉懦立之風。舉一世之人心風俗，靡爛於乞墦登壟之坑，滔滔而莫之止。是故陛下之治，前數年不勝其操切慘刻，而勢焰爍人；後數年不勝其姑息委靡，而賢愚共貫。前之政自居正總，今之政自時行總，而皆不自朝廷總故也。所當論者十。

然君道莫先論相，而取人亦在君身，願陛下勿以國本爲兒戲。昔孔子以九經告君，而先之修身、勸賢。大抵讒夫女謁貨利之交，一有惑溺，則內之心志決不清明，外之身體決不強固。矧以豔處之褒姒，而爲善譖之驪姬，狐媚既以蠱其心，鹿臺又復移其志。陛下之方寸，臣知其不能自持者多矣，抑何以貴德尊士，而修身取人哉！

其論國本曰：

陛下所以遲遲建儲者，謂欲效皇祖世宗之爲耳。然皇祖中年嘗立莊敬爲太子，封皇考爲裕王，非終不立太子也。矧今日事體又迥然不同。皇貴妃寵過皇后。其處心積慮，無一日而不萌奪嫡之心，無一日而不思爲援立其子之計。此世宗時所無也。凡子必依於母，皇元子之母壓於皇貴妃之下。陛下曰「長幼有序」，皇貴妃曰「貴賤有等」。倘一日遂其奪嫡之心，不審陛下何以處此。此世宗時所無也。景王就封，止皇考一人在京。今則章服不別，名分不正。弟既憑母之寵而朝夕近倖，母又覬子之立而日夜樹功。此世宗時所無也。傳聞陛下先曾失言於皇貴妃，皇貴妃執此爲信。及今不斷，蠱惑日深，剛斷日餒，事體日難。此世宗時所無也。

前者有旨不許諸司激擾，愈致遲延，非陛下預設機穽，以禦天下言者乎！使屆期無一人言及，則佯爲不知，以冀其遲延。有一人言及，則禦之曰「此來激擾我也」，改遲一年。明年又一人言及，則又曰「此又來激擾我也」，又改二三年。必使天下無一人敢言而後已，庶幾依違遷就，以全其袵席昵愛之私，而曾不顧國本從此動搖，天下從此危亂。臣以爲陛下之禦人至巧，而爲謀則甚拙也。此等機智不可以罔匹夫匹婦，顧欲以欺天下萬世耶！

疏入，留中。

時廷臣相繼爭國本，惟一本言最戇直。帝銜之。無何，杖給事中孟養浩。中旨以養浩所逞之詞根托一本，造言誣君，搖亂大典，遂斥爲民。屢薦，卒不用。一本既罷歸，潛心六經，濂、洛諸書，尤研精易學。與顧憲成輩分主東林講席，學者稱啓新先生。里居二十五年，預剋卒日，賦詩誌之，如期而逝。天啓初，贈太僕寺少卿。

子春，字若木，萬曆三十二年進士。歷知高陽、獻二縣，徵授御史。太僕少卿徐兆魁攻李三才，因痛詆顧憲成。春三疏首發其憸邪。出按湖廣，請予禮部侍郎郭正域及光祿少卿顧憲成卹典。楚宗人以訐僞王事，錮高牆者甚衆，春爲訟冤，尋復請釋回故宗家屬，語甚切至。咸寧知縣滿朝薦久繫，奏請釋之，因請并釋王邦才、卞孔時。又再疏劾守備中官杜茂，且備陳採榷之害，言：「臣不忍皇上聽小人之謀，名出漢桓、唐德下，爲我明基禍之主。」帝以湖廣地爲福王莊田。春三疏力爭，帝降旨切責。

葉向高致政去，方從哲爲首輔。春抗疏言：「今天下人材則朝虛野實，貨財則野虛朝實。從哲不能救正，而第於福王則無事不曲從。臣嘗歎皇上有爲堯、舜之資，而輔佐無人。僅得王家屏、沈鯉，又俱不信用。其餘大抵庸惡陋劣，奸回娼嫉之徒，不意至從哲而風益下。臣聞從哲每向人言，輒云內相之意，是甘爲萬安、焦芳，曾趙志皐、沈一貫之不若也。」從哲疏辨乞去。帝慰留，而責春妄言瀆奏，出爲福建右參議。尋丁父艱。天啓初，起故官。召爲尙寶少卿，歷遷光祿卿。五年，魏忠賢黨門克新劾春倚恃東林，父作子述，削籍歸。

崇禎九年召拜通政使。遷戶部右侍郎，歷尙書。總督倉場，條行釐弊十事。以勞瘁予告。未幾，起南京戶部尙書。疏請皇太子出閣，從之。累疏引疾，不允。九年條上戰守之策，并論賊三可擊狀。帝如議敕行。十一年，黃道周、劉同升等諫楊嗣昌奪情，被貶謫。范景文等疏救，春名與焉。明年正月削景文籍，置春不問。春爲御史，甚有聲。及居大僚，循職無咎。會上疏請改折白糧，忤旨，罷歸。是年卒。

于孔兼，字元時，金壇人。萬曆八年進士。授九江推官。入爲禮部主事，再遷儀制郎中。疏論都御史吳時來晚節不終，不當謚忠恪，因請謚楊爵、陳瓚、孟秋。乃奪時來謚，而謚爵忠介。

大學士王家屏以爭册立求去。孔兼上言："陛下徇內嬖之情，而搖主鬯之器。不納輔臣之言，反重諫官之罰。且移怒吏部，削籍三人。夫萬國欽獲罪申時行，饒仲獲罪王錫爵，非獲罪於陛下也。輔臣於數千里外，能遙制朝權若此，毋乃陛下以此示恩，欲其復來共成他圖耶。自陛下有近日之舉，而善類寒心，邪臣鼓掌。將來逢君必巧，豫教無期，申生、楊廣再見於今，此宗廟之不利，非直臣等憂也。"帝得疏，怒甚。已，竟留中。

明年正月，有詔並封三王。孔兼與員外郎陳泰來合疏爭曰："立嫡之訓，自古有之。然歷考祖宗以來，未有虛東宮之位以俟嫡子者。昔陛下正位東宮，年甫六歲，仁聖皇太后方在盛年，先皇帝曾不少待，陛下豈不省記乎？地逼則嫌生，禮殊則分定。願收還新諭，建儲、封王一時並舉，宗社幸甚。"未報。

孔兼又言："陛下堅持待嫡之說，既疑羣臣謗訕，又謂朝綱倒持，遂欲坐諫者以無禮於君之罪。夫謂元子當立不容緩者，君子也。此有禮於君者，王如堅諸人是也。謂並封可行逢上意者，小人也。此無禮於君者，許夢熊一人是也。今欲以無禮之罪，而加之有禮於其君者，何以服人心，昭國法？臣又惟巫蠱之謗啓於堯母，承乾之誅成於偏愛。自古亂臣，未有不窺人君之隙而逢迎以遂其奸者。始錫爵之兩諭並擬，其負國悞君大矣。既不能轉移君心決計於初，乃以杜門求去爲計。夫前無失策，一去可以成名。失而後爭，爭而不得，雖去不足塞責矣。人謂錫爵言無不盡，特苦陛下聽斷之不行。臣則云陛下悔心已萌，特憂錫爵感孚之未至。若姑云徐徐，坐視君父之過舉，錫爵縱不爲宗社計，獨不爲身名計乎？」會廷臣多諫者，其事竟寢。

亡何，考功郎中趙南星坐京察削籍。孔兼、泰來各疏救。帝積前恨，謫孔兼安吉判官，泰來饒平典史。孔兼投牒歸。家居二十年，杜門讀書，矩矱整肅，鄉人稱之無間言。

泰來，字伯符，平湖人。年十九，舉萬曆五年進士，授順天教授，進國子博士。見執政與言路相水火，上書規之，坐是五年不調。

南京禮部郎中馬應圖，泰來同邑又同年生也，十三年上疏譏切執政，又力詆給事中齊世臣，御史龔懋賢、蔡系周、孫愈賢、吳定，而盛稱吳中行、趙用賢、沈思孝、李植諸人。忤旨，謫大同典史。給事中王致祥、御史柴祥等希執政意，復連章劾應圖，且言泰來爲點定奏章。帝以應圖既貶不問。泰來引疾歸。久之，起禮部主事，進員外郎。疏請建儲，不報。踰年遂卒，年三十六。天啓中，孔兼、泰來俱贈光祿少卿。

于氏爲金壇望族。孔兼祖湛，戶部侍郎。兄文熙，大名兵備副使。再從弟仕廉，南京戶部侍郎，有清望。

史孟麟，字際明，宜興人。萬曆十一年進士。授庶吉士，改吏科給事中。疏劾少詹事黄洪憲典試作奸，左都御史吳時來沮抑言路。執政庇之，格不行。員外郎趙南星、主事姜士昌相繼劾兩人，幷及副都御史詹仰庇。執政滋不說。吏科都給事中陳與郊素附執政，屬同官李春開三疏訐南星、士昌妄言。帝止下春開疏，而留南星、士昌奏不發。給事中王繼光、萬自約不平，復抗章論時來等，詞甚峻切。孟麟亦上疏力攻春開，語幷侵執政，因求罷，不許。孟麟竟自引歸。春開亦謝病去，後以考察罷。孟麟尋召爲兵科右給事中。

二十年，大學士趙志皐、張位言「凡會議會推，並令廷臣類奏，取自上裁，用杜專權」。孟麟疏爭曰：「自臣通籍以來，竊見閣臣侵部院之權，言路希閣臣之指，官失其守，言失其責久矣。陛下更置輔臣，與天下更始，政事歸六部，公論付言官，天下方欣欣望治，奈何忽有此令？曩太祖罷中書省，分設六部，恐其專也；而官各有職，不相侵越，則又惟恐其不專。蓋以一事任一官，則專不爲害；卽使敗事，亦罪有所歸。此祖宗建官之意也。今令諸臣各書所見，類奏以聽上裁，則始以一部之事，分而散之於諸司；究以諸司之權，合而收之於禁密。事雖上裁，旨由閣擬。脫有私意奸其間，內託上旨，外諉廷言，誰執其咎？又脫有馮保、張居正者，夤緣爲奸，授意外廷，小人趨承，扶同罔上，朝廷不得察其非，當官不能爭其是，又誰執其咎？臣竊謂政權分之六部，不可以爲專。惟六部不專，則必有專之者。是乃收攬威權之漸，必不可從也。」忤旨，不納。

再遷吏科都給事中。三王並封議起，孟麟、于孔兼等詣王錫爵邸爭之。又進或問一篇，別白尤力。尚書孫鑨、考功郎中趙南星掌癸巳京察，孟麟實佐之。南星以讒言斥，孟麟亦引疾歸。召拜太僕少卿，復以疾去。

孟麟素砥名節，復與東林講會，時望益重。家居十五年，召起故官，督四夷館。會梃擊事，疏請册立皇太孫，絕羣小覬覦之望。且救御史劉光復。帝怒，謫兩浙鹽運判官。熹宗立，稍遷南京禮部主事。累擢太僕卿，卒。

薛敷教，字以身，武進人。祖應旂，字仲常。嘉靖十四年進士。由慈谿知縣屢遷南京考功郎中，主京察。大學士嚴嵩嘗爲給事中王曄所劾，囑尚寶丞諸傑貽書應旂，令黜曄。應旂反黜傑，嵩大怒。應旂又黜常州知府符驗，嵩令御史桂榮劾應旂挾私黜郡守，謫建昌通判。歷浙江提學副使。應旂雅工場屋文字，與王鏊、唐順之、瞿景淳齊名。其閱文所品題，百不失一。以大計罷歸，顧憲成兄弟方少，從之學，敷教遂與善，用風節相期許。及舉萬曆十七年進士，與高攀龍同出趙南星門，益以名教自任。

會南京御史王藩臣疏劾巡撫周繼，不具揭都察院，爲其長耿定向所劾。左都御史吳時來因請申飭憲規，藩臣坐停俸。敷教上言：「時來壅遏言路，代人狠噬。而二三輔臣，曲學險詖，又故縄庶宷，以崇九列，塞主上聰明。宜嚴黨邪之禁，更易兩都臺長，以清風憲。」疏上，大學士申時行等疏言：「故事，御史建白，北京卽日投揭臺長，南京則以三日。藩臣廢故事，薄罰未爲過。必如敷教言，將盡抑大臣而後可耶？」副都御史詹仰庇劾敷教煽惑人心，淆亂國是。詔敷教歸，省過三年，以教職用。大學士許國以敷教其門生而疏語侵己，尤憤，自請罷斥。因言：「邇來建言成風，可要名，可躐秩，又可掩過，故人競趨之爲捷徑，此風旣成，莫可救止。方今京師訛言東南赤旱，臣未爲憂，而獨憂此區區者，彼止一時之災，此則世道之慮也。」時來亦乞休，力詆敷教及主事饒伸。帝慰留國、時來。都給事中陳與郊復上疏極詆建言諸臣，帝亦不問。

二十年夏，起敷教鳳翔教授，旋遷國子助教。明年力爭三王並封，又上書王錫爵。尋以救南星，謫光州學正。省母歸，遂不復出。

敷教視身嚴苦，垢衣糲食，終身未嘗受人饋。家居二十年，力持清議，大吏有舉動，多用敷教言而止。後與憲成兄弟及攀龍輩講學。卒，贈尚寶司丞。

安希范，字小范，無錫人。萬曆十四年進士。授行人。遷禮部主事，乞便養母，改南京吏部。

二十一年，行人高攀龍以趙用賢去國，疏爭之，與鄭材、楊應宿相訐。攀龍謫揭陽典史。御史吳弘濟復爭，亦被黜。希范上疏曰：「近年以來，正直之臣不安於位。趙南星、孟化鯉爲選郎，秉公持正，乃次第屏黜。趙用賢節概震天下，止以吳鎭豎子一疏而歸，使應宿、材得窺意指，交章攻擊。至如孫鑨之清修公正，李世達之練達剛明，李禎之孤介廉方，並朝廷儀表。鑨、世達先後去國，禎亦堅懷去志，天下共惜諸臣不用，而疑閣臣媢嫉不使竟其用也。高攀龍一疏，正直和平，此陛下忠臣，亦輔臣諍友。至如應宿辨疏，塗面喪心，無復人理。明旨下部科勘議，未嘗不是攀龍非應宿。及奉處分之詔，則應宿僅從薄謫，攀龍反竄炎荒。輔臣誤國不忠，無甚於此。乃動輒自文，諉之宸斷。坐視君父過舉，弼違補袞之謂何！苟俟降斥之後，陽爲申救以愚天下耳目，而天下早已知其肺腑矣。吳弘濟辨別君子小人，較若蒼素，乃與攀龍相繼得罪。臣之所惜，不爲二臣，正恐君子皆退，小人皆進，誰爲受其禍者。乞陛下立斥應宿、材，爲小人媢竈之戒；復攀龍、弘濟官，以獎忠良；并嚴諭閣臣王錫爵，無挾私植黨，仇視正人。則相業光而聖德亦光矣。」時南京刑部郞中譚一召、主事孫繼有方以劾錫爵被譴。希范疏入，帝怒，斥爲民。

希范恬靜簡易，與東林講學之會。熹宗嗣位，將起官，先卒。贈光祿少卿。

吳弘濟，字春陽，秀水人。希范同年進士。由蒲圻知縣擢御史。連劾福建巡撫司汝濟、大理卿吳定、戎政侍郞郝杰、薊遼總督顧養謙，不納。三王並封詔下，偕同官抗疏爭。旣而以論應宿、攀龍事，貶二秩調外。王錫爵等疏救，給事、御史、執政疏每上，輒重其罰，竟斥爲民。未幾卒。熹宗時，贈官如希范。

譚一召，大庾人。孫繼有，餘姚人。一召疏曰：「輔臣錫爵再輔政以來，斥逐言者無虛月。于攀龍、弘濟之黜，一何甚也。自趙南星秉公考察，錫爵含怒積憤。故南星一掛彈章而斥，于孔兼、薛敷教、張納陛等以申救而斥，孟化鯉等以推張棟而斥，李世達、孫鑨又相繼罷去矣。怒心橫生，觸事輒發，又安知是非公論耶！」繼有疏曰：「吳弘濟救攀龍則黜，黃紀賢、吳文梓救弘濟則罰，鄭材傾陷善類，而黜罰不加，何其舛也。今所指爲攀龍罪者，以攀龍謂陛下不親一事，批答盡出輔臣。然疏內初無此語，何以服攀龍心？然此猶小者耳。本兵、經略，安危所係，乃以匪人石星、宋應昌任之，豈不悞國家大計哉！」與一召疏並上。帝怒曰：「近罪攀龍，出朕獨斷。小臣無狀，詆誣閣臣，朋奸黨惡，不可不罪。其除一召名，謫繼有極邊雜職。」給事中葉繼美疏救二人及希范。帝益怒，幷除繼有名，遣官逮希范、一召，奪繼美俸一年。錫爵力救，詔免逮。諸人遂廢於家。繼有終知府。

劉元珍，字伯先，無錫人。萬曆二十三年進士。初授南京禮部主事，進郎中，親老歸養。起南京職方，釐汰老弱營軍，歲省銀二萬有奇。

三十三年京察。吏部侍郎楊時喬、都御史溫純，盡黜政府私人錢夢皐等。大學士沈一貫密爲地，詔給事、御史被黜者皆留，且不下察疏。元珍方服闋需次，抗疏言：「一貫自秉政以來，比暱憸人，叢集奸慝，假至尊之權以售私，竊朝廷之恩以市德，罔上不忠，孰大於是！近見夢皐有疏，每以黨加人。從古小人未有不以朋黨之說先空善類者。所關治亂安危之機，非細故也。」疏奏，留中。一貫亟自辨，乞明示獨斷之意，以釋羣疑。夢皐亦詆元珍爲溫純鷹犬。疏皆不報。未幾，敕諭廷臣以留用言官之故，貶元珍一秩，調邊方。一貫佯救，給事、御史侯慶遠、葉永盛等亦爭之，不從。時員外郎賀燦然、南京御史朱吾弼相繼論察典。而主事龐時雍則直攻一貫欺罔者十，誤國者十；且曰：「一貫之富貴日崇，陛下之社稷日壞。頃南郊雷震，正當一貫奏請頒行敕諭之時。意者天厭其奸，以警悟陛下，俾早除讒慝乎。」帝得疏怒，命并元珍、燦然貶三秩，調極邊。頃之，慶遠及御史李栴等申救。帝益怒，奪其俸，謫元珍等極邊雜職。俄御史周家棟指陳時政，語過激。帝遷怒元珍等，皆除其名。然察疏亦下，諸被留者皆自免去。

光宗卽位，起元珍光祿少卿。時遼、瀋既沒，故贊畫主事劉國縉入南四衞，以招撫軍民爲名，投牒督餉侍郎，令發舟南濟。議者欲推爲東路巡撫，元珍上疏言：「國縉乃李成梁義兒，成梁棄封疆，國縉爲營免，遂基禍本。楊鎬、李如柏喪師，國縉甫爲贊畫，卽奏保二人，欲坐杜松以違制。創議用遼人，冒官帑二十萬金募士兵三萬，曾不得一卒之用。被劾解官，乃忽擁數萬衆，欲問道登、萊，竄處內地。萬一敵中間諜闌入其間，何以備之？」疏下兵部巡撫議，遂寢。

未幾，元珍卒官。初，元珍罷歸，以講學爲事。表節義，卹鰥寡，行義重於時。

時雍，汶上人。萬曆二十年進士。知丹徒縣，歷戶、兵二部主事。既除名，未及起用而卒。

葉茂才，字參之，無錫人。萬曆十七年進士。除刑部主事，以便養改南京工部。榷稅蕪湖，課登，輒縱民舟去。既而課羨，請以餉邊卒，不取一錢。就改吏部，進郎中，三遷南京大理丞。復引疾。

四十年起南京太僕少卿。時朝士方植黨爭權。祭酒湯賓尹、修撰韓敬既敗，其黨猶力庇之。御史湯世濟者，敬邑人也。疏陳時政，陰詆發敬奸弊者。茂才馳疏駁之。其黨給事中官應震輩遂連疏力爭。茂才更具揭發其隱，因移疾乞休。世濟益恚，偕同年金汝諧、牟志夔攻之不已。茂才再疏折之，竟自引去。當是時，黨人悉踞言路，凡他曹有言，必合力逐之。茂才既去，黨人益專，無復操異議者。天啓初，召爲太僕少卿，改太常，皆不赴。四年擢南京工部右侍郎。明年抵官。甫三月，以時政日非，謝病歸。友人高攀龍被逮，赴水死，使者將逮其子，茂才力救免之。未幾卒。

茂才恬淡寡嗜好。通籍四十年，家食强半。始同邑顧憲成、允成、安希范、劉元珍及攀龍並建言去國，直聲震一時，茂才祇以醇德稱。及官太僕，清流盡斥，邪議益棼，遂奮身與抗，人由是服其勇。時稱「東林八君子」，憲成、允成、攀龍、希范、元珍、武進錢一本、薛敷教及茂才也。

贊曰：成、弘以上，學術醇而士習正，其時講學未盛也。正、嘉之際，王守仁聚徒於軍旅之中，徐階講學於端揆之日，流風所被，傾動朝野。於是搢紳之士，遺佚之老，聯講會，立書院，相望於遠近。而名高速謗，氣盛招尤，物議橫生，黨禍繼作，乃至衆射之的，咸指東林。甘陵之部，洛、蜀之爭，不烈於是矣。憲成諸人，淸節姱修，爲士林標準。雖未嘗激揚標榜，列「君宗」、「顧」、「俊」之目，而負物望者引以爲重，獵時譽者資以梯榮，附麗游揚，薰蕕猥雜，豈講學初心實然哉。語曰「爲善無近名」，士君子亦可以知所處矣。

明史卷二百三十二

列傳第一百二十

魏允貞 弟允中 劉廷蘭 王國 余懋衡 李三才

魏允貞，字懋忠，南樂人。萬曆五年進士。授荊州推官。大學士張居正歸葬，羣吏趨事恐後，允貞獨不赴，且抶其奴。

治行最，徵授御史。吏部尚書梁夢龍罷。允貞言：「銓衡任重。往者會推之前，所司率受指執政或司禮中官，以故用非其人。」帝納其言，特用嚴清，中外翕服。俄劾兵部尚書吳兌。兌引去。

已，陳時弊四事，言：「自居正竊柄，吏、兵二部遷除必先關白，故所用悉其私人。陛下宜與輔臣精察二部之長，而以其職事歸之。使輔臣不侵部臣之權以行其私，部臣亦不乘輔臣之間以自行其私，則官方自肅。自居正三子連登制科，流弊迄今未已。請自今輔臣子弟中式，俟致政之後始許廷對，庶倖門稍杜。自居正惡聞讜言，每遇科道員缺，率擇才性便給、工諂媚、善逢迎者授之，致昌言不聞，佞臣得志。自今考選時，陛下宜嚴敕所司，毋循故轍。俺答自通市以來，邊備懈弛。三軍月餉，既剋其半以充市賞，復剋其半以奉要人，士無宿飽，何能禦寇。至遼左戰功，尤可駭異。軍聲則日振於前，生齒則日減於舊。奏報失眞，遷敍逾格，賞罰無章，何以能國哉！」疏入，下都察院。

先是，居正既私其子，他輔臣呂調陽子興周，張四維子泰徵、甲徵，申時行子用懋，皆相繼得舉。甲徵、用懋將廷對，而允貞疏適上。四維大慍，言：「臣待罪政府，無所不當聞。今因前人行私，而欲臣不預聞吏、兵二部事，非制也。」因爲子白誣，且乞骸骨。時行亦疏辨。帝並慰留，而責允貞言過當。戶部員外郎李三才奏允貞言是，並貶秩調外。允貞得許州判官。給事中御史周邦傑、趙卿等論救，不納。允貞雖謫，然自是輔臣居位，其子無復登第者。久之，累遷右通政。

二十一年以右僉都御史巡撫山西。允貞素剛果，清操絕俗。以所部地瘠民貧，力裁幕府歲供及州縣冗費，以其銀數萬繕亭障，建烽堠，置器市馬易粟。又奏免平陽歲額站銀八萬，以所省郵傳羨補之。雁門、平定軍以逋屯糧竄徙，允貞奏除其租，招令復業。岢嵐互市，省撫賞銀六萬。汾州有兩郡王，宗人與軍民雜處，知州秩卑不能制，奏改爲府。自款市成，邊政廢。允貞視要害，築邊牆萬有餘丈。政聲大著。帝亦數嘉其能。會詔中官張忠採礦山西，允貞抗疏極諫，不報。已，西河王知燧請開解州、安邑、絳縣礦，以儀賓督之。指揮王守信請開平定、稷山諸礦。帝並報允。允貞恐民愈擾，請令忠兼領，亦不納。

三殿災，詔求直言。允貞言咎在輔臣，歷數趙志皋、張位罪。且曰：「前二臣以二月加恩，踰月兩宮災。今年又加恩，而三殿復災。天意昭然。」位等力辨，求罷。帝慰留，責允貞邊臣不當言朝事，因屢推不用，遂肆狂言，奪俸五月。頃之，允貞疏舉遺賢，請召還王家屏、陳有年、沈鯉、李世達、王汝訓及小臣史孟麟、張棟、萬國欽、馬經綸、顧憲成、趙南星、鄒元標等，疏留中。以久次，進右副都御史。

二十八年春，疏陳時政缺失，言：「行取諸臣，幾經論薦，陛下猶不輕予一官。彼魯坤、馬堂、高淮、孫朝輩，試之何事，舉之何人，乃令其銜命橫行，生殺予奪，恣出其口。廷臣所陳率國家大計，一皆寢閣，甚者嚴譴隨之。彼報稅之徒，悉無賴奸人，鄉黨不齒，顧乃朝奏夕報，如響應聲。臣不解也。胥徒入鄉，民間猶擾，況緹騎四出，如虎若狼，家室立破。如吳寶秀、華鈺諸人，禍至慘矣，而陛下曾不一念及。錢穀出入，上下相稽，猶多奸弊。敕使手握利權，動逾數萬。有司不敢問，撫按不敢聞，豈無吮膏血以自肥者，而陛下曾不一察及。金取於滇，不足不止。珠取於海，不罄不止。錦綺取於吳越，不極奇巧不止。乃元老聽其投閑，直臣幾於永錮，是陛下之愛賢士，曾不如愛珠玉錦綺也。」疏奏，亦不省。

先是，張忠以開礦至，後孫朝復至榷稅，誅求百方，允貞每事裁抑。會忠杖死太平典史武三傑，朝使者逼殺建雄縣丞李逢春，允貞疏暴其罪。朝怒，劾允貞抗命沮撓。帝留允貞疏不下，而下朝疏於部院。吏部尚書李戴、都御史溫純等力稱允貞賢，請下允貞疏平議。帝並留中。山西軍民數千恐允貞去，相率詣闕愬冤，兩京言官亦連章論救。帝乃兩置不問。明年，忠以夏縣知縣袁應春抗禮，劾貶之。允貞請留應春，不報。

允貞父已九十餘，允貞歲歲乞侍養，章二十上。廷議以敕使害民，非允貞不能制，固留之。其年五月請益力，始聽歸。士民爲立祠。已，閱視者奏允貞守邊勞，卽家進兵部右侍郎。尋卒。天啓初，追謚介肅。

弟允中、允孚。允中爲諸生，副使王世貞大器之。歲鄉試，世貞戒門吏曰：「非魏允中第一，無伐鼓以傳也。」已而果然。時無錫顧憲成、漳浦劉廷蘭並爲舉首，負儁才，時人稱「三解元」。尋與廷蘭舉萬曆八年進士。張居正專政，災異見，而中外方競頌功德。允中、廷蘭各上書座主申時行，勸之補救。時行不能用。允中尋授太常博士，擢吏部稽勳主事，調考功。未幾卒。允孚官刑部郎中，亦有名。

廷蘭與兄廷蕙、廷芥亦皆舉進士，有名。世所稱「南樂三魏」、「漳浦三劉」者也。

王國，字之楨，耀州人。萬曆五年進士。選庶吉士，改御史。出視畿輔屯田，清成國公朱允禎等所侵地九千六百餘頃。張居正疾篤，疏薦其座主潘晟入內閣，帝從之。國與同官魏允貞、雷士楨及給事中王繼光、孫煒、牛惟炳、〔一〕張鼎思抗言不可，寢其命。已，極論中官馮保罪。且言：「居正死，保令徐爵索其家名琴七、夜光珠九、珠簾五、黃金三萬、白金十萬。居正子簡修躬齎至保邸，而保揚言陛下取之，誣汙聖德。」因發曾省吾、王篆表裏結納狀。國疏自外至，與李植疏先後上。帝已納植言罪保，植遂受知，而國亦由此顯名。還朝，薦王錫爵、陸樹聲、胡執禮、耿定向、海瑞、胡直、顏鯨、魏允貞。尋出督南畿學政，以疾歸。

起掌河南道。首輔申時行欲置所不悅者十九人察典，吏部尚書楊巍等依違其間，國力持不可。時行以御史馬允登貲在國前，乃起允登掌察，而國佐之。諸御史咸集，允登書十九人姓名，曰：「諸人可謂公論不容者矣。」國熟視，叱曰：「諸人獨忤執政耳。天日監臨，何出此語。」允登意不回。國怒，奮前欲毆允登。允登走，國環柱逐之，同列救解。事聞，兩人並調外，國得四川副使。移疾歸。而十九人賴國以免。

久之，起故官，涖山西。改督河南學政，遷山東參政。所在以公廉稱。召爲太僕少卿。復出爲山西副使，歷南京通政使。三十七年以兵部右侍郎兼右僉都御史巡撫保定。歲凶，屢上寬恤事宜。大盜劉應第、董世耀聚衆稱王，剽劫遠近，督兵討滅之。進右都御史，巡撫如故。

國剛介。與弟吏部侍郎圖並負時望，爲黨人所忌。乞休歸，卒。

余懋衡，字持國，婺源人。萬曆二十年進士。除永新知縣。徵授御史。時以殿工，礦稅使四出，〔三〕驕橫。懋衡上疏言：「與其騷擾里巷，榷及雞豚，曷若明告天下，稍增田賦，共襄殿工。今避加賦之名，而爲竭澤之計，其害十倍於加賦。」忤旨，停俸一年。

巡按陝西。稅監梁永輦私物於畿輔，役人馬甚衆。懋衡奏之。永大恨，使其黨樂綱賄膳夫毒懋衡。再中毒，不死。拷膳夫，獲所予賄及餘蠱。遂上疏極論永罪，言官亦爭論永，帝皆不省。永慮軍民爲難，召亡命擐甲自衞。御史王基洪聲言永必反，具陳永斬關及殺掠吏民狀。巡撫顧其志頗爲永諱，永乃藉口辨。帝疑御史言不實。而咸寧、長安二知縣持永益急。永黨王九功輩多私裝，恐爲有司所跡，託言永遣，乘馬結陣馳去。縣隸追及之華陰，相格鬭，已皆被繫，懋衡遂以反逆聞。永窘甚，爪牙盡亡，獨綱在，乃教永誣劾咸寧知縣滿朝薦，朝薦被逮。永不久亦撤還，關中始靖。懋衡尋以憂歸。起掌河南道事。擢大理右寺丞，引疾去。

天啓元年起歷大理左少卿，進右僉都御史，與尚書張世經共理京營戎政。進右副都御史，改兵部右侍郎，俱理戎政。三年八月廷推南京吏部尚書，以懋衡副李三才；推吏部左侍郎，以曹于汴副馮從吾。帝皆用副者。大學士葉向高等力言不可，弗聽。懋衡、于汴亦以資後三才等，力辭新命，引疾歸。

明年十月再授前職。懋衡以璫勢方張，堅臥不起。既而奸黨張訥醜詆講學諸臣，以懋衡、從吾及孫愼行爲首，遂削奪。崇禎初，復其官。

李三才，字道甫，順天通州人。萬曆二年進士。授戶部主事，歷郎中。與南樂魏允貞、長垣李化龍以經濟相期許。及允貞言事忤執政，抗疏直之，坐謫東昌推官。再遷南京禮部郎中。會允貞、化龍及鄒元標並官南曹，益相與講求經世務，名籍甚。遷山東僉事。所部多大猾積盜。廣設方略，悉擒滅之。遷河南參議，進副使。兩督山東、山西學政，擢南京通政參議，召爲大理少卿。

二十七年以右僉都御史總督漕運，巡撫鳳陽諸府。時礦稅使四出。三才所部，榷稅則徐州陳增、儀眞暨祿，鹽課則揚州魯保，蘆政則沿江邢隆，棋布千里間。延引奸徒，僞鍥印符，所至若捕叛亡，公行攘奪。而增尤甚，數窘辱長吏。獨三才以氣淩之，裁抑其爪牙肆惡者，且密令死囚引爲黨，輒捕殺之，增爲奪氣。

然奸民以礦稅故，多起爲盜。浙人趙一平用妖術倡亂。事覺，竄徐州，易號古元，妄稱宋後。與其黨孟化鯨、馬登儒輩聚亡命，署僞官，期明年二月諸方並起。謀洩，皆就捕。一平亡之寶坻，見獲。

三才再疏陳礦稅之害，言：「陛下愛珠玉，民亦慕溫飽；陛下愛子孫，民亦戀妻孥。奈何陛下欲崇聚財賄，而不使小民享升斗之需；欲綿祚萬年，而不使小民適朝夕之樂。自古未有朝廷之政令、天下之情形一至於斯，而可幸無亂者。今闕政猥多，而陛下病源則在溺志貨財。臣請渙發德音，罷除天下礦稅。欲心既去，然後政事可理。」踰月未報，三才又上言：「臣爲民請命，月餘未得請。聞近日章奏，凡及礦稅，悉置不省，此宗社存亡所關，一旦衆畔土崩，小民皆爲敵國，風馳塵鶩，亂衆麻起，陛下塊然獨處，卽黃金盈箱，明珠塡屋，誰爲守之。」亦不報。三十年，帝有疾，詔罷礦稅，俄止之。三才極陳國勢將危，請亟下前詔，不聽。

淸口水涸阻漕。三才議濬渠建閘，費二十萬，請留漕粟濟之。督儲侍郞趙世卿力爭，三才遂引疾求去。帝惡其委避，許之。淮揚巡按御史崔邦亮，巡漕御史李思孝，給事中曹于汴，御史史學遷、袁九皐交章乞留。而學遷言：「陛下以陳增故，欲去三才，託詞解其官。年來中使四出，海內如沸。李盛春之去以王虎，魏允貞之去以孫朝，前漕臣李誌之去亦以礦稅事。他監司守令去者，不可勝數，今三才復繼之。淮上軍民以三才罷，欲甘心於增，增避不敢出。三才不當去可知。」疏仍不答。三才遂去淮之徐州。連疏請代，未得命。會侍郞謝杰代世卿督儲，復請留。乃命三才供事俟代者，帝亦竟不遣代也。

明年九月復疏言：「乃者迅雷擊陵，大風拔木，洪水滔天，天變極矣。趙古元方磔於徐，李大榮旋梟於亳，而睢州巨盜又復見告，人離極矣。陛下每有徵求，必曰『內府匱乏』。夫使內府果乏，是社稷之福也，所謂貌瘦而天下肥也。而其實不然。陛下所謂匱乏者，黃金未遍地，珠玉未際天耳。小民饔飧不飽，重以征求，箠楚無時，桁楊滿路，官惟丐罷，民惟請死，陛下寧不惕然警悟邪！陛下毋謂臣禍亂之言爲未必然也；若旣已然矣，將置陛下何地哉！」亦不報。旣而睢盜就獲，三才因奏行數事，部內晏然。

歙人程守訓以貲官中書，爲陳增參隨。縱橫自恣，所至鼓吹，盛儀衞，許人告密，刑拷及婦孺。畏三才，不敢至淮。三才劾治之，得贓數十萬。增懼爲己累，幷搜獲其奇珍異寶及僭用龍文服器。守訓及其黨俱下吏伏法，遠近大快。

三十四年，皇孫生。詔併礦稅，釋逮繫，起廢滯，補言官，既而不盡行。三才疑首輔沈一貫尼之，上疏陰詆一貫甚力。繼又言：「恩詔已頒，旋復中格，道路言前日新政不過乘一時喜心，故旋開旋蔽。」又謂：「一貫慮沈鯉、朱賡逼己。既忌其有所執爭，形己之短，又恥其事不由己，欲壞其成。行賄左右，多方蠱惑，致新政阻格。」帝得疏，震怒。嚴旨切責，奪俸五月。其明年，暨祿卒。三才因請盡撤天下稅使，帝不從，命魯保兼之。

是時顧憲成里居，講學東林，好臧否人物。三才與深相結，憲成亦深信之。三才嘗請補大僚，選科道，錄遺佚。因言：「諸臣祇以議論意見一觸當塗，遂永棄不收，要之於陛下無忤。今乃假天子威以錮諸臣，復假忤主之名以文己過。負國負君，罪莫大此。」意爲憲成諸人發。已，復極陳朝政廢壞，請帝奮然有爲，與天下更始。且力言遼左阽危，必難永保狀。帝皆置不省。

三才揮霍有大略，在淮久，以折稅監得民心。及淮、徐歲侵，又請振恤，蠲馬價。淮人深德之。屢加至戶部尚書。

會內閣缺人，建議者謂不當專用詞臣，宜與外僚參用，意在三才。及都御史缺，需次內召。由是忌者日衆，謗議紛然。工部郎中邵輔忠遂劾三才大奸似忠，大詐似直，列具貪僞險横四大罪，御史徐兆魁繼之。三才四疏力辨，且乞休。給事中馬從龍，御史董兆舒、彭端吾，南京給事中金士衡相繼爲三才辨。大學士葉向高言三才已杜門待罪，宜速定去留，爲漕政計。皆不報。已而南京兵部郎中錢策，南京給事中劉時俊，御史劉國縉、喬應甲，給事中王紹徽、徐紹吉、周永春、姚宗文、朱一桂、李瑾，南京御史張邦俊、王萬祚，復連章劾三才。而給事中胡忻、曹于汴，南京給事中段然，御史史學遷、史記事、馬孟禎、〔三〕王基洪，又交章論救。朝端聚訟，迄數月未已。憲成乃貽書向高，力稱三才廉直，又貽書孫丕揚力辨之。御史吳亮素善三才，即以兩書附傳邸報中，由是議者益譁。應甲復兩疏力訐，至列其十貪五奸。帝皆不省。三才亦力請罷，疏至十五上。久不得命，遂自引去。帝亦不罪也。

三才既家居，忌者慮其復用。四十二年，御史劉光復劾其盜皇木營建私第至二十二萬有奇。且言三才與于玉立遙執相權，意所欲用，銓部輒爲推舉。三才疏辨，請遣中官按問。給事中劉文炳、御史李徵儀、工部郎中聶心湯、大理丞王士昌，助光復力攻三才。徵儀、心湯，三才嘗舉吏也。三才憤甚，自請籍其家。工部侍郎林如楚言宜遣使覆勘。光復再疏，并言其侵奪官廠爲園囿。御史劉廷元遂率同列繼之，而潘汝禎又特疏論劾。既而巡按御史顏思忠亦上疏如光復指。三才益憤，請諸臣會勘，又請帝親鞫。乃詔徵儀偕給事中吳亮嗣往。

其明年，光復坐事下獄。三才陽請釋之，而復力爲東林辨白，曰：「自沈一貫假撰妖書，擅僇楚宗，舉朝正人攻之以去。繼湯賓尹、韓敬科場作奸，孽由自取，於人何尤。而今之黨人動與正人爲讎，士昌、光復尤爲戎首。挺身主盟，力爲一貫、敬報怨。騰說百端，攻擊千狀。以大臣之賢者言之，則葉向高去矣，王象乾、孫瑋、王圖、許弘綱去矣，曹于汴、胡忻、朱吾弼、葉茂才、南企仲、朱國禎等去矣，近又攻陳薦、汪應蛟去矣。以小臣之賢者言之，梅之煥、孫振基、段然、吳亮、馬孟禎、湯兆京、周起元、史學遷、錢春等去矣，李朴、鮑應鰲、丁元薦、龐時雍、吳正志、劉宗周等去矣。合於己則留，不合則逐。陛下第知諸臣之去，豈知諸黨人驅之乎？今奸黨讎正之言，一曰東林，一曰淮撫。所謂東林者，顧憲成讀書講學之所也。從之遊者如高攀龍、姜士昌、錢一本、劉元珍、安希范、岳元聲、薛敷教，並束身厲名行，何負國家哉？偶曰東林，便成陷穽。如鄒元標、趙南星等被以此名，卽力阻其進。所朝上而夕下者，惟史繼偕諸人耳。人才邪正，實國祚攸關，惟陛下察焉。」疏入，衆益恨之。亮嗣等既往勘，久之無所得。第如光復言還報，遂落職爲民。

天啓元年，遼陽失。御史房可壯連疏請用三才。有詔廷臣集議。通政參議吳殿邦力言不可用，至目之爲盜臣。御史劉廷宣復薦三才，言：「國家旣惜其才，則用之耳，又何議。然廣寧已有王化貞，不若用之山海。」帝是其言，卽欲用三才，而廷議相持未決。詹事公鼐力言宜用，刑部侍郎鄒元標、僉都御史王德完並主之。已，德完迫衆議，忽變前說。及署議，元標亦不敢主。議竟不決，事遂寢。三年起南京戶部尚書，未上卒。後魏忠賢亂政，其黨御史石三畏追劾之。詔削籍，奪封誥。崇禎初復官。

三才才大而好用機權，善籠絡朝士。撫淮十三年，結交遍天下。性不能持廉，以故爲衆所毀。其後擊三才者，若邵輔忠、徐兆魁輩，咸以附魏忠賢名麗逆案。而推轂三才，若顧憲成、鄒元標、趙南星、劉宗周，皆表表爲時名臣。故世以三才爲賢。

贊曰：朋黨之成也，始於矜名，而成於惡異。名盛則附之者衆。附者衆，則不必皆賢而胥引之，樂其與己同也。名高則毀之者亦衆。毀者不必不賢而怒而斥之，惡其與己異也。同異之見岐於中，而附者毀者爭勝而不已，則黨日衆，而爲禍熾矣。魏允貞、王國、余懋衡皆以卓犖閎偉之概，爲衆望所歸。李三才英邁豪雋，傾動士大夫，皆負重名。當世黨論之盛，數人者實爲之魁，則好同惡異之心勝也。易曰「渙其羣，元吉」。知此者，其惟聖人乎。

校勘記

〔一〕牛惟炳　原作「牛惟柄」，據明史稿傳一〇六王國傳、神宗實錄卷一二五萬曆十年六月庚戌條改。

〔二〕時以殿工礦稅使四出　原脫「使」字。明史稿傳一二一余懋衡傳作「帝以殿工，廣設礦稅使」，本書本卷李三才傳亦有「時礦稅使四出」語，據補。

〔三〕馬孟禎　原作「馬孟祚」。明史稿傳一二一李三才傳作「馬孟禎」。本書本卷下文也作「馬孟禎」，卷二三〇有馬孟禎傳。據改。

明史卷二百三十三

列傳第一百二十一

姜應麟 從子思睿　陳登雲　羅大紘 黃正賓　李獻可 舒弘緒
陳尚象　丁懋遜　吳之佳　葉初春　楊其休　董嗣成　賈名儒　張棟
孟養浩　朱維京　王如堅　王學曾 涂杰　張貞觀
樊玉衡 子鼎遇　維城　孫自一　謝廷讚 兄廷諒　楊天民
何選 馮生虞　任彥蘗

姜應麟，字泰符，慈谿人。父國華，嘉靖中進士。歷陝西參議，有廉名。

應麟舉萬曆十一年進士，改庶吉士，授戶科給事中。貴妃鄭氏有殊寵，生子常洵，詔進封爲皇貴妃。而王恭妃育皇長子已五歲，無所益封。中外籍籍，疑帝欲立愛。十四年二月，應麟首抗疏言：「禮貴別嫌，事當愼始。貴妃所生陛下第三子猶亞位中宮，恭妃誕育元嗣翻令居下。揆之倫理則不順，質之人心則不安，傳之天下萬世則不正，非所以重儲貳，定衆志也。伏請俯察輿情，收還成命。其或情不容已，請先封恭妃爲皇貴妃，而後及於鄭妃，則禮既不違，情亦不廢。然臣所議者末，未及其本也。陛下誠欲正名定分，別嫌明微，莫若俯從閣臣之請，册立元嗣爲東宮，以定天下之本，則臣民之望慰，宗社之慶長矣。」疏入，帝震怒，抵之地，徧召大璫諭曰：「册封貴妃，初非爲東宮起見，科臣奈何訕朕！」手擊案者再。諸璫環跪叩首，怒稍解，遂降旨：「貴妃敬奉勤勞，特加殊封。立儲自有長幼，姜應麟疑君賣直，可降極邊雜職。」於是得大同廣昌典史。吏部員外郎沈璟、刑部主事孫如法繼言之，並得罪。兩京申救者疏數十上，皆不省。自後言者蠭起，咸執「立儲自有長幼」之旨，以責信於帝。帝雖厭苦之，終不能奪也。

應麟居廣昌四年，量移餘干知縣。以父憂歸。服闋，至京，會吏部數以推舉建言諸臣得重譴，應麟遂不復補。家居二十年。光宗立，起太僕少卿。給事中薛鳳翔劾應麟老病失儀，遂引疾去。崇禎三年卒，贈太常卿。

從子思睿，字顓愚。少孤，事母孝。舉天啓二年進士，授行人。崇禎三年擢御史。明年春，陳天下五大弊：曰加派病民，曰郵傳過削，曰搜剔愈精，頭緒愈亂，曰懲毖愈甚，頹廢愈多，曰督責愈急，蒙蔽愈深。忤旨，切責。其冬遣宦官監視邊務，抗疏切諫。已，劾首輔周延儒以家人周文郁爲副將，弟素儒爲錦衣，叔父人瑞爲中書，受賕行私，請罷斥。已，論救給事中魏呈潤，御史李曰輔、王績燦。〔一〕

巡按雲南。陛辭，歷指諸弊政，而言：「舉朝拯焚救溺之精神，專用之摘抉細微，而以察吏詰戎予奪大柄僅付二三閹寺。厝火自安，不知變計，天下安望太平！」忤旨，切責。還朝，值帝撤還二部總理諸鎭監視內臣。思睿請並撤監視京營關、寧者。因詆向來秉政大臣阿承將順之罪，意指溫體仁也。體仁二子儼、伉數請囑提學僉事黎元寬。會元寬以文體險怪論黜，遂發其二子私書。思睿劾體仁縱子作奸，以元寬揭爲據。體仁謂揭不出元寬手，思睿等羣謀排陷。元寬上疏證明，思睿再劾體仁以「羣謀」二字成陷人之阱，但知有子，不知有君。帝怒，奪俸五月。出視河東鹽政。安邑有故都御史曹于汴講學書院，思睿爲置田構學舍，公餘親蒞講授。代還，乞假歸里。未幾卒。

陳登雲，字從龍，唐山人。萬曆五年進士。除鄢陵知縣。政最，徵授御史。出按遼東，疏陳安攘十策，又請速首功之賞。改巡山西。

還朝，會廷臣方爭建儲。登雲謂議不早決，由貴妃家陰沮之。十六年六月遂因災異抗疏，劾妃父鄭承憲，〔三〕言：「承憲懷禍藏奸，窺覬儲貳。日與貂璫往來，綢繆杯酌，且廣結山人、術士、緇黃之流。曩陛下重懲科場冒籍，承憲妻每揚言事由己發，用以恐喝勛貴，簧鼓朝紳。不但惠安遭其虐焰，即中宮與太后家亦謹避其鋒矣。陛下享國久長，自由敬德所致，而承憲每對人言，以爲不立東宮之效。干撓盛典，蓄隱邪謀，他日何所不至。苟不震奮乾剛，斷以大義，雖日避殿撤樂、素服停刑，恐天心未易格，天變未可弭也。」疏入，貴妃、承憲皆怒，同列亦爲登雲危，帝竟留中不下。

久之，疏論吏部尙書陸光祖，又論貶四川提學副使馮時可，論罷應天巡撫李淶、順天巡撫王致祥，又論禮部侍郎韓世能、尙書羅萬化、南京太僕卿徐用檢。朝右皆憚之。時方考選科道，登雲因疏言：「近歲言官，壬午以前怵於威，則摧剛爲柔；壬午以後眤於情，則化直爲佞。其間豈無剛直之人，而弗勝齟齬，多不能安其身。二十年來，以剛直擢京卿者百止一二耳。背公植黨，逐嗜乞憐，如所謂『七豺』、『八狗』者，言路顧居其半。夫臺諫爲天下持是非，而使人賤辱至此，安望其抗顏直繩，爲國家鋤大奸、殲巨蠹哉！與其悞用而斥之，不若愼於始進。」因條數事以獻。

出按河南。歲大饑，人相食。副使崔應麟見民啖澤中雁矢，囊示登雲，登雲卽進之於朝。帝立遣寺丞鍾化民齎帑金振之。登雲巡方者三，風裁峻厲。以久次當擢京卿，累寢不下，遂移疾歸。尋卒。

羅大紘，字公廓，吉水人。萬曆十四年進士。授行人。十九年八月遷禮科給事中。甫拜命，卽上定制書數千言。已，復言視朝宜勤，語皆切直。

先有詔以二十年春册立東宮，至是工部主事張有德以預備儀物請。帝怒，命奪俸三月，更緩册立事。尚書曾同亨請如前詔，忤旨，切讓。大紘復以爲言，詔奪俸如有德。大學士許國、王家屏連署閣臣名，乞收新命，納諸臣請，帝益怒。首輔申時行方在告，聞帝怒，乃密揭言：「臣雖列名公疏，實不與知。」帝喜，手詔褒答，而揭與詔俱發禮科。故事，閣臣密揭無發科者。時行慚懼，亟謀之禮科都給事中胡汝寧，遣使取揭。時獨大紘守科，使者給取之。及往索，時行留不發。大紘乃抗疏曰：「臣奉職無狀，謹席稾以待。獨念時行受國厚恩，乃內外二心，藏奸蓄禍，誤國賣友，罪何可勝言。夫時行身雖在告，凡翰林遷改之奏皆儼然首列其名，何獨於建儲一事深避如此。縱陛下赫然震怒，加國等以不測之威，時行亦當與分過。況陛下未嘗怒，而乃沮塞睿聰，搖動國本，苟自獻其乞憐之術，而過主上悔悟之萌，此臣之所大恨也。假令國等得請，將行慶典而恩澤加焉，時行亦辭之乎？蓋其私心妄意陛下有所牽繫，故陽附廷臣請立之議，而陰緩其事，以爲自交宮掖之謀。使請之而得，則明居羽翼之功；不得，則別爲集菀之計。其操此術以愚一世久矣，不圖今日乃發露之也。」疏入，帝震怒，命貶邊方雜職。俄以六科鍾羽正等論救，斥爲民，羽正等奪俸。中書舍人黃正賓復抗疏力詆時行。帝怒，下獄拷訊，斥爲民。時行亦不安，無何，竟引去。

大紘志行高卓。鄉人以配里先達羅倫、羅洪先，號爲「三羅」。天啓中，贈光祿少卿。

正賓，歙人。以貲爲舍人，直武英殿。恥由貲入官，思樹奇節，至是遂見推清議。後李三才、顧憲成咸與遊，益有聲士大夫間。熹宗立，起故官。再遷尙寶少卿，引病歸。魏忠賢下汪文言獄，詞連正賓。坐贓千金，遣戍大同。莊烈帝嗣位，復官，致仕。崇禎元年六月，魏黨徐大化、楊維垣已罷官，猶潛居輦下，交通奄寺，正賓在都，抗疏發其奸。勒兩人歸田里，都人快之。而疏有「潛通宦寺」語，帝令指名。正賓以趙倫、于化龍對。帝以其妄，斥回籍。

李獻可，字堯俞，同安人。萬曆十一年進士。除武昌推官。課最，徵授戶科給事中。屢遷禮科都給事中。

二十年正月偕六科諸臣疏請豫教，言：「元子年十有一矣，豫教之典當及首春舉行。倘謂內庭足可誦讀，近侍亦堪輔導，則禁闥幽閒，豈若外朝之淸肅；內臣忠敬，何如師保之尊嚴。」疏入，帝大怒，摘疏中誤書弘治年號，責以違旨侮君，貶一秩調外，餘奪俸半歲。大學士王家屏封還御批，帝益不悅。吏科都給事中鍾羽正言：「獻可之疏，臣實贊成之，請與同謫。」吏科給事中舒弘緒亦言「言官可罪，豫教必不可不行」。帝益怒，出弘緒南京，而羽正及獻可並以雜職徙邊方。大學士趙志皐論救，被旨譙讓。吏科右給事中陳尙象復爭之，坐斥爲民。戶科左給事中孟養浩，御史鄒德泳，戶兵刑工四科都給事中丁懋遜、張棟、吳之佳、楊其休，禮科左給事中葉初春，各上疏救。帝益怒，廷杖養浩百，除其名。德泳、懋遜等六人並貶一秩，出之外。獻可、羽正、弘緒亦除名。

當是時，帝一怒而斥諫官十一人，朝士莫不駭歎，然諫者卒未已。禮部員外郎董嗣成、御史賈名儒特疏爭之，御史陳禹謨、吏科左給事中李周策亦偕其僚論諫。帝怒加甚，奪嗣成職，名儒謫邊方，德泳、懋遜等咸削籍，禹謨等停俸有差。禮部尙書李長春等亦疏諫，帝復詰讓。獻可等遂廢於家。久之，吏部尚書蔡國珍、侍郎楊時喬先後請收敍，咸報寢。天啓初，錄先朝言事諸臣。獻可已前卒，詔贈光祿卿。

弘緒、名儒皆獻可同年進士。尚象、懋遜、之佳、初春、其休、嗣成皆萬曆八年進士。

弘緒，通山人。由庶吉士改給事中。天啓中，贈光祿少卿。

尚象，都勻人。以中書舍人爲給事中。嘗劾罷尚書沈鯉，爲士論所非。至是以直言去，國人始稱焉。天啓中，贈官如弘緒。

懋遜，霑化人。爲餘姚知縣，有治績，入爲吏科給事中。旣削籍，里居三十年。光宗立，起太僕少卿，累遷工部左侍郎。卒，贈尚書。

之佳，長洲人。初爲襄陽知縣。初春，吳縣人。初爲順德知縣。並以治行徵。至是與張棟並斥，稱「吳中三諫」。天啓初，贈之佳太僕少卿，初春光祿少卿。之佳孫適，亦兵科給事中。敢言。

其休，靑城人。由蘇州推官擢吏科給事中。內官張德毆殺人，帝令司禮按問，蔽罪其下。其休乞並付德法司，竟報許。帝數不視朝。十七年正月，其休以萬邦入覲，請臨御以風勵諸臣。他論奏甚衆。罷歸，卒，贈太常少卿。

嗣成，烏程人。祖份，禮部尚書。父道醇，南京給事中。仍世貴顯。嗣成以氣節著，士論多之。

名儒，眞定人。贈官如初春。

楝，字伯任，崑山人。萬曆五年進士。除新建知縣。徵授工科給事中。請盡蠲天下逋租，格不行。時蠲租例，相沿但蠲存留，不及起運。楝請無拘故事，從之。再遷刑科左給事中。吳中白糧爲累，民承役輒破家，楝請令出貲助漕舟附載。申時行、王錫爵紬其議，楝遂移疾歸。起兵科都給事中。劾去南京戶部尚書張西銘、刑部侍郎詹仰庇。軍政拾遺，劾恭順侯吳繼爵、宣城伯衞國本、忻城伯趙泰修、宣府總兵官李迎恩。繼爵留，餘並罷。已，言邊臣敍功不宜及內閣、部、科，帝亦從焉。遣視固原邊備。時經略鄭洛方議和，楝言撦力克負固不歸，卜失兔傑黠如故，火落赤、眞相雄據海上，不可使洛委責以去。因論兵部尚書王一鶚。會一鶚已卒，洛亦報撦力克東歸，遂寢其奏。楝又言：「洮、河失事，陛下赫然震怒。命洛視師，豈止欲其虛詞媚敵，博一順義東歸畢事耶？今火、眞依海爲窟，出沒自如，不宜敍將吏功。」報聞。母卒，楝年已六十，毀瘠廬墓，竟卒於墓所。天啓中，贈太常少卿。

德泳，祭酒守益孫。養浩、羽正自有傳。

孟養浩，字義甫，湖廣咸寧人。萬曆十一年進士。授行人。擢戶科給事中，遷左給事中。帝嚴譴李獻可，養浩疏諫曰：「人臣卽至狂悖，未有敢於侮君者，陛下豈眞以其侮而罪之耶？獻可甫躋禮垣，驟議鉅典。一字之悞，本屬無心，乃遽蒙顯斥。臣愚以爲有五不可。元子天下本，豫教之請，實爲宗社計。陛下不惟不聽，且從而罰之，是坐忍元子失學，而敝帚宗社也。不可者一。長幼定序，明旨森嚴，天下臣民既曉然諒陛下之無他矣。然豫教、册立，本非兩事。今日旣遲回於豫教，安知來歲不游移於册立，是重啓天下之疑。不可者二。父子之恩，根於天性，豫教之請，有益元子明甚。而陛下罪之，非所以示慈愛。不可者三。古者引裾折檻之事，中主能容之。陛下量侔天地，奈何言及宗社大計，反震怒而摧折之，天下萬世謂陛下何如主。不可者四。獻可等所論，非二三言官之私言，實天下臣民之公言也。今加罪獻可，是所罪者一人，而實失天下人之心。不可者五。祈陛下收還成命，亟行豫教。」帝大怒，言册立已諭於明年舉行，養浩疑君惑衆，殊可痛惡。令錦衣衞杖之百，削籍爲民，永不敍用。中外交薦，悉報寢。

光宗立，起太常少卿。半歲中遷至南京刑部右侍郎。未之官，卒。

朱維京，字大可，工部尚書衡子也。舉萬曆五年進士，授大理評事，進右寺副。九年京察，謫汝州同知，改知崇德。入爲屯田主事，再遷光祿丞。火落赤敗盟，經略鄭洛主和，督撫魏學曾、葉夢熊主戰。維京請召洛還，專委學曾等經理。及學曾以寧夏事被逮，復抗疏救之。

二十一年，三王並封詔下，維京首上疏曰：「往奉聖諭，許二十一年册立，廷臣莫不延頸企踵。今忽改而爲分封，是向者大號之頒，徒戲言也，何以示天下？聖諭謂立嗣以嫡，是已。但元子既長，欲少遲册立，以待中宮正嫡之生，則祖宗以來實無此制。考英宗之立，以宣德三年；憲宗之立，以正統十四年；孝宗之立，以成化十一年。少者止一二齡，多亦不過五六齡耳。維時中宮正位，嫡嗣皆虛，而祖宗曾不少待。即陛下册立亦在先帝二年之春。近事不遠，何不取而證之。且聖人爲政，必先正名。今分封之典，三王並舉。冠服宮室混而無別，車馬儀仗雜而無章，府僚庶宷淆而無辨。名既不正，弊實滋多。且令中宮苟耀前星，則元子退就藩服，嫡庶分定，何嫌何疑。今預計將來，坐格成命，是欲愚天下，而實以天下爲戲也。夫人臣以道事君，不可則止。陛下雖有並封之意，猶不遽行，必以手詔咨大學士王錫爵，錫爵縱不能如李沆引燭之焚，亦當爲李泌造膝披陳，轉移聖心而後已。如其不然，王家屏之高蹤自在，陛下優禮輔臣，必無韓瑗、來濟之辱也。奈何噤無一語，若胥吏之承行，惟恐或後。彼楊素、李勣千古罪人。其初心豈不知有公論，惟是患得患失之心勝，遂至不能自持耳。」

帝震怒，命謫戍極邊。錫爵力救，得爲民。家居甫二年，卒。天啓時，贈太常少卿。

王如堅，字介石，安福人。萬曆十四年進士。授懷慶推官。入爲刑科給事中，抗疏爭三王並封，其略曰：

謹按十四年正月聖諭「元子幼小，册立事俟二三年舉行」，是明言長子之爲元子也。又十八年正月詔旨「朕無嫡子，長幼自有定序」，是明示倫次之不可易也。已而十九年八月，奉旨「册立之事，改於二十一年舉行」，此則陛下雖怒羣臣激聒，輒更定期，未嘗遽寢册立之事。乃今已屆期，忽傳並封爲王，以待嫡嗣。臣始而疑，既而駭。陛下言猶在耳，豈忘之耶？曩者謂二三年舉行，已遲至二十年矣，二十年舉行又改至二十一年矣，今二十一年倏改爲並封，是陛下前此灼然之命，尚不自堅，今日羣臣將何所取信。

夫立嫡之條，祖訓爲廢嫡者戒也。今日有嫡可廢乎？且陛下欲待正嫡，意非眞待也。古王者後宮無偏愛，故適后多後嗣。後世愛有所專，則天地之交不常泰，欲後嗣之繁難矣。我祖宗以來，中宮誕生者有幾？國本早定，惟元子是屬。或二三齡而立，或五六齡而立。卽陛下春宮受册時，止六齡耳，寧有待嫡之議與潞王並封之詔哉？今皇長子且十二齡矣，聞皇后撫育無間己出。元子早定一日，卽早慰中宮一日之心。后素賢明，何有舍當前之冢嗣，而覬幸不可知之數耶？宮闈之內，衽席之間，左右近習之輩，見形生疑，未必不以他意窺陛下。卽如昨歲册立之旨，方待舉行，而宗室中已有並封之疏，安知非機事外洩，彼得量朝廷之淺深。

夫別名號，辨嫌疑，禮之善經也。元子與衆子，其間冠服之制，鹵簿之節，恩寵之數，接見之儀，迥然不齊矣。一日並封而同號，則有並大之嫌，逼長之患。執狐疑而來讒賊，幾微之際，不可不愼。苟謂渙命新頒，難於遽改。則數年已定之明旨，尙可移易，今綸言初發，何不可中止也。

帝怒甚，命與朱維京皆戍極邊。王錫爵疏救，免戍爲民。尋卒。天啓中，贈光祿少卿。

王學曾，字唯吾，南海人。萬曆五年進士。授醴陵知縣，調崇陽。擢南京御史。時吏民有罪，輒遣官校逮捕。學曾疏請止之，不納。十三年，慈寧宮成，諸督工內侍俱廕錦衣。學曾論其太濫，且劾工部尚書楊兆諛諂中官。兆惶恐，引罪。已，言龍江關密邇蕪湖，蕪湖已徵稅，龍江不宜復徵，格不行。光山牛產一犢若麟，有司欲以聞，巡撫臧惟一不可。帝命禮部徵之，尚書沈鯉諫，惟一亦疏論，不聽。學曾抗言：「麟生牛腹，次日即斃，則祥者已不祥矣。不祥之物，所司未嘗上聞，陛下何自聞之？毋亦左右小人以奇怪惑聖心也。今四方災旱，老稚流離，啼饑號寒之聲，陛下不聞；北敵梟張，士卒困苦，呻吟嗟怨之狀，陛下不聞；宗室貧窮，饔飧弗給，愁困涕洟之態，陛下不聞；而獨已斃之麟聞。彼爲左右者，豈誠忠於陛下乎？願收還成命，內臣語涉邪妄者，即嚴斥之。」帝責其要名沽直，降興國判官。時御史蔡時鼎亦以言獲罪。南京御史王藩臣、給事中王嗣美等交章救兩人。帝怒，奪俸一級。

學曾累遷南京刑部主事，召爲光祿丞。與少卿涂杰合疏爭三王並封，忤旨，皆削籍。後數年，吏部尚書蔡國珍疏請起用，不納。卒於家。

杰，新建人。隆慶五年進士。由龍游知縣入爲御史。擢官光祿。

熹宗時，贈學曾太僕少卿，杰太常少卿。〔三〕

張貞觀，字惟誠，沛人。萬曆十一年進士。除益都知縣，擢兵科給事中。出閱山西邊務。五臺奸人張守清招亡命三千餘人，擅開銀礦，又締姻潞城、新寧二王。帝納巡按御史言，敕守清解散徒黨，諭二王絕姻。守清乞輸課於官，開礦如故。貞觀力爭，乃已。前巡撫沈子木、李采菲皆貪。子木夤緣爲兵部侍郎，貞觀並追劾之。子木坐貶，采菲奪職。還，進工科右給事中。泗州淮水大溢，幾齧祖陵。貞觀往視，定分黃道淮之策。

再遷禮科都給事中。三王並封制下，貞觀率同列力爭。潞王翊鏐由郡王進封，其諸弟止應爲將軍，翊𨭉爲營得郡王。貞觀及禮部尙書羅萬化守故事極諫。不納。時郊廟祭享率遣官代行，貞觀力請帝親祀。俄秋享，復將遣官。貞觀再諫，不報。明年正月，有詔皇長子出閣講讀。而兵部請護衞，工部奏儀仗，禮部進儀注，皆留中。又止令預告奉先殿，朝謁兩宮，他禮皆廢。於是貞觀等上言：「禮官議，御門受賀、皇長子見羣臣之禮，載在舊儀；卽諸王加冠，亦以成禮而賀，賀畢謁見。元子初出，乃不當諸王一冠乎？且謁謝止兩宮，而缺然於陛下及中宮母妃之前，非所以教孝；賀靳於二皇子，而漠然於兄弟長幼之間，非所以序別。」疏入，忤旨，奪俸一年。

工科給事中黎道照上言：「元子初就外傅，陛下宜示之身教。乃採辦珠玉珍寶，費至三十六萬有奇，又取太僕銀十萬充賞，非作法於初之意。且貞觀等秉禮直諫，職也，不宜罰治。」給事中趙完璧等亦言之。帝怒，奪諸臣俸，謫貞觀雜職。大學士王錫爵等切救，乃貶三秩。頃之，都給事中許弘綱、御史陳惟芝等連章申論，帝竟除貞觀名，言官亦停俸。中外交薦，卒不起。天啓中卒，贈太常少卿。

樊玉衡，字以齊，黄岡人。萬曆十一年進士。由廣信推官徵授御史。京察，謫無爲判官。稍遷全椒知縣。

二十六年四月，玉衡以册立久稽，上言：「陛下愛貴妃，當圖所以善處之。今天下無不以册立之稽歸過貴妃者，而陛下又故依違，以成其過。陛下將何以託貴妃於天下哉。由元子而觀則不慈，由貴妃而觀則不智，無一可者。願早定大計，册立、冠婚諸典次第舉行，使天下以元子之安爲貴妃功，豈不並受其福，享令名無窮哉。」疏奏，帝及貴妃怒甚。旨一日三四擬，禍且不測。大學士趙志皋等力救，言自帝卽位未嘗殺諫臣。帝乃焚其疏，忍而不發。再踰月，以憂危竑議連及，遂永戍雷州。長子鼎遇伏闕請代者再，不許。光宗立，起南京刑部主事，以老辭。疏陳親賢、遠奸十事，優詔答之。尋命以太常少卿致仕，卒於家。

子維城，舉萬曆四十七年進士。除海鹽知縣，遷禮部主事。天啓七年坐事謫上林苑典簿。莊烈帝卽位，魏忠賢未誅，抗疏言：「高皇帝定律，人臣非有大功，朦朧奏請封爵者，所司及封受之人俱斬。今魏良卿、良棟、鵬翼，白丁乳臭兒，並叨封爵，皆當按律誅。忠賢所積財，半盜內帑，籍還太府，可裕九邊數歲之餉。」因請褒恤楊漣、萬璟等一十四人，召還賀逢聖、文震孟、孫必顯等三十二人，亟正張體乾、許顯純、楊寰等罪。其月，又言：「崔呈秀雖死，宜剖棺戮屍。『五虎』、『五彪』之徒，乃或賜馳驛，或僅令還鄉，何以服人心，昭國典。」末斥吏科陳爾翼請緝東林遺孽之非，乞釋御史方震孺罪。帝並採納之。

崇禎元年遷戶部主事，進員外郎。歷泉州知府、福建副使。八年以大計罷歸。十六年，黃州城南門哭五日夜。衆知禍必至，傾城走，婦女多不及行。三月二十四日，張獻忠破黃岡，知縣孫自一、縣丞吳文㸌死之。賊欲屈維城，抗聲大罵，刃洞胸而死。賊遂驅婦女墮城，稍緩，輒斷其腕，血淋漓土石間。三日而城平，復殺之以實塹焉。自一，光山人。

謝廷讚，字曰可，金谿人。父相，由鄉舉爲東安知縣。初，歲饑，吏僞增戶口冒振，繼者遂按籍征賦，民困甚。相爲請，得減戶千三百。奸人殺四人，棄其屍，獄三年不決。相禱於神，得屍所在，獄遂成。

廷讚舉萬曆二十六年進士。未授官，卽極論礦稅之害。旋授刑部主事。先是，詔二十八年春舉行册立、冠婚之禮。將屆期，都御史溫純、禮科給事中楊天民、御史馮應鳳相繼言，不報。廷讚上疏言閣員當補，臺省當選，礦稅當撤，冠婚、册立當速，詔令當信。持疏跪文華門，候命踰時。帝震怒，遣中官田義詰責。越數日，命大學士趙志皐、沈一貫擬敕諭，令禮部具儀。比擬諭進，竟不發。志皐、一貫趣之，帝乃言因廷讚出位邀功，以致少待，命示諸司靜俟。遂褫廷讚職爲民，並奪尚書蕭大亨，侍郎邵杰、董裕俸一歲，貶郎中徐如珂、員外郎林燿，主事鍾鳴陛、曹文偉三秩，調極邊。是歲册立之禮不行，廷讚歸。僑寓維揚，授徒自給。久之，卒。天啓中，贈尙寶卿。

兄廷諒，字友可。萬曆二十三年進士。授南京刑部主事。帝命李廷機入閣，又召王錫爵。廷諒言「廷機才弱而闇，錫爵氣高而揚，均不宜用」。又曰：「儲君之立爲王也，自錫爵始；舉人之有考察也，自廷機始；巡按之久任也，自趙世卿始；章疏之留中也，自申時行始；年例之不舉，考察之不下也，自沈一貫始。此皆亂人國者也。」疏入，留中。終順慶知府。

楊天民，字正甫，山西太平人。萬曆十七年進士。除朝城知縣。調繁諸城，有異政，擢禮科給事中。時方纂修國史，與御史牛應元請復建文年號，從之。二十七年，狄道山崩，下成池，山南湧大小山五。天民言：「平地成山，惟唐垂拱間有之，而唐遂易爲周。今虎狼之使吞噬無窮，狗鼠之徒攘奪難厭。不市而征稅，無礦而輸銀。甚且毀廬壞冢，籍人貲產，非法行刑。自大吏至守令，每被譴逐。郡邑不肖者，反助虐交歡，藉潤私橐。嗷嗷之衆，益無所歸命，懷樂禍心，有土崩之勢。天心仁愛，亟示譴告，陛下尙不覺悟，翻然與天下更始哉！」不報。文選郎中梅守峻貪黷，將擢太常少卿，天民劾罷之。延綏總兵官趙夢麟潛師襲寇，以大捷聞，督撫李汶、王見賓等咸進秩予廕。寇乃大入，殺軍民萬計，汶等又妄奏捷。天民再疏論之，奪見賓職，夢麟戍邊，汶亦被譴。

天民尋進右給事中。册立久稽，再疏請，不報。無何，貴妃弟鄭國泰疏請皇長子先冠婚後册立，天民斥其非。國泰懼，委罪都指揮李承恩，奪其俸。順天、湖廣鄉試文多用二氏語，天民請罪考官楊道賓、顧天埈等，疏留中。

二十九年五月，天民復偕同官上言，請早定國本。帝大怒，謫天民及王士昌雜職，餘奪俸一年，以士昌亦給事禮科也。時御史周盤等公疏請，亦奪俸。天民得貴州永從典史。至十月，帝迫廷議，始立東宮，〔四〕而天民等卒不召。天民幽憤卒。天啓中，贈光祿少卿。初，天民去諸城，民爲立祠。其後長吏不職，父老率聚哭祠下。

何選，字靖卿，宛平人。萬曆十一年進士。除南昌知縣，徵授御史。廷臣爭國本多獲譴，選語鄭貴妃弟國泰，令以朝野公論、鄭氏禍福懇言於貴妃，俾妃自請。國泰猶豫，選厲色責之曰：「若不及今爲身家計，吾儕羣擊之，悔無及矣。」國泰懼，乃入告於妃，且疏請早定，以釋危疑。帝意不懌。已，知出選指，深銜之。

未幾，吏部擬調驗封員外郎鄒元標於文選，疏六日不下，選以爲言。帝憶前事，謫湖廣布政司照磨。稍遷南京通政司經歷。刑部缺員外郎，吏部擬用選。帝憾未釋，謂特降官不當推舉，切讓尙書孫丕揚等，謫文選郎中馮生虞、員外郎馮養志等極邊，而斥選爲民。以閣臣言，稍寬生虞、養志等罰。南京給事中任彥蘖抗章論救，語侵閣臣。帝復怒，謫彥蘖於外，生虞仍以雜職調邊方。旋以言官論救，並斥彥蘖爲民。於是御史許聞造上言：「陛下頃歲以來，謂公忠爲比周，謂論諫爲激擾；詘銓衡之所賢，撓刑官之所執。光祿太僕之帑，括取幾空；中外大小之官，縣缺不補。敲扑遍於宮闈，桁楊接於道路。論救忠良，則愈甚其罪；諫止貢獻，則愈增其額。奏牘沉閣而莫稽，奄寺縱橫而無忌。今欲摘陳一事，則慮陛下益甚其事；欲摘救一人，則慮陛下益罪其人。陛下執此以拒建言之臣，諸臣因此而塞進言之路。邇年以來，諸臣謇諤之風，視昔大沮矣。」不報。

生虞，大足人。彥蘖，任城人。天啓中，贈選光祿少卿，生虞太常少卿。

贊曰：野史載神宗金合之誓。都人子之說，雖未知信否，然恭妃之位久居鄭氏下，固有以滋天下之疑矣。姜應麟等交章力爭，不可謂無羽翼功。究之鄭氏非褒、驪之煽處，國泰亦無駰、鈞之惡戾，積疑召謗，被以惡聲。詩曰「時靡有爭，王心載寧」。諸臣何其好爭也。

校勘記

〔一〕王績燦　原作「王績粲」。明史稿傳一一〇姜應麟傳作「王績燦」，本書卷二五八吳執御傳附有王績燦傳，事跡與此合，據改。

〔二〕劾妃父鄭承憲　鄭承憲，本書卷二一七及明史稿傳九五沈鯉傳、神宗實錄卷一九九萬曆十六年六月庚申條同。本書卷三〇〇及明史稿傳一七七本傳作「鄭成憲」。

〔三〕贈學曾太僕少卿杰太常少卿　原作「贈學曾光祿少卿杰太僕少卿」。據明史稿傳一一〇王學曾傳、熹宗實錄卷一八天啓二年六月甲申條改。

〔四〕至十月帝迫廷議始立東宮　十月，原作「九月」，據本書卷二一神宗紀、神宗實錄卷三六四萬曆二十九年十月己卯條改。

明史卷二百三十四

列傳第一百二十二

盧洪春 范儁 董基 王就學等 李懋檜 李沂 周弘禴 潘士藻
雒于仁 馬經綸 林熙春 林培 劉綱 戴士衡
曹學程 子正儒 郭實 翁憲祥 徐大相

盧洪春，字思仁，東陽人。父仲佃，廣西布政使。洪春舉萬曆五年進士，授旌德知縣，擢禮部祠祭主事。

十四年十月，帝久不視朝，洪春上疏曰：「陛下自九月望後連日免朝，前日又詔頭眩體虛，暫罷朝講。時享太廟，遣官恭代，且云『非敢偷逸，恐弗成禮』。臣愚捧讀，驚惶欲涕。夫禮莫重於祭，而疾莫甚於虛。陛下春秋鼎盛，諸症皆非所宜有。不宜有而有之，上傷聖母之心，下駭臣民之聽，而又因以廢祖宗大典，臣不知陛下何以自安也。抑臣所聞更有異者。先二十六日傳旨免朝，卽聞人言籍籍，謂陛下試馬傷額，故引疾自諱。果如人言，則以一時馳騁之樂，而昧周身之防，其爲患猶淺。倘如聖諭，則以目前衽席之娛，而忘保身之術，其爲患更深。若乃爲聖德之累，則均焉而已。且陛下毋謂身居九重，外廷莫知。天子起居，豈有寂然無聞於人者。然莫敢直言以導陛下，是將順之意多，而愛敬之心薄也。陛下平日遇頌諛必多喜，遇諫諍必多怒，一涉宮闈，嚴譴立至，孰肯觸諱，以蹈不測之禍哉。羣臣如是，非主上福也。願陛下以宗社爲重，毋務矯託以滋疑。力制此心，愼加防檢。勿以深宮燕閒有所恣縱，勿以左右近習有所假借，飭躬踐行，明示天下以章律度，則天下萬世將慕義無窮。較夫挾數用術，文過飾非，幾以聾瞽天下之耳目者，相去何如哉。」

疏入，帝震怒。傳諭內閣百餘言，極明謹疾遣官之故。以洪春悖妄，命擬旨治罪。閣臣擬奪官，仍論救。帝不從，廷杖六十，斥爲民。諸給事中申救，忤旨，切讓。諸御史疏繼之，帝怒，奪俸有差。洪春遂廢於家，久之卒。光宗嗣位，贈太僕少卿。

御史范儁嘗陳時政。帝方疾，見儁疏中「防人欲」語，斥之。主事董基以諫內操謫官。其後員外郎王就學因諫帝託疾不送梓宮，尋罷去。皆與洪春疏相類。

范儁，字國士，高安人。萬曆五年進士。爲義烏知縣，徵授御史。十二年正月陳時政十事，語皆切至，而中言「人欲宜防，力以靡曼麴蘗爲戒」。先是，慈寧宮災，給事中鄒元標疏陳六事，忤帝意。及帝遘微疾，大臣方問安，而儁疏適入。帝恚曰：「嚮未罪元標，致儁復爾，當重懲之。」申時行等擬鐫秩。帝猶怒，將各予杖。是夜大雷雨，明日朝門外水三尺餘。帝怒少霽，時行等亦力救，乃斥爲民。明年，給事中張維新請推用譴謫諸臣，詔許量移，惟儁不敍。給事中孫世禎、御史方萬山等言儁不宜獨遺，坐奪俸。自是屢薦不起，里居數十年卒。天啓初，復官，贈光祿少卿。

董基，字巢雄，掖縣人。萬曆八年進士。授刑部主事。十二年，帝集內豎三千人，〔一〕授以戈甲，操於內廷。尙書張學顏諫，不納。基抗疏曰：「內廷清嚴地，無故聚三千之衆，輕以凶器嘗試，竊爲陛下危之。陛下以爲行幸山陵，有此三千人可無恐乎？不知此皆無當實用。設遇健卒勁騎，立見披靡，車駕不可恃以輕出也。夫此三千人安居美食，筋力柔靡，一旦使執銳衣堅，〔二〕蒙寒犯暑，臣聞頃者竟日演練，中暍瀕死者數人，若輩未有不怨者。聚三千蓄怨之人於肘腋，危無逾此者。且自內操以來，賞賚已二萬金。長此不已，安有殫竭，有用之財，糜之無用之地，誠可惜也。」疏入，忤旨，命貶二秩，調邊方。九卿、給事、御史交章論救，且請納基言，不聽。竟謫基萬全都司都事。

明年，兵科給事中王致祥言：「祖宗法，非宿衞士不得持寸兵。今授羣不逞利器，出入禁門，禍不細。」大學士申時行亦語司禮監曰：「此事繫禁廷，諸人擐甲執戈未明而入。設奸人竄其中，一旦緩急，外廷不得聞，宿衞不及備，此公等剝膚患也。」中官悚然，乘間力言。帝乃留致祥疏，卽日罷之。會謫降官皆量移，基亦遷南京禮部主事，終南京大理卿。致祥，忻州人。隆慶五年進士。歷官右僉都御史，巡撫順天。

王就學，字所敬，武進人。萬曆十四年進士。授戶部主事。三王並封議起，朝論大譁。就學，王錫爵門人也，偕同年生錢允元往規之，爲流涕。會庶吉士李騰芳投錫爵書，與就學語相類。錫爵悟，並封詔得寢。就學改禮部，進員外郎，尋調吏部。二十四年，孝安陳太后梓宮發引，帝嫡母也，當送門外，以有疾，遣官代行。吏部侍郎孫繼皐言之。帝怒，抵其疏於地。就學抗疏曰：「人子於親惟送死爲大事。今乃靳一攀送，致聖孝不終。豈獨有乖古禮，卽聖心豈能自安。於此而不用其情，烏乎用其情？於此而可忍，烏乎不可忍？恐難以宣諸詔諭，書諸簡册，傳示天下萬世也。」疏奏，不省。踰二年，詔甄別吏部諸郎，斥就學爲民。尋卒於家。

繼皐抗疏未幾，給事中劉道亨劾文選員外郎蔡夢麟紊銓政，幷及繼皐。乞罷，不報。及三殿災，大臣自陳，皆慰留，獨繼皐致仕去。卒，贈禮部尙書。繼皐，字以德，無錫人。萬曆二年進士第一。

李懋檜，字克蒼，安溪人。萬曆八年進士。除六安知州，入爲刑部員外郎。十四年三月，帝方憂旱，命所司條上便宜。懋檜及部郎劉復初等爭言皇貴妃及恭妃册封事，章一日並上。帝怒，欲加重譴，言者猶不已。閣臣請帝詔諸曹建言止及所司職掌，且不得專達，以慰解帝意。居數日，帝亦霽威，諸疏皆留中。而懋檜疏又有保聖躬、節內供、御近習、開言路、議蠲振、愼刑罰、重舉刺、限田制七事，亦寢不行。

明年，給事中邵庶因論誠意伯劉世延，刺及建言諸臣。懋檜上言：「庶因世延條奏，波及言者，欲概絕之。『防人之口，甚於防川』，庶豈不聞斯語哉？今天下民窮財殫，所在饑饉，山、陝、河南，婦子仳離，僵仆滿道，疾苦危急之狀，蓋有鄭俠所不能圖者，陛下不得聞且見也。邇者雷擊日壇，星墜如斗，天變示儆於上；畿輦之間，子弑父，僕弑主，人情乖離於下。庶以爲海內盡無可言已乎？夫在廷之臣，其爲言官者十僅二三。言官不必皆智，不爲言官者不必皆愚。無論往事，卽如邇歲馮保、張居正交通亂政，其違章保留，頌功諛德，若陳三謨、曾士楚者，並出臺垣，而請劍引裾杖謫以去者，非庶僚則新進書生也。果若庶言，天下幸無事則可，脫有不虞之變，陛下何從而知。庶復以堂上官禁止司屬爲得計，伏覩大明律，百工技藝之人，若有可言之事，直至御前奏聞，但有阻遏者斬。大明會典及皇祖臥碑亦屢言之。百工技藝之人，有言尙不敢阻，況諸司百執事乎？庶言一出，志士解體，善言日壅，主上不得聞其過，羣下無所獻其忠，禍天下必自庶始。陛下必欲重百官越職之禁，不若嚴言官失職之罰。當言不言，坐以負君誤國之罪。輕則記過，重則褫官。科道當遷，一眎其章奏多寡得失爲殿最，則言官無不直言，庶官無事可言，出位之禁無庸，太平之效自致矣。」

帝責其沽名，命貶一秩。科道合救，不允。庶偕同列胡時麟、梅國樓、郭顯忠復交章論劾，乃再降一秩，爲湖廣按察司經歷。歷禮部主事，以憂歸，屢薦不起。家居二十年，始起故官。進南京兵部郎中。天啓初，終太僕少卿。

李沂，字景魯，嘉魚人。萬曆十四年進士。改庶吉士。十六年冬，授吏科給事中。中官張鯨掌東廠，橫肆無憚。御史何出光劾鯨死罪八，幷及其黨錦衣都督劉守有、序班邢尙智。尙智論死，守有除名，鯨被切讓，而任職如故。御史馬象乾復劾鯨，詆執政甚力，帝下象乾詔獄。大學士申時行等力救，且封還御批，不報。許國、王錫爵復各申救，乃寢前命，而鯨竟不罪。外議謂鯨以金寶獻帝獲免。

沂拜官甫一月，上疏曰：「陛下往年罪馮保，近日逐宋坤，鯨惡百保而萬坤，奈何獨濡忍不去？若謂其侍奉多年，則壞法亦多年；謂痛加省改，猶足供事，則未聞可馴虎狼使守門戶也。流傳鯨廣獻金寶，多方請乞，陛下猶豫未忍斷決。中外臣民初未肯信，以爲陛下富有四海，豈愛金寶；威如雷霆，豈徇請乞。及見明旨許鯨策勵供事，外議藉藉，遂謂爲眞。虧損聖德，夫豈淺尠！且鯨奸謀旣遂，而國家之禍將從此始，臣所大懼也。」

是日，給事中唐堯欽亦具疏諫。帝獨手沂疏，震怒，謂沂欲爲馮保、張居正報讐，立下詔獄嚴鞫。時行等乞宥，不從。讞上，詔廷杖六十，斥爲民。御批至閣，時行等欲留御批，中使不可，持去。帝特遣司禮張誠出監杖。時行等上疏，俱詣會極門候進止。帝言：「沂置貪吏不言，而獨謂朕貪，謗誣君父，罪不可宥。」竟杖之。太常卿李尙智、給事中薛三才等抗章論救，俱不報。國、錫爵以言不見用，引罪乞歸。錫爵言：「廷杖非正刑，祖宗雖間一行之，亦未有詔獄、廷杖幷加於一人者。故事，惟盜賊大逆則有打問之旨，今豈可加之言官。」

帝優詔慰留錫爵，卒不聽其言。

初，馮保獲罪，實鯨爲之，故帝云然。或謂鯨罪不至如保。張誠掌司禮，素德保，授意言者發之，事秘莫能明也。其時，周弘綸、潘士藻皆以忤鯨得罪，而沂禍爲烈。家居十八年，未召而卒。光宗嗣位，贈光祿少卿。

弘綸，字元孚，麻城人。倜儻負奇，好射獵。舉萬曆二年進士，授戶部主事。降無爲州同知，遷順天通判。

十三年春上疏指斥朝貴，言：「兵部尚書張學顏被論屢矣。陛下以學顏故，逐一給事中、三御史，此人心所共憤也。學顏結張鯨爲兄弟，言官指論學顏而不敢及鯨，畏其勢耳。若李植之論馮保，似乎忠讜矣，實張宏門客樂新聲爲謀主。其巡按順天，納娼爲小妻，猖狂干紀，則恃宏爲內援也。鯨、宏既竊陛下權，而植又竊司禮勢，此公論所不容。祖訓，大小官許至御前言事。今吏科都給事中齊世臣乃請禁部曹建言。曩居正竊權，臺省羣頌功德，而首發其奸者，顧在艾穆、沈思孝，部曹言事果何負於國哉？居正惡員外郎管志道之建白也，御史龔懋賢因誣以老疾；惡主事趙世卿之條奏也，尚書王國光遂錮以王官。論者切齒，爲其附權奸而棄直言，長壅蔽之禍也。今學顏、植交附鯨、宏，鯨敢竊柄，世臣豈不聞？已不敢言，奈何反欲人不言乎？前此長吏垣者周邦傑、秦燿。當居正時，燿則甘心獵犬，邦傑則比迹寒蟬。今燿官太常，邦傑官太僕矣，諫職無補，坐陟京卿，尙謂臺省足恃乎？而乃禁諸臣言事也。夫逐一人之言者，其罪小；禁諸臣之言者，其罪大。往者，嚴嵩及居正猶不敢明立此禁，何世臣無忌憚一至此哉！乞放學顏、植歸里，出燿、邦傑於外，屛張鯨使閒居，而奪世臣諫職，嚴敕司禮張誠等止掌內府禮儀，毋干政事，天下幸甚。」帝怒，謫代州判官，再遷南京兵部主事。

十七年，帝始倦勤，章奏多留中不下。弘綸疏諫，且請早建皇儲，不報。尋召爲尙寶丞。明年冬，命監察御史閱視寧夏邊務。巡撫僉都御史梁問孟、巡茶御史鍾化民，取官帑銀交際，弘綸疏發之。詔褫問孟職，調化民於外。河東有秦、漢二壩，弘綸請以石爲之，濬渠北達鴛鴦諸湖，大興水利。還朝，以將材薦哱承恩、土文秀、哱雲。明年，承恩等反，坐謫澄海典史。投劾歸，卒於家。天啓初，以嘗請建儲，贈太僕少卿。

潘士藻，字去華，婺源人。萬曆十一年進士。授溫州推官。擢御史，巡視北城。慈寧宮近侍侯進忠、牛承忠私出禁城，狎婦女。邏者執之，爲所毆，訴於士藻。私牒司禮監治之。帝恚曰：「東廠何事？乃自外庭發。」杖兩閹，斃其一。鯨方掌東廠，怒。會火災修省，士藻言：「今天下之患，莫大於君臣之意不通。宜倣祖制，及近時平臺暖閣召對故事，面議所當施罷。撤大工以俟豐歲，蠲織造、燒造以昭儉德，免金花額外征以佐軍食。且時召講讀諸臣，問以經史。對賢人君子之時多，自能以敬易肆，以義奪欲。修省之實，無過於此。」鯨乃激帝怒，謫廣東布政司照磨。科道交章論救，不聽。尋擢南京吏部主事。再遷尙寶卿，卒官。

雒于仁，字少涇，涇陽人。父遵，吏科都給事中。神宗初卽位，馮保竊權。帝御殿，保輒侍側。遵言：「保一侍從之僕，乃敢立天子寶座，文武羣工拜天子邪，抑拜中官邪？欺陛下幼沖，無禮至此！」遵乃大學士高拱門生。保疑遵受拱指，遂謀逐拱。遵疏留中。尋劾兵部尙書譚綸，因薦海瑞。吏部尙書楊博稱綸才，詆瑞迂滯，疏遂寢。頃之，綸陪祀日壇，咳不止。御史景嵩、韓必顯劾綸衰病。居正素善綸，而馮保欲緣是爲遵罪，因傳旨詰嵩、必顯欲用何人代綸，令會遵推擧，遵等惶懼不敢承。俱貶三秩，調外。遵得浙江布政司照磨。保敗，屢遷光祿卿。改右僉都御史，巡撫四川。罷歸，卒。

于仁擧萬曆十一年進士。歷知肥鄉、淸豐二縣，有惠政。十七年入爲大理寺評事。疏獻四箴以諫。其略曰：

臣備官歲餘，僅朝見陛下者三。此外惟聞聖體違和，一切傳免。郊祀廟享遣官代行，政事不親，講筵久輟。臣知陛下之疾，所以致之者有由也。臣聞嗜酒則腐腸，戀色則伐性，貪財則喪志，尙氣則戕生。陛下八珍在御，觴酌是耽，卜晝不足，繼以長夜。此其病在嗜酒也。寵「十俊」以啓倖門，溺鄭妃，靡言不聽。忠謀擯斥，儲位久虛。此其病在戀色也。傳索帑金，括取幣帛。甚且掠問宦官，有獻則已，無則譴怒。李沂之瘡痍未平，而張鯨之貲賄復入。此其病在貪財也。今日搒宮女，明日抶中官，罪狀未明，立斃杖下。又宿怨藏怒於直臣，如范儁、姜應麟、孫如法輩，皆一詘不申，賜環無日。此其病在尙氣也。四者之病，膠繞身心，豈藥石所可治？今陛下春秋鼎盛，猶經年不朝，過此以往，更當何如？

孟軻有取於法家拂士，今鄒元標其人也。陛下棄而置之，臣有以得其故矣。元標入朝，必首言聖躬，次及左右。是以明知其賢，忌而弗用。獨不思直臣不利於陛下，不便於左右，深有利於宗社哉。陛下之溺此四者，不曰操生殺之權，人畏之而不敢言，則曰居邃密之地，人莫知而不能言。不知鼓鐘於宮，聲聞於外，幽獨之中，指視所集。且保祿全軀之士可以威權懼之，若懷忠守義者，即鼎鋸何避焉。臣今敢以四箴獻。若陛下肯用臣言，卽立誅臣身，臣雖死猶生也。惟陛下垂察。

酒箴曰：耽彼麴蘖，昕夕不輟，心志內憒，威儀外缺。神禹疏狄，夏治興隆。進藥陛下，醲酺勿崇。

色箴曰：豔彼妖姬，寢興在側，啓寵納侮，爭妍誤國。成湯不邇，享有遐壽。進藥陛下，內嬖勿厚。

財箴曰：競彼鏐鐐，錙銖必盡，公帑稱盈，私家懸罄。武散鹿臺，八百歸心，隋煬剝利，天命難諶。進藥陛下，貨賄勿侵。

氣箴曰：逞彼忿怒，恣睢任情，法尙操切，政釐公平。虞舜溫恭，和以致祥，秦皇暴戾，羣怨孔彰。進藥陛下，舊怨勿藏。

疏入，帝震怒。會歲暮，留其疏十日。所云「十俊」，蓋十小閹也。

明年正旦召見閣臣申時行等於毓德宮，手于仁疏授之。帝自辨甚悉，將置之重典。時行等委曲慰解，見帝意不可回，乃曰：「此疏不可發外，恐外人信以爲眞。願陛下曲賜優容，臣等卽傳諭寺卿，令于仁去位可也。」帝乃頷之。居數日，于仁引疾，遂斥爲民。久之卒。天啓初，贈光祿少卿。

馬經綸，字主一，順天通州人。萬曆十七年進士。除肥城知縣，入爲御史。

二十三年冬，兵部考選軍政。帝謂中有副千戶者，不宜擅署四品職。責部臣徇私，兵科不糾發。降武選郎韓范、都給事中吳文梓雜職。鐫員外郎曾偉芳，主事江中信、程僖、陳楚產，給事中劉仕瞻三秩，調極邊。以御史區大倫、俞价、强思，給事中張同德言事常忤旨，亦鐫三秩。而五城御史夏之臣、朱鳳翔、涂喬遷、時偕行、楊述中籍中官客用家，不稱旨，並謫邊遠典史。又以客用貲財匿崇信伯費甲金家，刑部拷訊無實，謫郎中徐維濂於外。一時嚴旨頻下，且不得千戶主名，舉朝震駭。時東廠太監張誠失帝意。誠家奴錦衣副千戶霍文炳當遷指揮僉事，部臣先已奏請，而帝欲尋端罪言官，遂用是爲罪。旋移怒兩京科道，以爲緘默，命掌印者盡鐫三秩。於是給事中耿隨龍、鄒廷彥、黎道昭、孫羽侯、黃運泰、毛一公，御史李宗延、顧際明、袁可立、綦才、吳禮嘉、王有功、李固本，南京給事中伍文煥、費必興、盧大中，御史柳佐、聶應科、李文熙等十九人俱調外，留者並停俸一年。又令吏部列上職名，再罷御史馮從吾、薛繼茂、王愼德、姚三讓四人。大學士趙志皐、陳于陛、沈一貫及九卿各疏爭，尙書石星請罷職以寬諸臣，皆不納。于陛又特疏申救。帝怒，命降諸人雜職，悉調邊方。尙書孫丕揚等以詔旨轉嚴，再疏乞宥。帝益怒，盡奪職爲民。經綸憤甚，抗疏曰：

頃屢奉嚴旨，斥逐南北言官。臣幸蒙恩，罰俸供職，今日乃臣諫諍之日矣。陛下數年以來，深居靜攝。君臣道否，中外俱抱隱憂。所恃言路諸臣，明目張膽爲國家裁辨邪正，指斥奸雄。雖廟堂處分，未必盡協輿論，而縉紳公議，頗足維持世風，此高廟神靈實鑒佑之。所資臺省耳目之用大矣，陛下何爲一旦自塗其耳目邪？

夫以兵部考察之故，而罪兵科是已。乃因而蔓及於他給事，又波連於諸御史。去者不明署其應得之罪，留者不明署其姑恕之由。雖聖意淵微，未易窺測，而道路傳說，嘖有煩言。陛下年來厭苦言官，動輒罪以瀆擾，今忽變而以箝口罪之。

夫以無言罪言官，言官何辭。臣竊觀陛下所爲罪言官者，猶淺之乎罪言官也。乃言官今日之箝口不言者，有五大罪焉。陛下不郊天有年矣，曾不能援故典排闥以諍，是陷陛下之不敬天者。罪一。陛下不享祖有年矣，曾不能開至誠牽裾以諍，是陷陛下之不敬祖者。罪二。陛下輟朝不御，停講不舉，言官言之而不能卒復之，是陷陛下不能如祖宗之勤政。罪三。陛下去邪不決，任賢不篤，言官言之而不能强得之，是陷陛下不能如祖宗之用人。罪四。陛下好貨成癖，御下少恩，肘腋之間，叢怨蓄變，言官俱慮之，而卒不能批鱗諫止，是陷陛下甘棄初政，而弗獲克終。罪五。言官負此大罪，陛下肯奮然勵精而以五罪罪之，豈不當哉！奈何責之箝口不言者，不於此而於彼也。

日者廷臣交章論救，不惟不肯還職，而且落職爲民。夫諸臣本出草莽，今還初服，亦復何憾。獨念朝廷之過舉不可遂，大臣之忠懇不可拂。陛下不聽閣疏之救，改降級而爲雜職，則輔臣何顏？是自離其腹心也。不聽部疏之救，改雜職而爲編氓，則九卿何顏？是自戕其股肱也。夫君臣一體，元首雖明，亦賴股肱腹心耳目之用。今乃自塞其耳目，自離其腹心，自戕其股肱，陛下將誰與共理天下事乎！

夫人君受命於天，與人臣受命於君一也。言官本無大罪，一旦震怒，罪以失職，無一敢抗命者。既大失人心，必上拂天意。萬一上天震怒，以陛下之不郊不禘、不朝不講、不惜才、不賤貨，咎失人君之職，而赫然降非常之災，不知陛下爾時能抗天命否乎？臣不能抗君，君不能抗天，此理明甚，陛下獨不思自爲社稷計乎？

帝大怒，亦貶三秩，出之外。

經綸旣獲譴，工科都給事中海陽林熙春等上疏曰：「陛下怒言官緘默，斥逐三十餘人，臣等不勝悚懼。今御史經綸慷慨陳言，竊意必溫旨褒嘉，顧亦從貶斥。是以建言罪邪，抑以不言罪邪？臣等不能解也。前所罪者，旣以不言之故，今所罪者又以敢言之故，令臣等安所適從哉。陛下誠以不言爲溺職，則臣等不難進憂危之苦詞；誠以直言爲忤旨，則臣等不難効喑默之成習。但恐廟堂之上，率諂佞取容，非君上之福也。臣等富貴榮辱之念豈與人殊。然寧爲此不爲彼者，毋亦沐二百餘年養士之恩，不負君父，且不負此生耳。陛下奈何深怒痛疾，而折辱至是哉！」帝益怒，謫熙春茶鹽判官，加貶經綸爲典史。熙春遂引疾去。是日，御史定興鹿久徵等亦上疏，請與諸臣同罪，貶澤州判官。二疏列名凡數十人，悉奪俸。

頃之，南京御史東莞林培疏陳時政。帝追怒經綸，竟斥爲民。旣歸，杜門却掃凡十年。卒，門人私謚閒道先生。

培由鄉舉爲新化知縣。縣僻陋，廣置社學敎之。民有死於盜者，不得。禱於神，隨蝴蝶所至獲盜，時驚爲神。徵授南京御史，劾罪誠意伯劉世延，置其爪牙於法。已，上書言徐維濂不當謫；陝西織花絨、購回青擾民，宜罷；湖廣以魚鮓、江南以織造並奪撫按官俸，蘇州通判至以織造故褫官，皆不可訓；幷論及沈思孝等。帝怒，謫福建鹽運知事。告歸，卒。

天啓初，復經綸官，贈太僕少卿。培贈光祿少卿，熙春亦還故職。屢遷大理卿，年老乞罷。時李宗延、柳佐輩咸官於朝，頌其先朝建言事。詔加戶部右侍郎，致仕。

劉綱，邛州人。祖，文恂，孝子。父，應辰，舉鄉試不仕，亦以孝義聞。綱舉萬曆二十三年進士，改庶吉士。二十五年七月上疏曰：

去歲兩宮災，詔示天下，略無禹、湯罪己之誠，文、景蠲租之惠，臣已知天心之未厭矣。比大工肇興，伐木榷稅，採石運甓，遠者萬里，近者亦數百里。小民竭膏血不足供費，絕筋骨不足任勞，鬻妻子不能償貸。加以旱魃爲災，野無青草，人情胥怨，所在如讐。而天不悔禍，三殿復災。五行志曰：「君不思道，厥災燒宮。」陛下試自省，晝之爲、夜之息，思在道乎，不在道乎？

凡敬天法祖，親賢遠奸，寡欲保身，賤貨愼德，俱謂之道，反是非道矣。陛下比年以來，簡禋祀，罷朝講，棄股肱，閿耳目，斷地脈，忽天象，君臣有數載之隔，堂陛若萬里而遙。陛下深居靜攝，所爲祈天永命者何狀，卽外廷有不知，上天寧不見邪？今日之災，其應以類，天若曰：皇之不極，於誰會歸，何以門爲？朝儀久曠，於誰禀仰，何以殿爲？元宰素餐，有汚政地，何以閣爲？其所以示警戒，勸更新者，至深切矣。尙可因循玩愒，重怒上帝哉！

臣聞五行之性，忌積喜暢。積者，災之伏也，請冒死而言積之狀。皇長子冠婚、册立久未舉行，是曰積典。大小臣僚以職事請，强半不報，是曰積牘。外之司府有官無人，是曰積缺。罪斥諸臣，概不錄敍，是曰積才。閫外有揚帆之醜，中原起揭竿之徒，是曰積寇。守邊治河，諸臣虛詞罔上，恬不爲怪，是曰積玩。諸所爲積，陛下不能以明斷決，元輔趙志皐不能以去就爭，天應隨之，毫髮不爽。陛下何不召九卿、臺諫面議得失，見兔顧犬，未爲晚也。若必專任志皐，處堂相安，小之隳政事而羞士類，大之叢民怨而益天怒。天下大計奈何以此匪人當之！此不可令闕白諸曾聞也。

帝得疏，恚甚，將罪之。以方譴殿災，留中不報。

已而授編修。居二年，京察。坐浮躁，調外任，遂歸。明年卒。故事，翰林與政府聲氣相屬。綱直攻志皐短，故嗛之不置，假察典中之。明世以庶吉士專疏建言者，前惟鄒智，後則劉之綸與綱，並四川人。

戴士衡，字章尹，莆田人。萬曆十七年進士。除新建知縣，擢吏科給事中。

薊州總兵官王保濫殺南兵，士衡極論其罪。已，請亟補言官，劾石星誤國大罪五。山東稅使陳增請假便宜得舉刺將吏，淮揚魯保亦請節制有司，士衡力爭。仁聖太后梓宮發引，帝不親送，士衡言：「母子至情，送死大事，奈何於內庭數武地，靳一舉足勞。今山陵竣事，願陛下扶杖出迎神主，庶少慰聖母之靈，答臣民之望。」錦衣千戶鄭一麟奏開昌平銀礦。士衡以地逼天壽山，抗疏爭。皆不報。

二十五年正月極陳天下大計，言：「方今事勢不可知者三：天意也，人心也，氣運也。大可慮者五：紀綱廢弛也，戎狄侵陵也，根本動搖也，武備疎略也，府藏殫竭也。其切要而當亟正者一，則君心也。陛下高拱九重，目不睹師保之容，耳不聞丞弼之議，美麗當前，燕惰自佚，即欲殫聰明以計安社稷，其道無由。誠宜時御便殿，召執政大臣講求化理，則心淸欲寡，政事自修。」亦不報。

日本封事敗，再劾星及沈惟敬、楊方亨，且列上防倭八事。多議行。俄劾南京工部尚書葉夢熊、刑部侍郎呂坤、薊遼總督孫鑛及通政參議李宜春。時鑛已罷，宜春自引歸，坤亦以直諫去。給事中劉道亨右坤，力詆士衡，謂其受大學士張位指。士衡亦劾道亨與星同鄉，爲星報復。帝以言官互爭，皆報寢。尋劾罷文選郎中白所知。

帝惡吏部郞，貶黜者二十二人，因詰責吏科朋比。都給事中劉爲楫、楊廷蘭、張正學、林應元及士衡俱引罪。詔貶爲楫一秩，與廷蘭等並調外。士衡得蘄州判官。無何，詔改遠方，乃授陝西鹽課副提舉。未赴，會憂危竑議起，竟坐遣戍。

先是，士衡再劾坤，謂潛進閨範圖說，結納宮闈，因請舉册立、冠婚諸禮。帝不悅。至是有跋閨範後者，名曰憂危竑議，誣坤與貴妃從父鄭承恩、戶部侍郎張養蒙、山西巡撫魏允貞、吏科給事中程紹、吏部員外郎鄧光祚及道亨、所知等同盟結納，羽翼貴妃子。承恩大懼。以坤、道亨、所知故與士衡有隙，而全椒知縣樊玉衡方上疏言國本，指斥貴妃，遂妄指士衡實爲之，玉衡與其謀。帝震怒，貴妃復泣訴不已，夜半傳旨逮下詔獄拷訊。比明，命永戍士衡廉州、玉衡雷州。御史趙之翰復言：「是書非出一人，主謀者張位，奉行者士衡，同謀者右都御史徐作、禮部侍郎劉楚先、國子祭酒劉應秋、故給事中楊廷蘭、禮部主事萬建崑也。諸臣皆位心腹爪牙，宜幷斥。」帝入其言，下之部院。時位已落職閒住，署事侍郎裴應章、副都御史郭惟賢力爲作等解，不聽。奪楚先、作官，出應秋於外，廷蘭、建崑謫邊方，應章等復論救。帝不悅，斥位爲民。

士衡等再更赦，皆不原。四十五年，士衡卒於戍所。巡按御史田生金請脫其戍籍，釋玉衡生還，帝不許。天啓中，贈太僕少卿。

曹學程，字希明，全州人。萬曆十一年進士。歷知石首、海寧。治行最，擢御史。帝命將援朝鮮。已而兵部尚書石星聽沈惟敬言，力請封貢。乃以李宗城、楊方亨爲正副使，往行册封禮。未至日本，而惟敬言漸不售，宗城先逃歸。帝復惑星言，欲遣給事中一人充使，因察視情實。學程抗疏言：「邇者封事大壞，而方亨之揭，謂封事有緒。星、方亨表裏應和，不足倚信。爲今日計，遣科臣往勘則可，往封則不可。石星很很自用，趙志皐碌碌依違，東事之潰裂，元輔、樞臣俱不得辭其責。」

初，朝鮮甫陷，御史郭實論經略宋應昌不足任，幷陳七不可。帝以實沮撓，謫懷仁典史。後已遷刑部主事。會封貢議旣罷，而朝鮮復懇請之。帝乃追怒前主議者，以實倡首，斥爲民。幷敕石星盡錄異議者名，將大譴責。志皐等力解乃已。及遣使不得要領，因欲別遣，已而罷之，卽以方亨爲正使矣。而學程方督畿輔屯田，不知也。疏入，帝大怒，謂有暗囑關節，逮下錦衣衞嚴訊。搒掠無所得，移刑部定罪。尙書蕭大亨請宥，帝不許，命坐逆臣失節罪斬。刑科給事中侯廷佩等訟其冤。志皐及陳于陛、沈一貫言尤切，皆不納。自是救者不絕，多言其母年九十餘，哭子待斃。帝卒弗聽，數遇赦亦不原。

其子正儒，朝夕不離犴狴。見父憔悴骨立，嘔血仆地，久之乃甦，因刺血書奏乞代父死，終不省。三十四年九月始用朱賡言，謫戍湖廣寧遠衞。久之，放歸，卒。天啓初，贈太僕少卿。崇禎時，旌正儒爲孝子。

郭實，字伯華，高邑人。萬曆十一年進士。授朝邑知縣，選授御史。御史王麟趾劾湖廣巡撫秦燿結政府狀，謫徐溝丞。實復劾燿，燿乃罷。比去任，侵贓贖銀鉅萬，爲衡州同知沈鈇所發，下吏戍邊。故事，撫按贓贖率貯州縣爲公費，自燿及都御史李采菲，御史沈汝梁、祝大舟咸以自潤敗。自是率預滅其籍，無可稽矣。實以論朝鮮事黜。久之，封貢不成，星下吏。給事中侯廷佩請還實官，不許。家居十五年，起南京刑部主事，終大理右寺丞。

翁憲祥，字兆隆，常熟人。萬曆二十年進士。爲鄞縣知縣。課最，入爲禮科給事中。以憂去。

補吏科，疏陳銓政五事。其一論掣籤法，言：「使盡付之無心，則天官之職一吏可代。苟爲不然，則地本預擬，何必於大廷中爲掩飾之術。請亟停罷。」時不能從。故事，正郎不奉使，撫按必俟代，至是多反之。而江西巡撫許弘綱以父憂徑歸，廣西巡撫楊芳亦以憂乞免代，憲祥極言非制。弘綱貶官，芳亦被責。言者詆朱賡、李廷機輒被譴，憲祥疏論。已，劾雲南巡撫陳用賓、兩廣總督戴燿，並不報。

是時大僚多缺。而侍郎楊時喬、楊道賓旬日間相繼物故，吏、禮二部長貳遂無一人。

兵部止一尚書，養痾不出。戶、刑、工三部暨都察院堂上官，俱以人言註籍。通政大理亦無見官。憲祥言九卿俱曠，甚傷國體。因陳補缺官、起遺佚數事，報聞。

屢遷刑科都給事中。吏部尚書孫丕揚、副都御史許弘綱以考察爲言路所攻，求去。憲祥言：「一時賢者，直道難容，相率引避。國是如此，可爲寒心。」旣而軍政拾遺，疏爲錦衣都督王之楨所撓，久不下。罪人陳用賓等已論死，疏亦留中。憲祥皆抗章論駁。知縣滿朝薦、李嗣善，同知王邦才，以忤稅使繫獄，力請釋之。會冬至停決囚，復請推緩刑德意，宥纍臣、矜楚獄。帝皆不報。

尋調吏科。四十一年命輔臣葉向高典會試，給事中曾六德以論救被察官坐貶，旨皆從內出。憲祥力諫。中官黃勳、趙祿、李朝用、胡濱等不法，亦連疏彈劾。久之，擢太常少卿。居數年卒。

徐大相，字覺斯，江西安義人。萬曆四十四年進士。授東昌推官。改武學教授，稍遷國子博士。四十七年九月朔，百僚將早朝，司禮中官盧受傳免。衆趨出，受從後姍侮。大相憤，歸草二疏。一論遼左事，一論受奸邪。時接疏者卽受也。見遼事疏曰：「此小臣，亦敢言事。」及帝閱第二疏，顧受曰：「此卽論汝罪者。」受錯愕，叩頭流血請罪，曰：「奴當死。」疏乃留中。是日，南京國子學錄喬拱璧亦疏劾受，不報。明年遷兵部主事。

天啓二年調吏部稽勳主事，移考功。明年進驗封員外郎。進士薛邦瑞爲其祖蕙請謚，大相與尚書張問達議如其請。熹宗方惡卹典冗濫，鐫大相三秩，出之外。問達等引罪，不問。大學士葉向高、都御史趙南星等連疏救，乃改鐫二秩。大相方候命，羣奄黨受者數十輩，持梃譟於門。比搜大相槖，止俸金七十兩，乃鬨然散。家居，杜門讀書，里人罕見其面。

崇禎元年起故官。俄改考功，遷驗封郎中。歷考功、文選。奏陳遵明旨、疏淹滯、破請託、肅官評、正選規、重掌篆、崇禮讓、勵氣節、抑僥倖、嚴吏弊十事，帝卽命飭行。故尚書孫丕揚等二十六人爲魏忠賢削奪，大相請復其官，帝不許。旋以起廢忤旨，貶秩視事。給事中杜三策言大相端廉，起廢協輿論，不當譴，不聽。父憂歸，卒於家。

贊曰：神宗中年，德荒政圮。懷忠發憤之士，宜其激昂抗詞以匡君失。然納諫有方，務將以誠意。絞訐摩上，君子弗爲。謂其忠厚之意薄，而衒沽之情勝也。雒于仁、馬經綸詆譏譙讓，幾爲儕偶所不能堪矣。聖人取諷諫，意者殆不如是乎？

校勘記

〔一〕帝集內豎三千人　三千人，本書卷二二二及明史稿傳一〇〇張學顏傳都作「二千人」。

〔二〕一旦使執銳衣堅　一旦，原作「一日」，據明史稿傳一〇九盧洪春傳附董基傳改。

明史卷二百三十五

列傳第一百二十三

王汝訓　余懋學　張養蒙　孟一脈　何士晉陸大受 張庭 李倖　王德完　蔣允儀　鄒維璉吳羽文

王汝訓，字古師，聊城人。隆慶五年進士。除元城知縣。萬曆初，入爲刑部主事。改兵部，累遷光祿少卿。吏科都給事中海寧陳與郊者，大學士王錫爵門生，又附申時行，恣甚。汝訓抗疏數其罪，言：「與郊今日薦巡撫，明日薦監司。每疏一出，受賄狠籍。部曹吳正志一發其奸，身投荒徼。吏部尚書楊巍亦嘗語侍郎趙煥，謂爲小人。乞速罷譴。且科道以言爲職，乃默默者顯，諤諤者絀。直犯乘輿，屢荷優容。稍涉當塗，旋遭擯斥。言官不難於批鱗，而難於借劍，此何爲也？天下惟公足以服人。今言者不論是非，被言者不論邪正，模棱兩可，曲事調停，而曰務存大體。是懲議論之紛紜，而反致政體之決裂也。乞特敕吏部，自後遷轉科道，毋惡異喜同，毋好諛醜正。」是時，巍以政府故，方厚與郊。聞汝訓言引己且刺之，大恚，言：「臣未嘗詆與郊。汝訓以寺臣攻言路，正決裂政體之大者。」乃調汝訓南京。頃之，御史王明復劾與郊幷及巍，詔奪明俸，擢與郊太常少卿。都人爲之語曰：「欲京堂，須彈章。」與郊尋以憂去。後御史張應揚追劾其交通文選郎劉希孟，考選納賄，並免官。未幾，其子殺人論死，與郊悒悒卒。

汝訓入爲太常少卿。孟秋饗廟，帝不親行。汝訓極諫。帝愠甚，以其言直，不罪也。尋進太僕卿，調光祿。汝訓先爲少卿，寺中歲費二十萬，至是濫增四萬有奇。汝訓據會典，請盡裁內府冗食，不許。

二十二年改左僉都御史。旋進右副都御史，巡撫浙江。汝訓性清介，方嚴疾惡。巡按御史南昌彭應參亦雅以强直名，相與力鋤豪右。烏程故尚書董份、祭酒范應期里居不法，汝訓將繩之。適應參行部至，應期怨家千人遮道陳牒。應參持之急，檄烏程知縣張應望按之。應期自縊死，其妻吳氏詣闕愬冤。帝命逮應參、應望詔獄，革汝訓職，詰吏部都察院任用非人。尚書孫丕揚、都御史衷貞吉等引罪，且論救。帝意未釋，謫救應參者給事中喬胤等於外。言官訟汝訓、應參亦及胤，帝愈怒。疏入，輒重胤譴，至除名，而謫應望戍烟瘴，應參爲民。

汝訓家居十五年，起南京刑部右侍郎。召改工部，署部事。初，礦稅興，以助大工爲名。後悉輸內帑，不以供營繕。而四方採木之需多至千萬，費益不訾。汝訓屢請發帑佐工，皆不報。在部歲餘，力清夙弊。中官請乞，輒執奏不予，節冗費數萬。卒，贈工部尚書，謚恭介。

余懋學，字行之，婺源人。隆慶二年進士。授撫州推官，擢南京戶科給事中。萬曆初，張居正當國，進白燕白蓮頌。懋學以帝方憂旱，下詔罪己，與百官圖修禳。而居正顧獻瑞，非大臣誼，抗疏論之。已，論南京守備太監申信不法，帝爲罷信。久之，陳崇惇大、親謇諤、慎名器、戒紛更、防佞諛五事。時居正方務綜覈，而懋學疏與之忤，斥爲民，永不敍錄。居正死，起懋學故官，奏奪成國公朱希忠王爵，請召還光祿少卿岳相、給事中魏時亮等十八人。帝俱報可。尋擢南京尚寶卿。

十三年，御史李植、江東之等以言事忤執政。同官蔡系周、孫愈賢希執政指，紛然攻訐，懋學上言：

諸臣之不能容植等，一則以科場不能無私，而惡植等之訐發；一則以往者常保留居正，而忌吳中行、沈思孝等之召用。二疑交於中，故百炻發於外也。夫威福自上，則主勢尊。植等三臣，陛下所親擢者也，乃舉朝臣工百計排之；假令政府欲用一人，諸臣敢力挫之乎？臣謹以臣工之十蠹爲陛下言之。

今執政大臣一政之善輒矜贊導之功，一事之失輒諉挽回之難，是爲誣上。其蠹一。

進用一人，執政則曰我所注意也，冢宰則曰我所推轂也，選郎則曰我所登用也。受爵公朝，拜恩私室，是爲招權。其蠹二。

陛下天縱聖明，猶虛懷納諫。乃二三大僚，稍有規正，輒奮袂而起，惡聲相加，是爲諱疾。其蠹三。

中外臣工，率探政府意向，而不恤公論。論人則毁譽視其愛憎，行政則擧置徇其喜怒，是爲承望。其蠹四。

君子立身，和而不同。今當路意有所主，則羣相附和，敢於抗天子，而難於違大臣，是爲雷同。其蠹五。

我國家諫無專官，今他曹稍有建白，不曰出位，則曰沽名，沮忠直之心，長壅蔽之漸，是爲阻抑。其蠹六。

自張居正蒙蔽主聽，道路以目，今餘風未殄，欺罔日滋。如潘季馴之斥，大快人心，而猶累牘連章爲之申雪，是爲欺罔。其蠹七。

近中外臣僚或大臣交攻，或言官相訐，始以自用之私，終之好勝之習。好勝不已，必致忿爭，忿爭不已，必致黨比。唐之牛、李，宋之洛、蜀，其初豈不由一言之相失哉？是爲競勝。其蠹八。

佞諛成風，日以寖甚。言及大臣，則等之伊、傅；言及邊帥，則擬以方、召；言及中官，則誇呂、張復出；言及外吏，則頌卓、魯重生。非藉結歡，即因邀賂，是爲佞諛。其蠹九。

國家設官，各有常職。近兩京大臣務建白以爲名高，侵職掌而聽民訟。長告訐之風，失具瞻之體，是爲乖戾。其蠹十也。

懋學夙以直節著稱，其摘季馴不無過當。然所言好勝之弊，必成朋黨，後果如其言。累遷南京戶部右侍郎，總理漕儲。疏白程任卿、江時之冤，二人遂得釋。二十一年以拾遺論罷。卒，贈工部尚書。天啓初，追謚恭穆。

張養蒙，字泰亨，澤州人。萬曆五年進士。選庶吉士，歷吏科左給事中。少負才名，明習天下事。居言職，慷慨好建白。以南北多水旱，條上治奸民、恤流民、愛富民三事，帝嘉納之。錦衣都指揮羅秀營僉書，兵部尚書王遴格不行，失歡權要而去，秀竟夤緣得之。養蒙疏發其狀，事具遴傳。御史高維崧等言事被謫，養蒙偕同官論救，復特疏訟之。忤旨，奪俸。尋遷工科都給事中。都御史潘季馴奏報河工，養蒙上言曰：「二十年來，河幾告患矣。當其決，隨議塞，當其淤，隨議濬，事竣輒論功。夫淤決則委之天災而不任其咎，濬塞則歸之人事而共蒙其賞。及報成未久，懼有後虞，急求謝事，而繼者復告患矣。其故皆由不久任也。夫官不久任，其弊有三：後先異時也，人已異見也，功罪難執也。請倣邊臣例，增秩久任，斯職守專而可責成功。」帝深然之。

有詔潞安進綢二千四百匹。未幾，復命增五千。養蒙率同官力爭，且曰：「從來傳奉織造，具題者內臣，擬旨者閣臣，抄發者科臣。今徑下部，非祖制。」不從。出爲河南右參政。尋召爲太僕少卿，四遷左副都御史。

二十四年極諫時政闕失，言：

邇來殿廷希御，上下不交。或疑外臣不可盡信，或疑外事未可盡從。君臣相猜，政事積廢。致市猾得以揣意旨，左右得以播威權。惟利是聞，禍將胡底。謹以三輕二重之弊爲陛下陳之。

一、部院之體漸輕。或虛其位而不補，或用其人而不任。如冬官一曹，亞卿專署，已爲異事，乃冢宰何官，數月虛位。法司議劉世延罪，竟爾留中，主事劉冠南疏入卽發。何小臣聽而大臣不聽，單疏下而公疏不下哉！以至戶曹三疏諫開礦，臣院九疏催行取，皆置不報。議大事則十疏而九不行，遇廷推則十人而九不用。夫大臣師表百僚，奈何輕之至此。

一、科道之職漸輕。五科都給事中久虛不補，御史曹學程一繫不釋，考選臺諫，屢請屢格，乃至服闋補任，亦皆廢閣。是不欲言路之充也。夫政無缺失，何憚人言。徒使唯諾風成，謇諤意絕，國是將何定乎？

一、撫按之任漸輕。如開礦一事，撫按有言，咸蒙切責。於是鄭一麟以千戶而妄劾李盛春。〔一〕夫閹人、武弁得以制巡撫之命，紀綱不倒置乎？一璫得志，諸璫效尤，撫按斂手，何有於監司？從此陛下之赤子將無人拊循矣。

一、進獻之途漸重。下僚捐俸，儒士獻貲，名爲助工，實懷覬幸。甚者百戶王守仁以謀復世爵，妄搆楚府，而使陛下恩薄於懿親；主簿張以述以求復舊秩，妄獻白鹿，而使陛下德損於玩物。部臣糾之不聽，言官糾之不聽，業已明示好惡，大開受獻之門。

將見媢子宵人投袂競起，今日獻靈瑞，明日貢珍奇，究使敗節文官、僨軍武帥，憑藉錢神，邀求故物，不至如嘉靖末年之濁亂不止也。

一、內差之勢漸重。中使紛然四出，乞請之章無日不上，批答之旨無言不溫。左右藉武弁以營差，武弁藉左右以網利，共搆狂言，誑惑天聽。陛下方厭外臣沮撓，謂欲辦家事，必賴家奴，於是有言無不立聽。豈武弁皆急君，而朝紳盡誤國乎？今奸宄實繁有徒。採礦不已，必及採珠；皇店不止，漸及皇莊。繼而營市舶，繼而復鎮守，內可以謀坐營，外可以謀監軍。正德敝風，其鑒不遠。

凡此三輕一重，勢每相因，德與財不並立，中與外不兩勝，惟陛下早見而速圖之。

不報。

又明年六月，兩宮三殿繼災。養蒙復上疏曰：「近日之災，前古未有。自非君臣交儆，痛革敝風，恐虛文相謾，大禍必至。臣請陛下躬謁郊廟，以謝嚴譴；立御便殿，以通物情；早建國本，以繫人心；停銀礦、皇店之役，杜四海亂階；減宦官宮妾之刑，弭蕭牆隱禍。然此皆應天實事，猶非應天實心也。罪己不如正己，格事不如格心。陛下平日成心有四。一曰好逸。朝享倦於躬臨，章奏倦於省覽。古帝王乾健不息，似不如此。一曰好疑。疑及近侍，則左右莫必其生；疑及外庭，則僚宷不安於位。究且謀以疑敗，奸以疑容。古帝王至誠馭物，似不如此。一曰好勝。奮厲威嚴以震羣工，喜諂諛而惡鯁直，厭封駁而樂順從。古帝王予違汝弼，似不如此。一曰好貨。以聚斂爲奉公，以投獻爲盡節。古帝王四海爲家，似不如此。願陛下戒此四者，亟圖更張，庶天意可回，國祚可保。」帝亦不省。

尋遷戶部右侍郎。時再用師朝鮮，命養蒙督餉。事寧，予一子官。三十年，尚書陳蕖稱疾乞罷。詔養蒙署事。會養蒙亦有疾在告，固辭。給事中夏子陽劾其托疾，遂罷歸。卒於家。天啓初，賜諡毅敏。

孟一脈，字淑孔，東阿人。隆慶五年進士。爲平遙知縣。以廉能擢南京御史。萬曆六年五月上言：「近上兩宮徽號，覃恩內外，獨御史傅應禎，進士鄒元標，部郎艾穆、沈思孝，投荒萬里，遠絕親闈，非所以廣錫類溥仁施也。」疏入，忤張居正，黜爲民。

居正死，起故官，疏陳五事，言：

近再選宮女至九十七人，急徵一時，輦下甚擾。一也。

中外章奏，宜下部臣議覆，閣臣擬旨，脫有不當，臺諫得糾駁之。今乃不任臣工，顓取宸斷，明旨一出，臣下莫敢犯顏。二也。

士習邪正，繫世道汚隆。今廉恥日喪，營求苟且。亟宜更化救弊，先實行而後才華。三也。

東南財賦之區，靡於淫巧，民力竭矣，非陛下有以倡之乎？數年以來，御用不給。今日取之光祿，明日取之太僕，浮梁之磁，南海之珠，玩好之奇，器用之巧，日新月異。遇聖節則有壽服，元宵則有燈服，端陽則有五毒吉服，年例則有歲進龍服。以至覃恩錫賚，小大畢霑；謁陵犒賜，耗費鉅萬。錙銖取之，泥沙用之。於是民間習爲麗侈，窮耳目之好，竭工藝之能，不知紀極。夫中人得十金，卽足供終歲之用。今一物而常兼中人數家之產。或刻沉檀，鏤犀象，以珠寶金玉飾之。周鼎、商彝、秦鉈、漢鑑，皆搜求於海內。窮歲月之力，專一器之工；罄生平之貲，取一盼之適。殊不知財賄易盡，嗜欲無窮。陛下誠能恭儉節約以先天下，禁彼浮淫，還之貞樸，則財用自裕，而風俗亦淳。四也。

邊疆之臣，日弛戎備，上下蒙蔽，莫以實聞。由邊臣相繼爲本兵，題覆處分，盡在其口。言出而中傷隨之，誰肯爲無益之談，自取禍敗哉？漁夫舍餌以得魚，未聞以餌養魚者也。今以中國之文帛綺繡爲蕃戎常服，雖曰貢市，實則媚之。邊臣假貢市以賂戎，戎人肆剽竊而要我。彼此相欺，以誑君父。幸其不來，來則莫禦。所謂以餌養魚者也。請明詔樞臣，洗心易慮。戰守之備，一一講求，付之邊臣。使將識敵情，兵識將意，庶乎臂指如意，國可無虞。五也。

疏入，忤旨，謫建昌推官。屢遷南京右通政。移疾歸。四十一年，起右僉都御史，巡撫南、贛。居三年，廷推左副都御史。未得命，給事中官應震論其縱子驕恣。疏雖留中，一脈竟引疾去。年八十一卒。

一脈初以直諫著聲。晚膺節鉞，年力已衰，不克有所表樹云。

何士晉，字武莪，宜興人。父其孝，得士晉晚。族子利其貲，結黨致之死。繼母吳氏匿士晉外家。讀書稍懈，母輒示以父血衣。士晉感厲，與人言，未嘗有笑容。

萬曆二十六年舉進士。持血衣愬之官，罪人皆抵法。初授寧波推官，擢工科給事中。首疏請通章奏，緩聚斂。俄言：「衰職有闕，廷臣言雖逆耳，每荷優容。獨論及輔臣，必欲借主威以洩憤。是陛下負拒諫之名，輔臣收固寵之實，天下所以積憤輔臣而不能平也。如孫鑛、郭子章、戴燿、沈子木，宜舍不舍，公論乖違，輔臣賡安得不任其咎？」無何，劾左都督王之楨久掌錦衣，〔三〕爲內閣爪牙，中樞心腹。又劾大學士王錫爵逢君賊善，召命宜停；戶部尙書趙世卿誤國，無大臣體。已，復言：「朝端大政，宜及今早行者，在放輔臣以清政地，罷大臣被論者以伸公議。斥王之楨以絕禍源，釋卞孔時、王邦才等以蘇冤獄。」

初，皇長孫生，有詔起廢，列上二百餘人。閱三年，止用顧憲成等四人。士晉請大起廢籍。瑞王將婚，詔典禮視福王，費當十九萬。初，帝弟潞王婚費不及其半，士晉請視潞王。帝將崇奉太后，詔建靈應宮，士晉以非禮力爭，且曰：「聖母所注念者東宮出講，諸王早婚，與遺賢之登進也，乃諸臣屢請不應。而不時內降者，非中貴之營求，卽鬼神之香火，何也？」帝皆不省。

未幾，有張差梃擊之事。王之寀鉤得差供，帝遷延不決，士晉三上疏趣之。當是時，變起非常，中外咸疑謀出鄭國泰，然無敢直犯其鋒者。郎中陸大受稍及之，國泰大懼，急出揭自明，人言益籍籍。士晉乃抗疏曰：

陛下與東宮，情親父子，勢共安危，豈有禍逼蕭牆，不少動念者。候命踰期，旁疑轉棘。竊詳大受之疏，未嘗實指國泰主謀，何張皇自疑乃爾？因其自疑，人益不能無疑，然人之疑國泰，不自今日始也。陛下試問國泰，三王之議何由起？閨範之序何由進？妖書之毒何由搆？此基禍之疑也。孟養浩等何由杖？戴士衡等何由戍？王德完等何由錮？此挑激之疑也。南宗順，刑餘也，而陰募死士千人，謂何？順義王，外寇也，而各宮門守以重兵，謂何？王曰乾，逆徒也，而疏中先有龐保、劉成名姓，謂何？此不執之疑也。三者積疑至今日，忽有張差一事，正與往者舉措相符，安得令人不疑！且今日之疑國泰，又非張差一事已也。恐騎虎難下，駭鹿走險，一擊不效，別有陰謀。陛下不急護東宮，則東宮爲孤注。萬一東宮失護，而陛下又轉爲孤注矣。

國泰欲釋人疑，惟明告貴妃，力求陛下速執保、成下吏。如果國泰主謀，是乾坤之大逆，九廟之罪人，非但貴妃不能庇，卽陛下亦不能庇也。借劍尙方，請自臣始。或別有主謀，無與國泰事，請令國泰自任，凡皇太子、皇長孫起居悉屬國泰保護，稍有疎虞，罪卽坐之，則臣與在廷諸臣亦願陛下保全國泰身，無替恩禮。若國泰畏有連引，預熒惑聖聰，久稽廷訊，或潛散黨與，俾之遠逃，或陰斃張差，以冀滅口，則罪愈不容誅矣。惟聖明裁察。

疏入，帝大怒，欲罪之。念事已有跡，恐益致人言。而吏部先以士晉爲東林黨，擬出爲浙江僉事，候命三年未下。至是，帝急簡部疏，命如前擬。吏部言闕官已補，請改命。帝不許，命調前補者。吏部又以士晉積資已深，秩當參議。帝怒，切責尙書，奪郎中以下俸。士晉之官四年，移廣西參議。光宗立，擢尙寶少卿，遷太僕。

天啓二年以右僉都御史巡撫廣西。安南入犯，督將吏屢擊却之。四年擢兵部右侍郎，總督兩廣軍務，兼巡撫廣東。明年四月，魏忠賢大熾，爭梃擊者率獲罪。御史田景新希旨，誣叛臣安邦彥賄士晉十萬金，阻援兵。遂除士晉名，徵賄助餉。士晉憤鬱而卒。有司徵贓急，家人但輸數百金，產已罄。會莊烈帝立，獲免，復官賜恤。

陸大受，字凝遠，武進人。萬曆三十五年進士。授行人，屢遷戶部郎中。福王將之國，詔賜莊田四萬頃。大受請大減田額，因劾鄭國泰驕恣亂法狀，疏留中。王之寀發張差事，大受抗疏言：「青宮何地，張差何人，敢白晝持梃直犯儲蹕，此乾坤何等時耶！業承一內官，何以不知其名？業承一大第，何以不知其所？彼三老、三太互相表裏，而霸州武舉高順寧者，今皆匿於何地？奈何不嚴竟而速斷耶？」〔三〕戶部主事蒲州張庭者，大受同年生也，亦上言：「奸人突入大內，狙擊青宮，陛下宜何如震怒，立窮主謀。乃廷臣交章，一無批答，何也？君側藏奸，上下蒙蔽，皆由陛下精神偏注，皇太子召見甚稀，而前此冊立、選婚及近時東宮出講、郭妃卜葬諸事，陛下皆弗勝遲回，强而後可。彼宦寺者安得不妄生測度，陰蓄不逞，以僥倖於萬一哉！」皆不報。

大受尋出為撫州知府，以清潔著聞。居二年，徐紹吉、韓浚以京察奪其官。庭再遷郎中，被齮齕。引退，抑鬱以死。

又有聞喜李俸者，爲刑部郎中。當諸司會鞫時，張差語涉逆謀，郎中胡士相等相顧不敢錄。俸力爭，乃得入獄詞，遂爲鄭氏黨所惡。及遷鳳翔知府，諸黨人以言懾之，竟不敢之任。後復中以京察，卒於家。

天啓初，御史張愼言、方震孺、魏光緒、楊新期交章訟三人冤。乃贈庭、俸光祿寺少卿，大受起補韶州。已，都御史高攀龍請加庭、俸廕謚，不果。大受未幾卒。

王德完，字子醇，廣安人。萬曆十四年進士。選庶吉士，改兵科給事中。西陲失事，德完言：「諸邊歲糜餉數百萬，而士氣日衰，戎備日廢者，以三蠹未除，二策未審也。何爲三蠹？一曰欺，邊吏罔上也。二曰徇，市賞增額也。三曰虛，邊防鮮實也。何謂二策？有目前之策，有經久之策。謹守誓盟，苟免搏噬，此計在目前。大修戰具，令賊不敢窺邊，則百年可保無事，此計在經久。今經略鄭洛主款，巡撫葉夢熊又言戰，邊臣不協，安望成功。」帝爲飭二臣。石星爲本兵，德完上十議以規時，帝納之。已，請裁李成梁父子權，劾褫黔國公沐昌祚冠服，罷巡撫朱孟震、賈待問、郭四維，少卿楊四知、趙卿。又發廣東總督劉繼文、總兵官李棟等冒功罪。半歲章數十上，率軍國大計。

累遷戶科都給事中。上籌畫邊餉議，言：「諸邊歲例，弘、正間止四十三萬，至嘉靖則二百七十餘萬，而今則三百八十餘萬。惟力行節儉，足以補救。蓋耗蠹之弊，外易剔而內難除。宜嚴敕內府諸庫，汰其不急。又加意屯田、鹽法，外開其源，而內節其流，庶幾國用可足。」時弗能用。倭寇久躪朝鮮，再議封貢。德完言：「封則必貢，貢則必市，是沈惟敬誤經略，經略誤總督，總督誤本兵，本兵誤朝廷也。」後封果不成。德完尋以疾歸。

二十八年起任工科。極陳四川採木、榷稅及播州用兵之患。又言三殿未營，不宜復興玄殿、龍舟之役。皆不報。已，劾湖廣稅使陳奉四大罪。再疏極論，謂奉必激變。奉果爲楚人所攻，僅以身免。尋因禱雨言：「今出虎兕以噬羣黎，縱盜賊而呑赤子，幽憤沉結，叩訴無從，故雨澤緣天怒而屯，螟螣因人妖而出。願盡撤礦稅之使，釋逮繫之臣，省愆贖過，用弭災變。」不報。四川妖人韓應龍奏請榷鹽、採木。尋甸知府蔡如川、趙州知州甘學書，以忤稅使被逮。德完皆力爭。復劾山東稅使陳增、畿輔稅使王虎罪。不報。

已極陳國計匱乏，言：「近歲寧夏用兵，費百八十餘萬；朝鮮之役，七百八十餘萬；播州之役，二百餘萬。今皇長子及諸王子冊封、冠婚至九百三十四萬，而袍服之費復二百七十餘萬，冗費如此，國何以支？」因請減織造，止營建，亟完殿工，停買珠寶，愼重採辦，大發內帑，語極切至。帝亦不省。

時帝寵鄭貴妃，疎皇后及皇長子。皇長子生母王恭妃幾殆，而皇后亦多疾。左右多竊意后崩，貴妃即正中宮位，其子爲太子。中允黃輝，皇長子講官也，從內侍微探得其狀，謂德完曰：「此國家大事，旦夕不測，書之史冊，謂朝廷無人。」德完乃屬輝具草。十月上疏言：「道路喧傳，謂中宮役使僅數人，伊鬱致疾，阽危弗自保，臣不勝驚疑。宮禁嚴秘，虛實未審。臣即愚昧，決知其不然。第臺諫之官得風聞言事。果中宮不得於陛下以致疾歟？則子於父母之怒，當號泣幾諫。果陛下眷遇中宮有加無替歟？則子於父母之謗，當昭雪辨明。衡是兩端，皆難緘默。敢效漢朝袁盎却坐之議，陳其愚誠。」疏入，帝震怒，立下詔獄拷訊。尙書李戴、御史周盤等連疏論救。忤旨，切責，御史奪俸有差。大學士沈一貫力疾草奏爲德完解，帝亦不釋。旋廷杖百，除其名。復傳諭廷臣：「諸臣爲皇長子耶，抑爲德完耶？如爲皇長子，愼無擾瀆。必欲爲德完，則再遲冊立一歲。」廷臣乃不復言。然帝自是懼外廷議論，眷禮中宮，始終無間矣。

光宗立，召爲太常少卿。俄擢左僉都御史。天啓元年，京師獲間諜，詞連司禮中官盧受。德完請出受南京。

初，德完直聲震天下。及居大僚，持論每與鄒元標等異。楊鎬、李如楨喪師論死，〔四〕廷臣急欲誅之。德完乃上疏請酌公論，或遣戍立功，或即時正辟，蓋設兩途以俟帝寬之。

且因薦順天府丞邵輔忠、通政參議吳殿邦，以兩人嘗力攻李三才也。疏出，果寬鎬等。於是給事中魏大中再疏論之，德完亦力辨。帝爲詰責大中，事乃已。

德完尋進戶部右侍郎。給事中朱欽相、倪思輝言事獲罪，疏救之。明年，遷左。亡何卒官。其後，輔忠、殿邦以黨逆敗，僉爲德完惜之。

蔣允儀，字聞韶，宜興人。萬曆四十四年進士。授桐鄉知縣，移嘉興。

天啓二年擢御史。時廣寧已失，熊廷弼、王化貞俱論死，而兵部尚書張鶴鳴如故，糾之者反獲譴。允儀不平，疏詆其同罪佚罰。〔五〕因言：「近言官稍進苦口，輒見齟齬，遷謫未已，申之戒諭。使諸臣不遵明諭，而引裾折檻以甘斥逐，天下事猶可爲也；使諸臣果遵明諭，而箝口結舌以保祿位，天下事尚忍言哉！頃者，恒暘不雨，二麥無秋，皇上於宮中祈禱，反得冰雹之災。變不虛生，各以類應。夫以坤維之厚重而震撼於妖孽，以鬚眉之丈夫而交關於婦寺，以籍叢煬竈之奸而托之奉公潔己，是皆陰脅陽之徵也。」報聞。允儀益憤，言：「鶴鳴既屢被劾，因詆劾者爲羣奸朋謀，而反與前尚書黃嘉善、崔景榮並以邊功晉宮保。鶴鳴旣以斬級微功邀三次之賞，卽當以失地大罪伏不赦之辜。且以七百里之榆關，兼旬而後至，畏縮無丈夫氣，偃蹇無人臣禮。猶且靦顏哆口評經、撫功罪，若身在功罪外者。陛下試問鶴鳴，爲本兵，功罪殺於邊臣，今日經、撫俱論辟，鶴鳴應得何罪，又問鶴鳴，舊日經、撫俱論辟，嘉善、景榮應得何罪，赫然震怒，論究如法，庶封疆不致破壞。」帝不用。

會議紅丸事，力詆方從哲，請盡奪官階、祿廕。其黨惡之。徐州舊設參將，山東盜熾，以允儀請，改設總兵。尋疏論四川監司周著、林宰、徐如珂等功，請優敍。而劾總督張我續退縮，請罷斥。不從。

踰月，請杜傳宣、愼爵賞、免立枷、除苛政。且言：「向者丁巳之察，凡抗論國本繫籍正人者，莫不巧加羅織。陰邪盛而陽氣傷，致有今日之禍。今計期已迫，願當事者早伐邪謀，亟培善類。」疏入，魏忠賢、劉朝輩皆不悅。以丁巳主察之人不指名直奏，責令置對。允儀言：「丁巳主察者鄭繼之、李鋕也，〔六〕考功科道則趙士諤、徐紹吉、韓浚也。當日八法之處分，臺省之例轉，大僚之拾遺，黑白顛倒，私意橫行。凡抗論建藩，催請之國，保護先帝，有功國本者，靡不痛加催抑；必欲敗其名，錮其身，盡其倫類而後快。於是方從哲獨居政府，亓詩教、趙興邦等分部要津。凡疆圉重臣，皆賄賂請托而得，如李維翰、楊鎬、熊廷弼、李如柏、如楨，何一不出其保舉。迨封疆破壞，囹圄充塞，而此輩宴然無恙。臣所以痛心遼事，追恨前此當軸之人也。」中旨將重譴允儀，以大學士葉向高言，停俸半歲。

已，復因災祲上言：「內降當停，內操當罷。陵工束手，非所以展孝思；直臣久廢，非所以光聖德。東南杼柚已空，重以屢次之加派；金吾冒濫已極，加以非分之襲封。聖心一轉移，天下無不順應。區區修禳虛文，安能格上穹哉！」帝不能用。

巡按陝西，條上籌邊八事。太常少卿王紹徽家居，與里人馮從吾不協。允儀重從吾，薄紹徽。魏忠賢擢紹徽佐都察院用事。五年，允儀還朝，即出爲湖廣副使。其冬又使給事中蘇兆先劾其爲門戶渠魁，遂削籍。

崇禎元年薦起御史，言：「奸黨王紹徽創點將錄，獻之逆奄。其後效之者有同志、天監、盜柄諸錄，清流遂芟刈無遺。乞加削奪，爲傾陷忠良之戒。」從之。其冬掌河南道事，陳計吏八則。明年佐都御史曹于汴，大計京官，貶黜者二百餘人，坐不謹者百人，仕路爲淸。尋擢太僕少卿。

四年六月以右僉都御史撫治鄖陽。諸府標兵止五百，餉六千，不及一大郡監司。且承平久，人不知兵，而屬城率庳薄，無守具。六年，流賊將窺湖廣。兵部令移鎮襄陽，鄖陽益虛。其冬，賊大至，陷鄖西上津。明年陷房縣、保康。允儀兵少，不能禦，上章乞援，且請罪。會賊入川，鄖得少緩。中官陳大金與左良玉來援，副使徐景麟見其多攜婦女，疑爲賊，用礮擊之，士馬多死。大金怒，訴諸朝，命逮景麟，責允儀陳狀。已而幷逮允儀下獄，戍邊，而以盧象昇代。十五年，御史楊爾銘、給事中倪仁禎相繼論薦，未及用而卒。

鄒維璉，字德輝，江西新昌人。萬曆三十五年進士。授延平推官。耿介有大節。巡撫袁一驥以私憾摭布政竇子偁罪，維璉以去就爭。監司欲爲一驥建生祠，維璉抗詞力阻。行取，授南京兵部主事，進員外郎。遼左用兵，疏陳數事。尋以憂去。天啓三年起官職方，進郎中。刑部主事譚謙益薦妖人宋明時能役神兵復遼左地，魏忠賢陰主之。維璉極言其妖妄。忠賢怒，矯旨譙責。海內方用師，將帥悉賄進，職方尤冗穢。維璉素清嚴，請寄皆絕。因極論債帥之弊，譏切中官、大臣。

吏部尙書趙南星知其賢，調爲稽勳郎中。時言路橫恣，凡用吏部郎，必咨其同鄉居言路者。給事中傅櫆、陳良訓、章允儒以南星不先咨己，大怒，共詆諆維璉。及維璉調考功，櫆等益怒，交章力攻。又以江西有吳羽文，例不當用，兩人迫羽文去，以窘辱維璉。維璉憤，拜疏求罷，卽日出城。疏中以章惇攻蘇軾，蔡京逐司馬光爲言，櫆等愈怒。櫆遂顯攻魏大中、左光斗以及維璉。自是朝端水火，諸賢益不安其位矣。維璉欲去不得，詔留視事。乃嚴覈官評，無少假借。

楊漣劾魏忠賢，被旨切責。維璉抗疏曰：「忠賢大姦大惡，罄竹難書。陛下憐其小信小忠，不忍割棄。豈知罪惡既盈，卽不忍不可得。漢張讓、趙忠，靈帝以父母稱之；唐田令孜，僖宗亦以阿父稱之；我朝王振、曹吉祥、劉瑾，亦嘗寵之羣臣之上。有一人老死牖下，獲保富貴哉？今陛下以太阿授忠賢，非所以爲宗社計，亦非所以爲忠賢計也。若夫黃扉元老，九列亘卿，安可自處於商輅、劉健、韓文下？」疏入，責其瀆奏。崔呈秀坐贓被劾，維璉論戍邊。諸媚璫者力別其是非，請託，拒不聽，諸逆黨交惎。及趙南星去國，維璉願與俱去，忠賢卽放歸。無何，張訥劾南星，追論維璉調部非法，詔削籍。復搆入汪文言獄，下吏，戍貴州。

崇禎初，起南京通政參議，就遷太僕少卿，疏陳卜相、久任、納言、議謚、籌兵五事。五年二月擢右僉都御史，代熊文燦巡撫福建。海寇劉香亂，遣遊擊鄭芝龍擊破之。海外紅夷據彭湖，挾互市，後徙臺灣，漸泊厦門。維璉屢檄芝龍防遏之，不聽。明年夏，芝龍勦賊福寧，紅夷乘閒襲陷厦門城，大掠。維璉急發兵水陸進，芝龍亦馳援，焚其三舟，官軍傷亦衆。寇乃泛舟大洋，轉掠青港、荆嶼、石灣。諸將禦之銅山，連戰數日，始敗去。維璉在事二年，勞績甚著。會當國者溫體仁輩雅忌維璉，而閩人官京師者騰謗於朝，竟坐是罷官。八年春，敍却賊功，詔許起用。旋召拜兵部右侍郎，遘疾不赴，卒於家。

吳羽文既謝病歸，至崇禎六年始復出。歷考功文選郎中。帝以積疑吏部有私，選郎十一人譴黜大半，遷者三人而已。羽文痛絕諸弊，數與溫體仁牴牾。賊毀皇陵，有詔肆赦。體仁令刑部尚書馮英以逆案入詔內。羽文執止之，而議起錢龍錫、李邦華等。偵事者誣羽文納二人賕，下獄。羽文用高鳳翔爲大名知府。鳳翔故嘗坐小罰，言者復謂其徇私，坐謫戍。侍郎吳甡等交薦，復官，未赴卒。羽文，字長卿，南昌人。萬曆四十一年進士。

贊曰：王汝訓諸人建言，挺謇諤之節，洊歷卿貳，不隕厥問。余懋學之言十蠹，有以哉。鄒維璉抗魏奄，拒逆黨，僅坐謫戍，幸矣。

校勘記

〔一〕鄭一麟以千戶而妄劾李盛春　明史稿傳一〇六張養蒙傳作「鄭一麟以千戶而妄劾孫鑛，王虎以中官而妄劾李盛春。」按神宗實錄卷三〇三萬曆二十四年十月戊寅條左副都御史張養蒙奏云：「鄭一麒（麒字應作麟）一千戶耳，輒奏督撫孫鑛等遲玩。」「王虎一中貴耳，輒參巡撫李盛春誣揑。」傳文有脫誤。

〔二〕劾左都督王之楨久掌錦衣　王之楨，原作「王之禎」。據本書卷二二五李戴傳及卷二三四翁憲祥傳、明史稿傳一一四翁憲祥傳及傳一二四何士晉傳改。

〔三〕奈何不嚴覓而速斷耶　嚴覓，原作「嚴禁」，據明史稿傳一二四何士晉傳附陸大受傳改。

〔四〕楊鎬李如楨喪師論死　李如楨，原作「李如禎」，據本書卷二三八李成梁傳、明史稿傳一一〇王德完傳改。按如楨兄弟名如松、如柏、如樟、如梅，都從木不從示，見李成梁傳。

〔五〕疏詆其同罪佚罰　疏詆，原作「疏直」，據明史稿傳一三六蔣允儀傳改。

〔六〕丁巳主察者鄭繼之李鋕也　李鋕，原作「李誌」，據本書卷一一二七卿年表改。

明史卷二百三十六

列傳第一百二十四

李植 羊可立 江東之 湯兆京 金士衡 王元翰 孫振基 子必顯 丁元薦 于玉立 李朴 夏嘉遇

李植，字汝培。父承式，自大同徙居江都，官福建布政使。植舉萬曆五年進士，選庶吉士，授御史。十年冬，張居正卒，馮保猶用事。其黨錦衣指揮同知徐爵居禁中，爲閱章奏，擬詔旨如故。居正黨率倚爵以自結於保，爵勢益張。而帝雅銜居正、保，未有以發。御史江東之首暴爵奸，幷言兵部尚書梁夢龍與爵交驩，以得吏部，宜斥。帝下爵獄，論死，夢龍罷去。植遂發保十二大罪。帝震怒，罪保。植、東之由是受知於帝。

明年，植巡按畿輔，請寬居正所定百官乘驛之禁，從之。帝用禮部尚書徐學謨言，將卜壽宮於大峪山。植扈行閱視，謂其地未善。欲偕東之疏爭，不果。明年，植還朝。時御史羊可立亦以追論居正受帝知。三人更相結，亦頗引吳中行、趙用賢、沈思孝爲重。執政方忌中行、用賢，且心害植三人寵。會爭御史丁此呂事及論學謨卜壽宮之非，與申時行等相拄，卒被斥去。

初，兵部員外郎嵇應科、山西提學副使陸檄、河南參政戴光啓爲鄉會試考官，私居正子嗣修、懋修、敬修。居正敗，此呂發其事。又言：「禮部侍郎何雒文代嗣修、懋修撰殿試策，而侍郎高啓愚主南京試，至以『舜亦以命禹』爲題，顯爲勸進。」大學士申時行、余有丁、許國皆嗣修等座主也，言考官止據文藝，安知姓名，不宜以此爲罪，請敕吏部覈官評，以定去留。尚書楊巍議黜雒文，改調應科、檄，留啓愚、光啓，而言此呂不顧經旨，陷啓愚大逆。此呂坐謫。植、東之及同官楊四知、給事中王士性等不平，交章劾巍，語侵時行。東之疏言：「時行以二子皆登科，不樂此呂言科場事。巍雖庇居正，實媚時行。」時行、巍並求去。帝欲慰留時行，召還此呂，以兩解之。有丁、國言不謫此呂，無以安時行、巍心。國反覆詆言者生事，指中行、用賢爲黨。中行、用賢疏辨求去，語皆侵國，用賢語尤峻。國避位不出。於是左都御史趙錦，副都御史石星，尚書王遴、潘季馴、楊兆，侍郎沈鯉、陸光祖、舒化、何起鳴、褚鈇，大理卿溫純及都給事中齊世臣、御史劉懷恕等，極論時行、國、巍不宜去。主事張正鵠、南京郎中汪應蛟、御史李廷彥、蔡時鼎、黃師顏等又力攻請留三臣者之失。中行亦疏言：「律禁上言大臣德政。邇者襲請留居正遺風，輔臣辭位，羣起奏留，贊德稱功，聯章累牘。此諂諛之極，甚可恥也。祖宗二百餘年以來，無諫官論事爲吏部劾罷者，則又壅蔽之漸，不可長也。」帝竟留三臣，責言者如錦等指。其後，啓愚卒爲南京給事中劉一相劾去，時行亦不能救也。

帝追讐居正甚。以大臣陰相庇，獨植、東之、可立能發其奸，欲驟貴之，風示廷臣。一相又劾錦衣都督劉守有匿居正家資。帝乃諭內閣黜守有，超擢居正所抑丘橓、余懋學、趙世卿及植、東之凡五人。時行等力爲守有解，言橓等不宜驟遷。帝重違大臣意，議雖寢，心猶欲用植等。頃之，植劾刑部尚書潘季馴朋黨奸逆，誣上欺君，季馴坐削籍。帝遂手詔吏部擢植太僕少卿，東之光祿少卿，可立尚寶少卿，並添註。廷臣益忌植等。

十三年四月旱，御史蔡系周言：「古者，朝有權臣，獄有冤囚，則旱。植數爲人言，『至尊呼我爲兒，每觀沒入寶玩則喜我』。其無忌憚如此。陛下欲雪枉，而刑部尚書之枉，先不得雪。今日之旱，實由於植。」又曰：「植迫欲得中行柄國，以善其後；中行迫欲得植秉銓，而騁其私。倘其計得行，勢必盡毒善類，今日旱災猶其小者。」其他語絕狂誕。所稱尚書，謂季馴也。疏上，未報，御史龔懋賢、孫愈賢繼之。東之發憤上疏曰：「思孝、中行、用賢及張岳、鄒元標數臣，忠義天植，之死不移，臣實安爲之黨，樂從之遊。今指植與交歡爲黨，則植猶未若臣之密，願先罷臣官。」不允。可立亦抗言：「奸黨懷溥、張私惠，造不根之辭，以傾建言諸臣，勢不盡去臣等不止。」乞罷職。章下內閣，時行等請詰可立奸黨主名。帝仍欲兩爲之解，寢閣臣奏，而敕都察院：「自今諫官言事，當顧國家大體，毋以私滅公，犯者必罪。」植、東之求去，不許。給事御史齊世臣、吳定等交章劾可立不當代植辨。報曰：「朕方憂旱，諸臣何紛爭？」乃已。七月，御史龔仲慶又劾植、中行、思孝爲邪臣，帝惡其排擠，出之外。世臣及御史顧鈐等連章論救，不聽。

是時，竟用學謨言，作壽宮於大峪山。八月，役既興矣，大學士王錫爵，植館師，東之、可立又嘗特薦之於朝，錫爵故以面折張居正，爲時所重。三人念時行去，錫爵必爲首輔，而壽宮地有石，時行以學謨故主之，可用是罪也，乃合疏上言：「地果吉則不宜有石，有石則宜奏請改圖。乃學謨以私意主其議，時行以親故贊其成。今鑿石以安壽宮者，與爨所立表，其地不一。朦朧易徙，若弈棋然，非大臣謀國之忠也。」時行奏辨，言：「車駕初閱時，植、東之見臣直廬，力言形龍山不如大峪。今已二年，忽創此議。其借事傾臣明甚。」帝責三人不宜以葬師術責輔臣，奪俸半歲。三人以明習葬法薦侍郎張岳、太常何源。兩人方疏辭，錫爵忽奏言恥爲植三人所引，義不可留，因具奏不平者八事。大略言：「張、馮之獄，上志先定，言者適投其會，而輒自附於用賢等擐鱗折檻之黨。且謂舍建言別無人品，建言之中，舍採撫張、馮舊事，別無同志。以中人之資，乘一言之會，超越朝右，日尋戈矛。大臣如國、巍、化輩，曩嘗舉爲正人。〔二〕一言相左，日謀剸刃，皆不平之大者。」御史韓國楨，給事中陳與郊、王敬民等因迭攻植等，帝下敬民疏，貶植戶部員外郎，東之兵部員外郎，可立大理評事。張岳以諸臣紛爭，具疏評其賢否，頗爲植、東之、可立地，請令各宣力一方，以全終始。於時行、國、錫爵、巍、化、光祖、世臣、定、愈賢皆褒中寓刺，而力詆季馴、懋賢、系周、仲慶，惟中行、用賢、思孝無所譏貶。帝責岳頌美大臣，且支蔓，不足定國是，岳坐免。帝猶以植言壽宮有石數十丈，如屏風，其下皆石，恐寶座將置於石上。閏月，復躬往視之，終謂大峪吉，遂調三人於外。御史柯梃因自言習葬法，力稱大峪之美，獲督南畿學政。而植同年生給事中盧逵亦承風請正三人罪，士論哂之。

植、東之、可立自以言事見知，未及三歲而貶。植得綏德知州，旋引疾歸。居十年，起沅州知州。屢官右僉都御史，巡撫遼東。時二十六年也。植墾土積粟，得田四萬畝，歲獲糧萬石。戶部推其法九邊。以倭寇退，請因師旋，選主、客銳卒，驅除宿寇，恢復舊遼陽。詔下總督諸臣詳議，不果行。奏稅監高淮貪暴，請召還，不報。後淮激變，委阻撓罪於植。植疏辨乞休，帝慰留之。明年，錦、義失事，巡按御史王業弘劾植及諸將失律。植以却敵聞，且詆業弘。業弘再疏劾植欺蔽，詔解官聽勘。勘已，命家居聽用，竟不召。卒，贈兵部右侍郎。

可立，汝陽人。由安邑知縣爲御史，與植等並擢。已，由評事謫大名推官。終山東僉事。

江東之，字長信，歙人。萬曆五年進士。由行人擢御史。首發馮保、徐爵奸，受知於帝。僉都御史王宗載嘗承張居正指，與于應昌共陷劉臺，東之疏劾之。故事，御史上封事，必以副封白長官。東之持入署，宗載迎謂曰：「江御史何言？」曰：「爲死御史鳴冤。」問爲誰？曰：「劉臺也。」宗載失氣反走，遂與應昌俱得罪。

東之出視畿輔屯政，奏駙馬都尉侯拱宸從父豪奪民田，〔三〕置於理。先是，皇子生，免天下田租三之一，獨不及皇莊及勛戚莊田。東之爲言，減免如制。還朝，擢光祿少卿，改太僕。坐爭壽宮事，與李植、羊可立皆貶。東之得霍州知州，以病免。久之，起鄧州，進湖廣僉事。三遷大理寺右少卿。

二十四年以右僉都御史巡撫貴州。擊高砦叛苗，斬首百餘級。京察，被劾免官。復以遣指揮楊國柱討楊應龍敗績事，黜爲民。憤恨抵家卒。

東之官行人時，刑部郎舒邦儒闔門病疫死，遺孤一歲，人莫敢過其門。東之經紀其喪，提其孤歸，乳之。舒氏卒有後。

湯兆京，字伯閎，宜興人。萬曆二十年進士。除豐城知縣。治最，徵授御史。連劾禮部侍郎朱國祚、薊遼總督萬世德，帝不問。巡視西城，貴妃宮閹暨塗辱禮部侍郎敖文禎，兆京彈劾，杖配南京。時礦稅繁興，奸人競言利。有謂開海外機易山，歲可獲金四十萬者，〔三〕有請徵徽、寧諸府契稅，鬻高淳諸縣草場者，帝意俱嚮之。兆京偕同官金忠士、史學遷、溫如璋交章力諫，不報。出按宣府、大同，請罷稅使張曄，礦使王虎、王忠，亦不納。

掌河南道。佐孫丕揚典京察，所譴黜皆當，而被黜者之黨爭相攻擊。兆京亦十餘疏應之。其詞直，卒無以奪也。詳具丕揚傳中。尋出按順天諸府。守陵中官李浚誣軍民盜陵木，逮繫無虛日。兆京按宣府時奏之，浚亦誣訐兆京。帝遣使按驗，事已白，而諸被繫者猶未釋，兆京悉縱遣之。東廠太監盧受縱其下橫都市，〔四〕兆京論如法。

還復掌河南道。福王久不之國，兆京倡給事御史伏闕固請，卒不得命。南京缺提學御史，吏部尙書趙煥調浙江巡按呂圖南補之，尋以年例出三御史於外，皆不咨都察院。兆京引故事爭。圖南之調，爲給事中周永春所劾，棄官歸。兆京及御史王時熙、汪有功爲圖南申雪，語侵永春幷及煥，二人連章辨，兆京亦爭之强。帝欲安煥，爲稍奪兆京俸。兆京以不得其職，拜疏徑歸。御史李邦華、周起元、孫居相遂助兆京攻煥。帝亦奪其俸，然煥亦引去。

兆京居官廉正，遇事慷慨。其時黨勢已成，正人多見齮齕。兆京力維持其間，淸議倚以爲重。屢遭排擊，卒無能一言汚之者。天啓中，贈太僕少卿。

金士衡，字秉中，長洲人。父應徵，雲南參政，以廉能稱。士衡舉萬曆二十年進士，授永豐知縣，擢南京工科給事中。疏陳礦稅之害，言：「曩者採於山，榷於市，今則不山而採，不市而榷矣。刑餘小醜，市井無藉，安知遠謀，假以利柄，貪饕無厭。楊榮啓釁於麗江，高淮肆毒於遼左，孫朝造患於石嶺，其尤著者也。今天下水旱盜賊，所在而有。蕭、碭、豐、沛間河流決隄，居人爲魚鱉，乃復橫征巧取以蹙之。獸窮則攫，鳥窮則啄，禍將有不可言者。」甘肅地震，復上疏曰：「往者湖廣氷雹，順天晝晦，豐潤地陷，四川星變，遼東天鼓震，山東、山西則牛妖、人妖，今甘肅天鳴地裂，山崩川竭矣。陛下明知亂徵，而泄泄從事，是以天下戲也。」因極言邊糈告匱，宜急出內帑濟餉，罷撤稅使，毋事掊克，引鹿臺、西園爲戒。帝皆不聽。南京督儲尚書王基、雲南巡撫陳用賓拾遺被劾，給事中錢夢皐、御史張以渠等考察被黜，爲沈一貫所庇，帝皆留之。士衡疏爭。侍郎周應賓、黃汝良、李廷機當預推內閣。士衡以不協人望，抗章論。姜士昌、宋燾言事得罪，並申救之。給事中王元翰言軍國機密不宜抄傳，詔併禁章奏未下者。由是中朝政事，四方寂然不得聞。士衡力陳其非便。疏多不行。帝召王錫爵爲首輔，以被劾奏辨，語過憤激，士衡馳疏劾之。

尋擢南京通政參議。時元翰及李三才先後爲言者所攻，士衡並爲申雪。三十九年大計京官。掌南察者，南京吏部侍郎史繼偕，齊、楚、浙人之黨也，與孫丕揚北察相反，凡助三才、元翰者悉斥之。士衡亦謫兩浙鹽運副使，不赴。天啓初，起兵部員外郎。累遷太僕少卿。引疾去，卒於家。

先是，楊應龍伏誅，貴州宣慰使安疆臣邀據故所侵地。總督王象乾不許。士衡遂劾象乾起釁。後象乾弟象恒巡撫蘇、松，以兄故頗銜士衡。廉知其清介狀，稱說不置云。

王元翰，字伯舉，雲南寧州人。萬曆二十九年進士。選庶吉士。三十四年改吏科給事中。意氣陵厲，以諫諍自任。時廷臣習偸惰，法度盡弛。會推之柄散在九列科道，率推京卿，每署數倍舊額。而建言諸臣，一斥不復。大臣被彈，率連章詆訐。元翰悉疏論其非。

尋進工科右給事中，巡視廠庫，極陳惜薪司官多之害。其秋上疏，極言時事敗壞，請帝昧爽視朝，延見大臣，言官得隨其後，日陳四方利病。尋復陳時事，言：「輔臣，心膂也。朱賡輔政三載，猶未一覲天顏，可痛哭者一。九卿强半虛懸，甚者闔署無一人。監司、郡守亦曠年無官，或一人綰數符。事不切身，政自苟且，可痛哭者二。兩都臺省寥寥幾人。行取入都者，累年不被命。庶常散館亦越常期。御史巡方事竣，遣代無人。威令不行，上下胥玩，可痛哭者三。被廢諸臣久淪山谷。近雖奉詔敍錄，未見連茹彙征。苟更閱數年，日漸銷鑠。人之云亡，邦國殄瘁，可痛哭者四。九邊歲餉缺至八十餘萬，平居凍餒，脫巾可虞；有事怨憤，死綏無望。塞北之患未可知也。京師十餘萬兵，歲靡餉二百餘萬，大都市井負販游手而已。一旦有急，能驅使赴敵哉？可痛哭者五。天子高拱深居，所恃以通下情者，祇章疏耳，今一切高閣。慷慨建白者莫不曰『吾知無濟，第存此議論耳』。言路惟空存議論，世道何如哉！可痛哭者六。榷稅使者滿天下，致小民怨聲徹天，降災召異。方且指殿工以爲名，借停止以愚衆。是天以回祿警陛下，陛下反以回祿剝萬民也。衆心離叛，而猶不知變，可痛哭者七。郊廟不親，則天地祖宗不相屬；朝講不御，則伏機隱禍不上聞。古今未有如此而天下無事者。且青宮輟講，亦已經年，親宦官宮妾，而疎正人端士，獨奈何不爲宗社計也！可痛哭者八。」帝皆不省。

武定賊阿克作亂。元翰上言：「克本小醜，亂易平也。至雲南大害，莫甚貢金、榷稅二事。民不堪命，至殺稅使，而徵榷如故。貢金請減，反增益之。衆心憤怒，使亂賊假以爲名。賊首縱撲滅，虐政不除，滇之爲滇，猶未可保也。」俄言：「礦稅之設，本爲大工。若捐內帑數百萬金，工可立竣，毋徒苦四方萬姓。」疏皆不報。尋兩疏劾貴州巡撫郭子章等凡四人，言：「子章曲庇安疆臣，堅意割地，貽西南大憂。且嘗著婦寺論，言人主當隔絕廷臣，專與宦官宮妾處，乃相安無患。子章罪當斬。」不納。

先是，廷推閣臣。元翰言李廷機非宰相器。已而黃汝良推吏部侍郎，全天敍推南京禮部侍郎。汝良，廷機邑人；天敍，朱賡同鄉也。元翰極論會推之弊，譏切政府，二人遂不用。至是，將推兩京兵部尚書蕭大亨、孫鑛爲吏部尚書。元翰亦疏論二人，幷言職方郎中用懋爲大亨謀主，太常少卿唐鶴徵爲鑛謀主，亦當斥。尋因災異，乞亟罷賡、大亨及副都御史詹沂。且言：「近更有二大變。大小臣工志期得官，不顧嗤笑，此一變也。陛下不恤人言，甚至天地譴告，亦悍然弗顧，此又一變也。有君心之變，然後臣工之變因之。在今日，挽天地洪水寇賊之變易，挽君心與臣工之變難。」又言：「陛下三十年培養之人才，半掃除於申時行、王錫爵，半禁錮於沈一貫、朱賡。」因薦鄒元標、顧憲成等十餘人。無何，又劾給事中喩安性、御史管橘敗羣叢穢，皆不報。掌廠內官王道不法，疏暴其罪，亦弗聽。

元翰居諫垣四年，力持淸議。摩主闕，扗貴近，世服其敢言。然銳意搏擊，毛舉鷹鷙，舉朝咸畏其口。吏科都給事中陳治則與元翰不相能。御史鄭繼芳，其門人也，遂劾元翰盜庫金，剋商人貲，奸贓數十萬。元翰憤甚，辨疏詆繼芳北鄙小賊，語過激。於是繼芳黨劉文炳、王紹徽、劉國縉等十餘疏並攻之，而史記事、胡忻、史學遷、張國儒、馬孟禎、陳于廷、吳亮、金士衡、高節、劉蘭輩則連章論救。帝悉不省。元翰乃盡出其筐篋，舁置國門，縱吏士簡括，慟哭辭朝而去。吏部坐擅離職守，謫刑部檢校。後孫丕揚主京察，斥治則、國縉等，亦以浮躁坐元翰，再貶湖廣按察知事。

方繼芳之發疏也，卽潛遣人圍守元翰家。及元翰去，所劾贓無有，則謂寄之記事家。兩黨分爭久不息。而是時劾李三才者亦指其貪，諸左右元翰者又往往左右三才，由是臣僚益相水火，而朋黨之勢成矣。

天啓初，累遷刑部主事。魏忠賢亂政，其黨石三畏劾之，削籍。莊烈帝卽位，復官。將召用，爲尙書王永光所尼。元翰乃流寓南都，十年不歸。卒，遂葬焉。

孫振基，字肖岡，潼關衞人。萬曆二十九年進士。除莘縣知縣，調繁安丘。三十六年四月以治行徵，與李成名等十七人當授給事中，先除禮部主事。四十年十月命始下，振基得戶科。時吏部推舉大僚，每患乏才，振基力請起廢。

韓敬者，歸安人也，受業宣城湯賓尹。賓尹分校會試，敬卷爲他考官所棄。賓尹搜得之，强總裁侍郎蕭雲舉、王圖錄爲第一。榜發，士論大譁。知貢舉侍郎吳道南欲奏之，以雲舉、圖資深，嫌擠排前輩，隱不發。及廷對，賓尹爲敬賄緣得第一人。後賓尹以考察褫官，敬亦稱病去，事三年矣。會進士鄒之麟分校順天鄉試，所取童學賢有私，於是御史孫居相幷賓尹事發之。下禮官，會吏部都察院議，顧不及賓尹事。振基乃抗疏請並議，未得命。禮部侍郎翁正春等議黜學賢，謫之麟，亦不及賓尹等。振基謂議者庇之，再疏論劾。帝乃下廷臣更議。御史王時熙、劉策、馬孟禎亦疏論其事，而南京給事中張篤敬證尤力。方賓尹之分校也，越房取中五人，他考官效之，競相搜取，凡十七人。〔五〕時賓尹雖廢，中朝多其黨，欲藉是寬敬。正春乃會九卿趙煥及都給事中翁憲祥、御史余懋衡等六十三人議坐敬不謹，落職閒住。御史劉廷元、董元儒、過庭訓，敬同鄉也，謂敬關節果眞，罪非止不謹，執不署名，意欲遷延爲敬地。正春等不從，持初議上。廷元遂疏劾之，公議益憤。振基、居相、篤敬及御史魏雲中等連章論列。給事中商周祚亦敬同鄉，議并罪道南。孟禎以道南發奸，不當罪，再疏糾駁。帝竟如廷元等言，敕部更覈。廷元黨亓詩教遂劾正春首鼠兩端，正春尋引去。

會熊廷弼之議亦起。初，賓尹家居，嘗奪生員施天德妻爲妾，不從，投繯死。諸生馮應祥、芮永縉輩訟於官，爲建祠，賓尹恥之。後永縉又發諸生梅振祚、宣祚朋淫狀。督學御史熊廷弼素交歡賓尹，判牒言此施、湯故智，欲藉雪賓尹前恥。又以所司報永縉及應祥行劣，杖殺永縉。巡按御史荆養喬遂劾廷弼殺人媚人，疏上，徑自引歸。廷弼亦疏辨。都御史孫瑋議鐫養喬秩，令廷弼解職候勘。時南北臺諫議論方囂，各有所左右。振基、孟禎、雲中策及給事中李成名、麻僖、陳伯友，御史李邦華、崔爾進、李若星、潘之祥、翟鳳翀、徐良彥等持勘議甚力。而篤敬及給事中官應震、姜性、吳亮嗣、梅之煥、亓詩教、趙興邦，御史黃彥士，南京御史周遠等駁之，疏凡數十上。振基及諸給事御史復極言廷弼當勘，斥應震等黨庇，自是黨廷弼者頗屈。帝竟納瑋言，令廷弼解職。其黨大恨。吏部尚書趙煥者，惟詩教言是聽，乃以年例出振基及雲中、時熙於外。振基得山東僉事，瑋亦引去。

振基勁直敢言。居諫垣僅半歲，數有建白。旣去，科場議猶未定，策復上疏極論。而賓尹黨必欲十七人並罪，以寬敬。孫愼行代正春，復集廷臣議。仍坐敬關節，而爲十七人昭雪。疏竟留中。賓尹、敬有奥援，外廷又多助之，故議久不決。篤敬復上疏論敬，陰詆諸黨人。諸黨人旋出之外，并逐愼行。旣而居相、策引去，之祥外遷。孟禎不平，疏言：「廷弼聽勘一事，業逐去一總憲，外轉兩言官矣，獨介介於之祥。敬科場一案，亦去兩侍郎、兩言官矣，復斷斷於篤敬，毋乃已甚乎。」孟禎遂亦調外。凡與敬爲難者，朝無一人。敬由是得寬典，僅謫行人司副。葢七年而事始竣云。振基到官，尋以憂去，卒於家。

子必顯，字克孝。萬曆四十四年進士。官文選員外郎，爲尙書趙南星所重。天啓五年冬，魏忠賢羅織淸流，御史陳睿謨劾其世投門戶，遂削籍。崇禎二年起驗封郎中，移考功。明年移文選。尙書王永光雅不喜東林，給事中常自裕因劾其推舉不當數事，且詆以貪汙。御史吳履中又劾其紊亂選法。必顯兩疏辨，帝不聽，謫山西按察司經歷，量移南京禮部主事。道出栢城、歸德，適流賊來犯，皆爲設守，完其城。一時推知兵。歷尙寶司丞、大理左寺丞。十一年冬，都城被兵，兵部兩侍郎皆缺，尙書楊嗣昌請不拘常格，博推才望者遷補，遂擢必顯右侍郎。甫一月，無疾而卒。

丁元薦，字長孺，長興人。父應詔，江西僉事。元薦舉萬曆十四年進士。請告歸。家居八年，始謁選爲中書舍人。甫期月，上封事萬言，極陳時弊。言今日事勢可寒心者三：饑民思亂也，武備積弛也，日本封貢也。可浩歎者七：征斂苛急也，賞罰不明也，忠賢廢錮也，輔臣妬嫉也，議論滋多也，士習敗壞也，褒功恤忠未備也。坐視而不可救藥者二，則紀綱、人心也。其所言輔臣，專斥首輔王錫爵，元薦座主也。

二十七年京察。元薦家居，坐浮躁論調。閱十有二年，起廣東按察司經歷，移禮部主事。甫抵官，值京察事竣，尚書孫丕揚力清邪黨，反爲其黨所攻。副都御史許弘綱故共掌察，見羣小橫甚，畏之，累疏請竣察典，語頗示異。羣小藉以攻丕揚。察疏猶未下，人情杌隉，慮事中變，然無敢言者。元薦乃上言弘綱持議不宜前却，并盡發諸人隱狀。黨人惡之，交章論劾無虛日。元薦復再疏辨晰，竟不安其身而去。其後邪黨愈熾，正人屏斥殆盡，至有以「六經亂天下」語入鄉試策問者。元薦家居不勝憤，復馳疏闕下，極詆亂政之叛高皇，邪說之叛孔子者。疏雖不報，黨人益惡之。四十五年京察，遂復以不謹削籍。

天啓初，大起遺佚。元薦格於例，獨不召。至四年，廷臣交訟其冤，起刑部檢校，歷尚寶少卿。明年，朝事大變，復削其籍。

元薦初學於許孚遠，已，從顧憲成遊。慷慨負氣，遇事奮前，屢躓無少挫。通籍四十年，前後服官不滿一載。同郡沈淮召入閣，邀一見，謝不往。嘗過高攀龍，請與交歡，辭曰：「吾老矣，不能涉嫌要津。」遽別去。〔六〕當東林、浙黨之分，浙黨所彈射東林者，李三才之次則元薦與于玉立。

玉立，字中甫，金壇人。萬曆十一年進士。除刑部主事，進員外郎。二十年七月疏陳時政闕失，言：「陛下寵幸貴妃，宴逸無度。恣行威怒，鞭笞羣下，宮人奄豎無辜死者千人。夫人懷必死之心，而使處肘腋房闥間，倘因利乘便，甘心一逞，可不寒心。田義本一奸豎，陛下寵信不疑。邇者奏牘或下或留，推舉或用或否，道路籍籍，咸謂義簸弄其間。蓋義以陛下爲城社，而外廷之憸邪又以義爲城社。黨合謀連，其禍難量。且陛下一惑於嬖倖，而數年以來，問安視膳，郊廟朝講，一切不行。至邊烽四起，禍亂成形，猶不足以動憂危之情，奪晏安之習。是君身之不修，未有甚於今日者矣。夫宮庭震驚，而陛下若罔聞，何以解兩宮之憂？深拱禁中，開釁緣之隙，致邪孽侵權，而陛下未察其奸，何以杜旁落之漸？萬國欽輩未嘗忤主，而終於禁錮，何以勵骨鯁之臣？上下隔越，國議、軍機無由參斷，而陛下稱旨下令，終不出閨闥之間，何以盡大臣之謀？忠良多擯，邪佞得名，何以作羣臣之氣？遠近之民，皆疑至尊日求般樂，不顧百姓塗炭，何以繫天下之心？」因力言李如松、麻貴不可爲大將，鄭洛不當再起，石星不堪爲本兵。疏入，不報。

尋進郎中，謝病歸。久之，起故官。康丕揚輩欲以妖書陷郭正域，玉立獨左右之。會有言醫人沈令譽實爲妖書者，搜其篋，得玉立與吏部郎中王士騏書，中及其起官事。帝方下吏部按問，而玉立遽疏辨。帝怒，褫其官。

玉立倜儻好事。海內建言廢錮諸臣，咸以東林爲歸。玉立與通聲氣，東林名益盛。而攻東林者，率謂玉立遙制朝權，以是詬病東林。玉立居家久之，數被推薦。三十七年稍起光祿丞，辭不赴。言者猶齮齕不已，御史馬孟禎抗章直之，帝皆不省。又三年，以光祿少卿召，終不出。天啓初，錄先朝罪譴諸臣，玉立已前卒，贈尙寶卿。

李朴，字繼白，朝邑人。萬曆二十九年進士。由彰德推官入爲戶部主事。

四十年夏，朴以朝多朋黨，淸流廢錮，疏請破奸黨，錄遺賢，因爲顧憲成、于玉立、李三才、孫丕揚辨謗，而薦呂坤、姜士昌、鄒元標、趙南星。帝不聽。明年再遷郎中。齊、楚、浙三黨勢盛，稍持議論者，羣譟逐之。主事沈正宗、賀烺皆與相拄，坐貶官。朴性戇，積憤不平。其年十二月上疏曰：

朝廷設言官，假之權勢，本責以糾正諸司，舉刺非法，非欲其結黨逞威，挾制百僚，排斥端人正士也。今乃深結戚畹近侍，威制大僚；日事請寄，廣納賂遺；褻衣小車，遨遊市肆，狎比娼優；或就飲商賈之家，流連山人之室。身則鬼蜮，反誣他人。此蓋明欺至尊不覽章奏，大臣柔弱無爲，故猖狂恣肆，至於此極。臣謂此輩皆可斬也。

孫瑋、湯兆京、李邦華、孫居相、周起元各爭職掌，則羣攻之。今或去或罰，惟存一居相，猶謂之黨。夫居相一人耳，何能爲？彼浙江則姚宗文、劉廷元輩，湖廣則官應震、吳亮嗣、黃彥士輩，山東則亓詩教、周永春輩，四川則田一甲輩，百人合爲一心，以擠排善類，而趙興邦輩附麗之。陛下試思居相一人敵宗文輩百人，孰爲有黨耶？

乃攻東林者，今日指爲亂政，明日目爲擅權，不知東林居何官？操何柄？在朝列言路者，反謂無權，而林下投閒杜門樂道者，反謂有權，此不可欺三尺豎子，而乃以欺陛下哉！

至若黃克纘贓私鉅萬，已敗猶見留；顧憲成清風百代，已死猶被論；而封疆坐死如陳用賓，科場作奸如韓敬，趨時鬻爵如趙煥，殺人媚人如熊廷弼，猶爲之營護，爲之稱寃。國典安在哉！

望俯察臣言，立賜威斷，先斬臣以謝諸奸，然後斬諸奸以謝天下，宗社幸甚。」

疏奏，臺諫皆大恨。宗文等及其黨力詆，幷侵居相，而一甲且羅織其贓私。

帝雅不喜言官，得朴疏，心善之。會大學士葉向高、方從哲亦謂朴言過當，乃下部院議罰。而朴再疏發亮嗣、應震、彥士、一甲贓私，及宗文、廷元庇韓敬、與邦媢趙煥狀，且言：「詩敎爲羣兇盟主，實社稷巨蠹，陛下尤不可不察。」帝爲下詔切責言官，略如朴指。黨人益怒，排擊無虛日。侍郎李汝華亦以屬吏出位妄言劾朴。部院議鐫朴三級，調外任，帝持不下。

至明年四月，吏部奉詔起廢，朴名預焉。於是黨人益譁，再起攻朴，幷及文選郎郭存謙。存謙引罪，攻者猶未已。朴益憤，復陳浙人空國之由，追咎沈一貫，詆宗文及毛一鷺甚力，以兩人皆浙產也。頃之，又再疏劾宗文、一鷺及其黨董定策等。帝皆置不問。其年六月，始用閣臣言，下部院疏，謫朴州同知。自後黨人益用事，遂以京察落其職。天啓初，起用，歷官參議。卒，贈太僕少卿。魏忠賢竊柄，御史安伸追論，詔奪其贈。崇禎初，復焉。

夏嘉遇，字正甫，松江華亭人。萬曆三十八年進士。授保定推官。

四十五年用治行徵。當擢諫職，先注禮部主事。帝久倦勤，方從哲獨柄國。碌碌充位，中外章奏悉留中。惟言路一攻，則其人自去，不待詔旨。臺諫之勢積重不返，有齊、楚、浙三方鼎峙之名。齊則給事中亓詩教、周永春，御史韓浚。楚則給事中官應震、吳亮嗣。浙則給事中姚宗文、御史劉廷元。而湯賓尹輩陰爲之主。其黨給事中趙興邦、張延登、徐紹吉、〔七〕商周祚，御史駱駸曾、過庭訓、房壯麗、牟志夔、唐世濟、金汝諧、彭宗孟、田生金、李徵儀、董元儒、李嵩輩，與相倡和，務以攻東林排異己爲事。其時考選久稽，屢趣不下，言路無幾人，盤踞益堅。後進當入爲臺諫者，必鉤致門下，以爲羽翼，當事大臣莫敢攖其鋒。詩教者，從哲門生，而吏部尚書趙煥鄉人也。煥耄昏，兩人一聽詩教。詩教把持朝局，爲諸黨人魁。武進鄒之麟者，浙人黨也。先坐事謫上林典簿，至是爲工部主事，附詩教、浚。求吏部不得，大恨，反攻之，幷詆從哲。詩教怒，煥爲黜之麟。時嘉遇及工部主事鍾惺、中書舍人尹嘉賓、行人魏光國皆以才名，當列言職。詩教輩以與之麟善，抑之，俾不與考選。以故嘉遇不能無怨。

四十七年三月，遼東敗書聞，嘉遇遂抗疏言：「遼左三路喪師，雖緣楊鎬失策，揆厥所由，則以縱貸李維翰故。夫維翰喪師辱國，罪不容誅，乃僅令回籍聽勘。誰司票擬，則閣臣方從哲也；誰司糾駁，則兵科趙興邦也。參貂白鏹，路遺繹絡，國典邊防，因之大壞。惟陛下立斷。」疏入，未報。從哲力辨，嘉遇再疏劾之，并及詩教。於是詩教、興邦及亮嗣、延登、壯麗輩交章力攻。詩教謂嘉遇不得考選，故挾私狂逞。嘉遇言：「詩教於從哲，一心擁戴，相倚爲奸。凡枚卜、考選諸大政，百方撓阻，專務壅蔽，遏絕主聽。遂致綱紀不張，戎馬馳突，臣竊痛之。今內治盡壞，縱日議兵食、談戰守，究何益於事？故臣爲國擊奸，冀除禍本，雖死不避，尙區區計升沉得喪哉！」

時興邦以右給事中掌兵科。先有旨，俟遼東底寧，從優敍錄。至是以嘉遇連劾，吏部遂立擢爲太常少卿。嘉遇益憤，疏言：「四路奏功，興邦必將預其賞。則今日事敗，興邦安得逃其罰？且不罰已矣，反從而超陟之。是臣彈章適爲薦剡，國家有如是法紀哉！」疏奏，諸御史復合詞攻嘉遇。嘉遇復疏言：「古人有云，見無禮於君者逐之，如鷹鸇之逐鳥雀也。詩教、興邦謂臣不得臺諫而怒。夫爵位名秩，操之天子，人臣何敢干？必如所言，是考選予奪二臣實專之。此無禮於君者一。事寧優敍，非明旨乎？乃竟蔑而棄之。此無禮於君者二。魏光國疏論詩教，爲通政沮格。夫要截實封者斬。自來奸臣不敢爲，而詩教爲之。此無禮於君者三。二奸每事請託，一日以七事屬職方郎楊成喬。成喬不聽，遂逐之去。詩教以舊憾欲去其鄉知府，考功郎陳顯道不從，亦逼之去。夫吏、兵二部，天子所以馭天下也，而二奸敢侵越之。此無禮於君者四。有臣如此，臣義豈與俱生哉！」

先是，三黨諸魁交甚密，後齊與浙漸相貳。布衣汪文言者，素遊黃正賓、于玉立之門，習知黨人本末。後玉立遣之入都，益悉諸黨人所爲，策之曰：「浙人者，主兵也，齊、楚則應兵。成功之後，主欲逐客矣，然柄素在客，未易逐，此可搆也。」遂多方設奇間之，諸人果相疑。而鄒之麟既見惡齊黨，亦交鬭其間。揚言齊人張鳳翔爲文選，必以年例斥宗文、廷元。於是齊、浙之黨大離。及是嘉遇五疏力攻，詩教輩亦窘。而浙人唐世濟、董元儒遂助嘉遇排擊。自是亓、趙之勢頓衰，與邦竟不果遷，自引去。時論快焉。

光宗立，嘉遇乞改南部，就遷吏部員外郎。天啓中，趙南星秉銓，召爲考功員外郎，改文選署選事。時左光斗、魏大中以嘉遇與之麟、韓敬同年相善，頗疑之。已，見嘉遇公廉，亦皆親善。及陳九疇劾謝應祥，語連嘉遇，鐫三級，調外，語具南星傳。未幾，黨人張訥誣劾南星，并及嘉遇，遂除名。尋鍛鍊光斗、大中獄，誣嘉遇嘗行賄。逮訊論徒，憤恨發病卒。崇禎初，贈太常少卿。

贊曰：李植、江東之諸人，風節自許，矯首抗俗，意氣橫厲，抵排羣枉，迹不違乎正。而質之矜而不爭，羣而不黨之義，不能無疚心焉。「古之矜也廉，今之矜也忿戾」，聖人所爲致慨於末世之益衰也。

校勘記

〔一〕嚻嘗舉爲正人　舉爲，明史稿傳一〇八李植傳作「譽爲」。

〔二〕奏駙馬都尉侯拱宸從父豪奪民田　侯拱宸，本書卷一二一壽陽公主傳作「侯拱辰」。

〔三〕歲可獲金四十萬者　四十萬，原作「四百萬」。明史稿傳一一四湯兆京傳作「四十萬」。按本書卷三二三及明史稿傳一九七呂宋傳、神宗實錄卷三七五萬曆三十年八月丙戌條都作「歲可得金十萬兩，銀三十萬兩」。作「四十萬」是，據改。

〔四〕東廠太監盧受縱其下橫都市　盧受，原作「盧愛」，據本書卷二三四徐大相傳、卷二三五王德完傳、又卷二五四曹珖傳，明史稿傳一一四湯兆京傳改。

〔五〕凡十七人　本書卷七〇選舉志作「共十八人」。明史考證攟逸卷二三謂「按選舉志作十八人，合韓敬數之。此既統以凡字，亦應作十八人。下文言十七人，與敬對言故也。」

〔六〕嘗過高攀龍請與交懽辭曰吾老矣不能涉嫌要津遽別去　按明史稿傳一一四丁元薦傳：「嘗過高攀龍所，給事中魏大中至，攀龍請與交懽，辭曰：『吾老矣，不能涉嫌要津。』遽別去。」本傳脫去其中一段，致不可解。

〔七〕徐紹吉　原作「徐紹言」，據本書卷二二五鄭繼之傳、又卷二三五蔣允儀傳，神宗實錄卷五五一萬曆四十四年十一月戊子條改。

明史卷二百三十七

列傳第一百二十五

傅好禮　姜志禮　包見捷　田大益　馮應京
何棟如　王之翰　卞孔時　吳宗堯　吳寶秀　華鈺　王正志

傅好禮，字伯恭，固安人。萬曆二年進士。知涇縣，治最，入爲御史。嘗陳時政，請節游宴，停內操，罷外戚世封，止山陵行幸，又上崇實、杜漸諸疏。語皆剴直。巡按浙江。歲大侵，條上荒政。行部湖州，用便宜發漕折銀萬兩，易粟振饑民。改按山東。泰安州同知張壽朋當貶秩，文選郎謝廷寀用爲永平推官，謂州同知六品，而推官七品也。好禮馳疏劾其非制，廷寀坐停俸，壽朋改調。好禮尋謝病歸。召進光祿少卿，改太常。時稅使四出，海內騷然。

二十六年冬，奸民張禮等僞爲官吏，羣小百十人分據近京要地，稅民間雜物，弗予，捶至死。好禮極論其害，因言：「自朝鮮用兵，畿民富者貧，貧者死，〔二〕思亂已久，奈何又虐征。國家縱貧，亦不當頭會箕斂，括細民續命之脂膏；況奸徒所得千萬，輸朝廷者什一耳，陛下何利爲之。」奏入，四日未報，復具疏請。帝大怒，傳旨鐫三級，出之外。大理卿吳定疏救。帝益怒，謫好禮大同廣昌典史，定鐫三級，調邊方。言官復交章論救，斥定爲民。既而帝思好禮言，下其疏，命廠衞嚴緝，逮禮等二十八人詔獄，其害乃除。好禮之官，未幾，請急歸。家居十五年卒。天啓中，贈太常卿。

姜志禮，字立之，丹陽人。萬曆十七年進士。歷建昌、衢州推官，入爲大理評事。三十三年以囚多瘐死，疏言：「犴狴之間，一日斃十五人。積日而計，亦何紀極。又況海內小民，罹災祲而轉死溝壑，及爲礦稅所羅織、貂璫所攫噬、含冤畢命者，又復何限！乞亟爲矜宥，勿久淹繫，且盡除礦稅，毋使宵人竊弄魁柄，賊虐烝黎。」不報。歷刑部員外，出爲泉州知府，遷廣東副使，並有聲。

進山東右參政，分守登、萊。福王封國河南，詔賜田二百萬畝，跨山東、湖廣境。既之國，遣中貴徐進督山東賦，勢甚張。志禮抗疏曰：「臣所轄二郡，民不聊生，且與倭鄰，不宜有藩府莊田以擾茲土也明甚。且自高皇帝迄今累十餘世，封王子弟多矣，有賜田二萬頃，延連數十郡者乎？繼此而封，尚有瑞、惠、桂三王也。倘比例以請，將予之乎，不予之乎？況國祚靈長，久且未艾。嗣是天家子姓，各援今日故事以請，臣恐方內土田，不足共諸藩分裂也。」帝大怒，貶三秩爲廣西僉事。久之，遷江西參議。

天啓三年由浙江副使入爲尚寶少卿，尋進卿。河南進玉璽，魏忠賢欲志禮疏獻之。志禮不可。忠賢怒，令私人劾其衰老，遂乞休。詔加太常少卿致仕，已而削奪。崇禎初，復官。

志禮性淳樸，所居多政績，亦以行誼稱於鄉。

包見捷，雲南臨安衞人。萬曆十七年進士。改庶吉士，授戶科給事中，屢遷都給事中。

奸人李本立請採珠廣東，帝命中官李敬偕往。見捷極言其害，不聽。時小人蠭起言利。千戶李仁請稅湖口商舟，命中官李道往。主簿田應璧請賣兩淮沒官餘鹽，令稅使魯保兼理。見捷等並力爭。頃之，令道、保節制有司。見捷又陳不便者數事。皆不報。僉都知縣吳宗堯劾稅使陳增不法，見捷因請盡罷礦稅。無已，先撤增還。未幾，天津稅使王朝死，見捷請勿遣代。忤旨，切責。以馬堂代朝。見捷又劾堂、保及浙江劉忠。帝不納，益遣高宷、暨祿、李鳳榷稅於京口、儀眞、廣東，並專敕行事。又以奸人閻大經言，命高淮徵稅遼東。見捷等累請停罷，至是言：「遼左神京肩臂，視他鎭尤重。奸徒敢爲禍首，陛下不懲以三尺，急罷開採，則遼事必不可爲，而國步且隨之矣。」遼東撫按及山海主事吳鍾英相繼爭。皆不納。

時中外爭礦稅者無慮百十疏，見捷言尤數，帝心銜之。居數日，又率司官極論，乃謫見捷貴州布政司都事，餘停俸一年。大學士沈一貫、給事中趙完璧等先後論救，完璧等亦坐停俸。見捷尋引疾去。

三十四年起興業知縣。累遷太僕少卿。久之，以右僉都御史巡撫江西。光宗卽位，召拜吏部右侍郎。明年卒官。

田大益，字博眞，四川定遠人。萬曆十四年進士。授鍾祥知縣。擢兵科給事中，疏論日本封貢可虞。又言：「東征之役，在將士，則當據今日之斬馘以論功；在主帥，則當視後日之成敗以定議。」時韙其言。母喪除，起補戶科。

二十八年十月疏言：「陛下受命日久，驕泰乘之，布列豺狼，殄滅善類，民無所措，靡不蓄怨含憤，覬一旦有事。願陛下惕然警覺，敬天地，嚴祖宗，毋輕臣工，毋戕民命，毋任閹人，毋縱羣小，毋務暴刻，毋甘怠荒，急改敗轍，遵治規，用保祖宗無疆之業。」未幾，極陳礦稅六害，言：

內臣務爲劫奪，以應上求。礦不必穴，而稅不必商；民間丘隴阡陌，皆礦也，官吏農工，皆入稅之人也。公私騷然，脂膏殫竭。向所謂軍國正供，反致缺損。卽令有司威以刀鋸，祇足驅民而速之亂耳。此所謂斂巧必蹶也。

陛下嘗以礦稅之役爲裕國愛民。然內庫日進不已，未嘗少佐軍國之需。四海之人，方反脣切齒，而冀以計智甘言，掩天下耳目，其可得乎。此所謂名僞必敗也。

財積而不用，祟將隨之。脫巾不已，至於揭竿，適爲奸雄睥睨之資。此時雖家給人予，亦且蹴之覆之而不可及矣。此所謂賄聚必散也。

夫衆心不可傷也。今天下上自簪纓，下至耕夫販婦，茹苦含辛，搤擥側目，而無所控訴者，蓋已久矣。一旦土崩勢成，家爲讐，人爲敵，衆心齊倡，而海內因以大潰。此所謂怨極必亂也。

國家全盛二百三十餘年，已屬陽九，而東征西討以求快意。上之蕩主心，下之耗國脈。二豎固而良醫走，死氣索而大命傾。此所謂禍遲必大也。

陛下矜奮自賢，沈迷不返。以豪璫奸弁爲腹心，以金錢珠玉爲命脈。藥石之言，褎如充耳。即令逢、干剖心，皐、夔進諫，亦安能解其惑哉。此所謂意迷難救也。

此六者，今之大患。臣畏死不言，則負陛下，陛下拒諫不納，則危宗社。願深察而力反之。

皆不報。

明年疏論湖廣稅監陳奉，救僉事馮應京。忤旨，切責。時武昌民以應京被逮，羣聚鼓譟，欲殺奉，奉逃匿楚府以免。大益因上言：「陛下驅率狼虎，飛而食人，使天下之人，剝膚而吸髓，重足而累息，〔三〕以致天災地坼，山崩川竭。釁自上開，憤由怨積，奈何欲塗民耳目，以自解釋，謾曰權宜哉！今楚人以奉故，沈使者不返矣，且欲甘心巡撫大臣矣。中朝使臣不敢入境偵緩急，踰兩月矣。四方觀聽，惟在楚人。臣意陛下必且曠然易慮，立罷礦稅，以靖四方，奈何猶戀戀不能自割也！夫天下至貴，而金玉珠寶至賤也。積金玉珠寶若泰山，不可市天下尺寸地，而失天下，又何用金玉珠寶爲哉！今四方萬姓，見陛下遇楚事而無變志，知禍必不解，必且羣起爲變。此時即盡戮諸璫以謝天下，寧有濟耶？」帝怒，留中。

又明年遷兵科都給事中。時兩京缺尚書三、侍郎十，科道九十四，天下缺巡撫三，布按監司六十六、知府二十五。大益力請簡補，亦不聽。

三十一年，江西稅監潘相請勘合符牒勿經郵傳。巡按御史吳達可駁之，不聽。大益復守故事力爭，竟如相請。內使王朝嘗言，近京采煤歲可獲銀五千，乃率京營兵劫掠西山諸處。煤戶洶洶，朝以沮撓聞。有旨逮治，皆入都城訴失業狀。沈一貫等急請罷朝，且擬敕諭撫按，未得命。大益言：「國家大柄莫重於兵。朝擅役禁軍，請急誅，爲無將之戒。」御史沈正隆，給事中楊應文、白瑜亦疏諫。帝俱不納。俄用中官陳永壽奏，乃召朝還。遼東稅監高淮擁精騎數百至都城。大益言：「祖制，人臣不得弄兵。淮本掃除之役，敢盜兵權，包禍心，罪當誅。」帝亦不問。

明年八月極陳君德缺失，言：「陛下專志財利，自私藏外，絕不措意。中外羣工因而泄泄。君臣上下，曾無一念及民。空言相蒙，人怨天怒，妖祲變異，罔不畢集。乃至皇陵爲發祥之祖而災，孝陵爲創業之祖而災，長陵爲奠鼎之祖而亦災。天欲蹶我國家，章章明矣。臣觀十餘年來，亂政亟行，不可枚舉，而病源止在貨利一念。今聖諭補缺官矣，釋繫囚矣，然礦稅不撤，而羣小猶恣橫，〔三〕閭閻猶朘削，則百工之展布實難，而罪罟之羅織必衆。缺官雖補，繫囚雖釋，曾何益哉！陛下中歲以來，所以掩聰明之質，而甘蹈貪愚暴亂之行者，止爲家計耳。不知家之盈者，國必喪。如夏桀隕於瑤臺，商紂焚於寶玉，幽、厲啓戎於榮夷，桓、靈絕統於私鬻，德宗召難於瓊林，道君兆禍於花石。覆轍相仍，昭然可鑒。陛下邇來亂政，不減六代之季。一旦變生，其何以託身於天下哉！」居月餘，復以星變乞固根本，設防禦，罷礦稅。帝皆不省。又明年，以久次添注太常少卿，卒官。

大益性骨鯁，守官無他營。數進危言，卒獲免禍。蓋時帝倦勤，上章者雖千萬言，大率屏置勿閱故也。

馮應京，字可大，盱眙人。萬曆二十年進士。爲戶部主事。督薊鎮軍儲，以廉幹聞。尋改兵部，進員外郎。

二十八年擢湖廣僉事，分巡武昌、漢陽、黃州三府。繩貪墨，摧奸豪，風采大著。稅監陳奉恣橫，巡撫支可大以下唯諾惟謹，應京獨以法裁之。奉掊克萬端，至伐塚毀屋，刳孕婦，溺嬰兒。其年十二月有諸生妻被辱，訴上官。市民從者萬餘，哭聲動地，蠭涌入奉廨，諸司馳救乃免。應京捕治其爪牙，奉怒，陽餉食而置金其中。應京復暴之，益慚恨。明年正月置酒邀諸司，以甲士千人自衞，遂舉火箭焚民居。民羣擁奉門。奉遣人擊之，多死，碎其屍，擲諸途。可大噤不敢出聲，應京獨抗疏列其十大罪。〔四〕奉亦誣奏應京撓命，陵敕使。帝怒，命貶雜職，調邊方。給事中田大益、御史李以唐等交章劾奉，乞宥應京。帝益怒，除應京名。是時，襄陽通判邸宅、推官何棟如、棗陽縣知縣王之翰亦忤奉被劾。詔宅、之翰爲民，棟如遣逮。俄以都給事中楊應文論救，遂幷逮應京、宅、之翰三人。頃之，奉又誣劾武昌同知卞孔時抗拒，孔時亦被逮。

緹騎抵武昌，民知應京獲重譴，相率痛哭。奉乃大書應京名，列其罪，榜之通衢。士民益憤，聚數萬人圍奉廨，奉窘，逃匿楚王府，遂執其爪牙六人，〔五〕投之江，幷傷緹騎；詈可大助虐，焚其府門，可大不敢出。奉潛遣參隨三百人，引兵追逐，射殺數人，傷者不可勝計。日已晡，猶紛拏。應京囚服坐檻車，曉以大義，乃稍稍解散。奉匿楚府，逾月不敢出，亟請還京。大學士沈一貫因極言奉罪，請立代還。言官亦爭以爲請。帝未許。俄江西稅監李道亦奏奉侵匿狀，乃召還，隸其事於承天守備杜茂。頃之，東廠奏緹騎有死者。帝慍甚，手詔內閣，欲究主謀。一貫言民心宜靜，請亟遣重臣代可大拊循，因以侍郞趙可懷薦。帝乃褫可大官，令可懷馳往。未至，可大已遣兵護奉行。舟車相銜，數里不絕。可懷入境，亦遣使護之。奉得迤邐去。

應京之就逮也，士民擁檻車號哭，車不得行。既去，則家爲位祀之。三郡父老相率詣闕訴冤，帝不省。吏科都給事中郭如星、刑科給事中陳維春更連章劾奉。帝怒，謫兩人邊方雜職，繫應京等詔獄，拷訊久之不釋。應京乃於獄中著書，昕夕無倦。三十二年九月，星變修省。廷臣多請釋繫囚，於是應京及宅、棟如獲釋。之翰先瘐死，而孔時繫獄如故。應京志操卓犖，學求有用，不事空言，爲淮西士人之冠。出獄三年卒。天啓初，贈太常少卿，謚恭節。

何棟如，無錫人。居官守正。旣爲奉所陷，襄陽人赴闕訴冤，不聽。及出獄，削籍歸，家居十七年。天啓初，始起南京兵部主事。會遼陽陷。時議募兵，棟如自請行。遂齎帑金赴浙江，得六千七百人。甫至而廣寧復陷，又自請出關視形勢。乃進太僕少卿，充軍前贊畫。棟如志銳而才疎。初在浙，不能無浮費。所募兵畏出關，多逃亡。及兩疏論熊廷弼、王化貞功罪，給事中蔡思充、朱童蒙，御史陳保泰遂交章劾之。棟如疏辨，因請非時考察京官，用清朋黨。朝貴大恨，遂下詔獄，榜掠備至。五年秋，坐贓戍滁陽。崇禎初，復官。致仕卒。

王之翰，絳州人。官棗陽。力阻開礦，遂被逮拷死。天啓初，贈光祿少卿。

孔時既長繫，廷臣救者數十上。帝皆不省。四十一年，萬壽節，葉向高復以爲言，乃削籍放還。熹宗立，起南京刑部員外郎。

吳宗堯，字仁叔，歙縣人。萬曆二十三年進士。授益都知縣。性強項。中官陳增以開礦至，誣奏福山知縣韋國賢阻撓，被逮削籍。守令多屈節如屬吏，宗堯獨具賓主禮。增黨程守訓，宗堯邑子也。宗堯惡其奸，不與通。驛丞金子登說增開孟坵山礦，宗堯叱其欺罔。子登懼，搆於增。日徵千人鑿山，多捶死；又誣富民盜礦，三日捕繫五百人。

二十六年九月，宗堯盡發增不法事。帝得疏意動，持不下。會給事中包見捷極論增罪，請撤還。帝責增，令檢下。見捷同官郝敬復請治增罪，帝乃不悅，責宗堯狂逞要名。已而山東巡撫尹應元劾增背旨虐民二十罪。帝遂發怒，切責應元，削宗堯籍。敬復抗疏諫。帝益怒，奪俸一年，并奪應元俸。增遂劾宗堯阻撓礦務，且令守訓誣訐之。帝既遣逮治，御史劉景辰、給事中侯慶遠爭之，不聽。使者至，民大譁，欲殺增。宗堯行，民哭聲震地。既至，下詔獄拷訊，繫經年。禮部郎鮑應鰲等言於沈一貫曰：「南康守吳寶秀已得安居牖下，宗堯何獨不然？」一貫揭入，卽釋爲民，未幾卒。天啓時，贈光祿少卿，賜祭，錄一子。

吳寶秀，字汝珍，平陽人。萬曆十七年進士。授大理評事。歷寺正，出爲南康知府。湖口稅監李道橫甚，寶秀不與通。漕舟南還，乘風揚帆入湖口。道欲榷其貨，遣卒急追之，舟覆有死者。道遣吏捕漕卒，寶秀拒不發。道怒，劾寶秀及星子知縣吳一元、青山巡檢程資阻撓稅務，詔俱逮治。給事中楊應文等請下撫按公勘。大學士沈一貫、吏部尙書李戴、國子祭酒方從哲等交章爲言，俱不報。寶秀妻陳氏慟哭，請偕行，寶秀不可。乃括餘貲及簪珥付其妾曰：「夫子行，以爲路費。」夜自經死。

寶秀至京，下詔獄。大學士趙志皐上言：「頃臣臥病，聞中外人情洶洶，皆爲礦稅一事。南康守吳寶秀逮繫時，其妻至投繯自盡，闔郡號呼，幾成變亂。事關民生向背，宗社安危，臣不敢以將去之身，隱默而不言。」星子民陳英者，方廬墓，約儒士熊應鳳等走京師，伏闕訟冤，乞以身代。於是撫按及南北諸臣論救者疏十餘上，帝皆不省。一日，司禮田義彙諸疏進御前，帝怒擲地。義從容拾起，復進之，叩首曰：「閣臣跪候朝門外，不奉處分不敢退。」帝怒稍平，取閱閣臣疏，命移獄刑部。皇太后亦聞陳氏之死，從容爲帝言。至九月，與一元等並釋爲民。歸家，踰年卒。

初，南康士民建祠，特祀陳氏，後合寶秀祀之。天啓中，贈太僕少卿，賜祭，錄其一子。

華鈺，字德夫，丹徒人。萬曆二十三年進士。授荆州推官。稅監陳奉僕直馳府署中，鈺笞之。奉佯謝，銜之刺骨。奉所受敕止江稅，乃故移之市，又倍蓰征之。稍與辨，輒毆擊破面。商賈怖匿，負擔者不敢出其途。鈺白御史嚴戢，奉益恨。奉欲榷沙市稅，沙市人羣起逐之，奉疑鈺所使。已，欲榷黃州團風鎭稅，復爲鎭民所逐，奉又疑經歷車任重教之。〔六〕遂上疏極論鈺、任重阻撓罪，幷及巡按御史曹楷、襄陽知府李商耕、黃州知府趙文煥、〔七〕荆門知州高則巽等數十人。帝切責楷，貶商耕等三人官，鈺、任重皆被逮。時二十七年八月也。

既至，下鎭撫獄訊治，俾引御史楷。鈺堅不承，繫獄中。初，吳宗堯、吳寶秀皆不久卽釋。帝欲痛折辱以懼之，於是鈺與馮應京、王正志等先後十餘人悉長繫。廷臣論救章數上，皆不報。獄中有鳥，形類鶴而小，怪鳴，則逮者至。一夕，鳥鳴甚哀。鈺起坐俟之，則應京至。居久之，語鈺以主靜窮理之學，日相與研究。三十二年六月，長陵災，肆赦，鈺與任重並釋爲民。家居四年卒。天啓中，贈尙寶少卿，賜祭，錄一子。

王正志，祥符人。萬曆二十六年進士。除富平知縣。二十八年，稅使梁永、趙欽肆虐，正志捕其黨李英杖殺之，因極論二人不法罪。欽亦以李英事訐奏，帝怒，命逮之。給事中陳惟春言正志劾欽罪多，宜提訊；欽所劾正志事宜下撫按覈實，免其逮繫。御史李時華亦言近日所逮吳應鴻、勞養魁、蔡如川、甘學書及正志等，俱宜敕下撫按勘虛實，不得以一人單詞枉害良善。皆不報。未幾，梁永亦訐正志。帝命諸抗違欺隱者悉指名劾奏，重治之。宦官益張，長吏皆喪氣。正志繫詔獄四年，三十一年夏，瘐死。天啓時，贈祭，廕子，皆視鈺。

自礦稅興，中使四出，跆藉有司。謗書一聞，駕帖立下。二十四年，則遼東參將梁心；二十五年，則山東福山知縣韋國賢；二十六年，則山東益都知縣吳宗堯；二十七年，則江西南康知府吳寶秀、星子知縣吳一元、山東臨清守備王煬；二十八年，則廣東新會在籍通判吳應鴻，舉人勞養魁、鍾聲朝、梁斗輝，雲南尋甸知府蔡如川，趙州知州甘學書及正志；二十九年，則湖廣按察僉事馮應京、襄陽通判邸宅、推官何棟如、棗陽知縣王之翰、武昌同知卞孔時、江西饒州通判陳奇可；三十年，則鳳陽臨淮知縣林鍒；三十四年，則陝西咸陽知縣宋時際；〔八〕三十五年，則陝西咸寧知縣滿朝薦；三十六年，〔九〕則遼東海防同知王邦才、參將李獲陽；皆幽繫詔獄，久者至十餘年。煬、應鴻、獲陽斃獄中，其他削籍、貶官有差。至士民幽繫死亡者，尤不可勝紀也。

贊曰：神宗二十四年，軍府千戶仲春請開礦助大工，遂命戶部錦衣官各一人同仲春開採。給事中程紹言嘉靖中採礦，費帑金三萬餘，得礦銀二萬八千五百，得不償失，因罷其役。給事中楊應文繼言之。皆不納。由是卑秩宂僚，下至市井黠桀，奮起言利。而璫使四出，毒流海內，民不聊生，至三十三年乃罷。嗣是軍興徵發，加派再三。府庫未充，膏脂已竭，明室之亡於是決矣。

校勘記

〔一〕畿民富者貧貧者死　畿民，原作「饑民」，據明史稿傳一一三傳好禮傳改。按此承上文「近京要地」而言，作「畿民」是。

〔二〕重足而累息　累息，原作「纍息」，據明史稿傳一〇九田大益傳改。

〔三〕羣小猶恣橫　恣橫，原作「盜橫」，據明史稿傳一〇九田大益傳改。

〔四〕應京獨抗疏列其十大罪　十大罪，原作「九大罪」，據本書卷三〇五陳增傳附陳奉傳、明史稿傳一七九陳奉傳改。

〔五〕遂執其爪牙六人　本書卷三〇五陳增傳附陳奉傳、明史稿傳一七九陳奉傳都作「十六人」。

〔六〕奉又疑經歷車任重教之　車任重，原倒作「車重任」，據本書卷三〇五陳增傳附陳奉傳、明史稿傳一七九陳奉傳改。

〔七〕黃州知府趙文煥　趙文煥，本書卷三〇五陳增傳附陳奉傳、明史稿傳一七九陳奉傳作「趙文煒」，神宗實錄卷三三八萬曆二十七年八月丁丑條作「趙文炳」，湖北通志卷一一三頁二七三五職官表萬曆任年無考欄有趙文炳。

〔八〕咸陽知縣宋時際　宋時際，原作「宗時際」，據本書卷三〇五梁永傳、明史稿傳一一三華鈺傳、神宗實錄卷四一七萬曆三十四年正月癸巳條改。

〔九〕三十六年　原作「三十七年」，據本書卷三〇五高淮傳、明史稿傳一七九高淮傳、神宗實錄卷四四七萬曆三十六年六月庚申條改。

明史卷二百三十八

列傳第一百二十六

李成梁 子如松 如柏 如楨 如樟 如梅　麻貴 兄錦

李成梁，字汝契。高祖英自朝鮮內附，授世鐵嶺衞指揮僉事，遂家焉。成梁英毅驍健，有大將才。家貧，不能襲職，年四十猶爲諸生。巡按御史器之，資入京，乃得襲。積功爲遼東險山參將。

隆慶元年，土蠻大入永平。成梁赴援有功，進副總兵，仍守險山。尋協守遼陽。三年四月，張擺失等屯塞下，成梁迎擊斬之，殲其卒百六十有奇。餘衆遠徙，遂空其地。錄功，進秩一等。

四年九月，辛愛大入遼東。總兵官王治道戰死，擢成梁署都督僉事代之。當是時，俺答雖款塞，而插漢部長土蠻與從父黑石炭，弟委正、大委正，從弟煖兔、拱兔，子卜言台周，從子黃台吉勢方強。泰寧部長速把亥、炒花，朶顏部長董狐狸、長昂佐之。東則王杲、王兀堂、清佳砮、楊吉砮之屬，亦時窺塞下。十年之間，殷尙質、楊照、王治道三大將皆戰死。成梁乃大修戎備，甄拔將校，收召四方健兒，給以厚餼，用爲選鋒。軍聲始振。

明年五月，敵犯盤山驛，指揮蘇成勛擊走之。無何，土蠻大入。成梁遇於卓山，麾副將趙完等夾擊，斷其首尾。乘勝抵巢，馘部長二人，斬首五百八十餘級。進署都督同知，世廕千戶。又明年十月，土蠻六百騎營舊遼陽北河，去邊二百餘里，俟衆集大舉，成梁擊走之。萬曆元年，又擊走之前屯。已，又破走之鐵嶺鎭西諸堡。增秩二等。朶顏兀魯思罕以四千騎毀牆入，成梁禦却之。

建州都指揮王杲故與撫順通馬市。及是，誘殺備禦裴承祖，成梁謀討之。明年十月，杲復大舉入。成梁檄副將楊騰、遊擊王惟屏分屯要害，而令參將曹簠挑戰。諸軍四面起，敵大奔，盡聚杲寨。寨地高，杲深溝堅壘以自固。成梁用火器攻之，破數柵，矢石雨下。把總于志文、秦得倚先登，諸將繼之。杲走高臺，射殺志文。會大風起，縱火焚之，先後斬馘千一百餘級，毀其營壘而還。進左都督，世廕都指揮同知。杲大創，不能軍，走匿阿哈納寨。曹簠勒精騎往，杲走南關。都督王台執以獻，斬之。

三年春，土蠻犯長勇堡，擊敗之。其冬，炒花大會黑石炭、黃台吉、卜言台周、以兒鄧、煖兔、拱兔、堵剌兒等二萬餘騎，從平虜堡南掠。副將曹簠馳擊，遂轉掠瀋陽。見城外列營，乃據西北高墩。成梁邀戰，發火器。敵大潰，棄輜重走。追至河溝，乘勝渡河，擊斬以千計。加太子太保，世廕錦衣千戶。

明年，黑石炭、大委正營大清堡邊外，謀錦、義。成梁率選鋒馳二百里，逼其營，攻破之。殺部長四人，獲級六十有奇。

五年五月，土蠻復入，〔一〕聯營河東，而遣零騎西掠。成梁掩其巢，得利而還。明年正月，速把亥糾土蠻大入，營劈山。成梁馳至丁字泊，敵方分騎繞牆入。成梁夜出塞二百里，擣破劈山營，獲級四百三十，馘其長五人。加太保，世廕本衞指揮使。

三月，遊擊陶承喾擊敵長定堡，獻馘四百七十有奇。帝已告謝郊廟，大行賞賚，廕成梁世指揮僉事。有言所殺乃土蠻部曲，因盜牛羊事覺，懼罪來歸，承喾掩殺之。給事中光懋因請治承喾殺降罪，御史勘如懋言。兵部尚書方逢時，督撫梁夢龍、周詠先與承喾同敍功，力爲解。卒如御史奏，盡奪諸臣恩命。

六月，敵犯鎭靜堡，復擊退之。十二月，速把亥、炒花、煖兔、拱兔會土蠻黃台吉，大、小委正，卜兒亥，慌忽太等三萬餘騎壁遼河攻東昌堡，深入至耀州。成梁遣諸將分屯要害以遏之，而親提銳卒，出塞二百餘里，直擣圜山。斬首八百四十，及其長九人，獲馬千二百匹。

敵聞之，皆倉皇走出塞。論功，封寧遠伯，歲祿八百石。

是時，土蠻數求貢市，關吏不許，大恨。七年十月復以四萬騎自前屯錦川營深入。成梁命諸將堅壁，自督參將楊粟等遏其衝。會戚繼光亦來援，敵遂退。俄又與速把亥合壁紅土城，聲言入海州，而分兵入錦、義。成梁踰塞二百餘里，直抵紅土城，擊敗之，獲首功四百七十有奇。

遼東都督王兀堂故通市寬奠，後參將徐國輔弟國臣强抑市價，兀堂乃與趙鎖羅骨數遺零騎侵邊。明年三月以六百騎犯靉陽及黃岡嶺，指揮王宗義戰死。復以千餘騎從永奠入，成梁擊走之，追出塞二百里。敵以騎卒拒，而步卒登山鼓譟。成梁大敗之，斬首七百五十，盡毁其營壘。捷聞，幷錄紅土城功，予成梁世襲。其秋，兀堂復犯寬奠，副將姚大節擊破之。兀堂由是不振。

土蠻數侵邊不得志，忿甚，益徵諸部兵分犯錦、義及右屯、大凌河。以城堡堅，不可克，而成梁及薊鎭兵亦集，乃引去。無何，復以二萬餘騎從大鎭堡入攻錦州〔三〕。參將熊朝臣固守，而遣部將周之望、王應榮出戰，頗有斬獲。矢盡，皆戰死。敵乃分掠小凌河、松山、杏山。成梁馳援，始出境。

九年正月，土蠻復與黑石炭，大、小委正，卜言台周，腦毛大，黃台吉，以兒鄧，煖兔，拱兔，炒戶兒聚兵塞下，謀入廣寧。成梁帥輕騎從大寧堡出。去塞四百餘里，至襖郎兔大戰。自辰迄未，敵不支敗走。官軍將還，敵來追。成梁逆擊，且戰且行。先後斬首三百四十，及其長八人。錄功，增歲祿百石，世廕一等。

四月，黑石炭、以兒鄧、小歹青、卜言兔入遼陽。副將曹簠追至長安堡，遇伏，失千總陳鵬以下三百十七人，馬死者四百六十四，遂大掠人畜而去。簠等下吏，成梁不問。十月，土蠻復連速把亥等十餘萬騎攻圍廣寧，不克，轉掠團山堡、盤山驛及十三山驛，攻義州。成梁禦却之。

十年三月，速把亥率弟炒花、子卜言兔入犯義州。成梁禦之鎮夷堡，設伏待之。速把亥入，參將李平胡射中其脅，墜馬，蒼頭李有名前斬之。寇大奔，追馘百餘級。炒花等慟哭去。速把亥爲遼左患二十年，至是死。帝大喜，詔賜甲第京師，世廕錦衣指揮使。

初，王杲死，其子阿台走依王台長子虎兒罕。以王台獻其父，嘗欲報之。王台死，虎兒罕勢衰，阿台遂附北關合攻虎兒罕。又數犯孤山、汎河。成梁出塞，遇於曹子谷，斬首一千有奇，獲馬五百。阿台復糾阿海連兵入，抵瀋陽城南渾河，大掠去。成梁從撫順出塞百餘里，火攻古勒寨，射死阿台。連破阿海寨，擊殺之，獻馘二千三百。杲部遂滅。錄功，增歲祿百石，世廕指揮僉事。

北關清佳砮、楊吉砮素讐南關。王台沒，屢侵台季子猛骨孛羅，且藉土蠻、煖兔、慌忽太兵侵邊境。其年十二月，巡撫李松使備禦霍九皐許之貢市。清佳砮、楊吉砮率二千餘騎詣鎭北關謁。松、九皐見其兵盛，誚讓之，則以三百騎入。松先伏甲於旁，約二人不受撫則礮舉甲起。頃之，二人抵關，據鞍不遜，松叱之，九皐麾使下，其徒遽拔刀擊九皐，幷殺侍卒十餘人。於是軍中礮鳴，伏盡起，擊斬二人幷其從騎，與清佳砮子兀孫孛羅、楊吉砮子哈兒哈麻盡殲焉。成梁聞礮，急出塞，擊其留騎，斬首千五百有奇。餘衆刑白馬，攢刀，誓永受約束，乃旋師。錄功，增歲祿二百石，改前廕指揮僉事爲錦衣衞指揮使。方成梁之出塞也，炒花等以數萬騎入蒲河及大寧堡。將士防禦六日，始出塞。

十三年二月，把兔兒欲報父速把亥之怨，偕從父炒花、姑壻花大糾西部以兒鄧等以數萬騎入掠瀋陽。旣退，駐牧遼河，聲犯開原、鐵嶺。成梁與巡撫李松潛爲浮橋濟師，踰塞百五十里，疾掩其帳。寇已先覺，整衆逆戰。成梁爲疊陣，親督前陣擊，而松以後陣繼之，斬首八百有奇。捷聞，增歲祿百石，改廕錦衣指揮使爲都指揮使。

其年五月，敵犯瀋陽，伏精騎塞下，誘官軍。游擊韓元功追襲之，敗死。閏九月，諸部長復犯蒲河，殺裨將數人，大剽掠，而西部銀燈亦窺遼、瀋。成梁令部將李平胡出塞三百五十里，搗破銀燈營，斬首一百八級。諸部長聞之，始引去。

十四年二月，土蠻部長一克灰正糾把兔兒、炒花、花大等三萬騎，約土蠻諸子共馳遼陽挾賞。成梁偵得之，率副將楊燮，參將李寧、李興、孫守廉以輕騎出鎮邊堡。晝伏夜行二百餘里，至可可毋林。大風雷，敵不覺。既至，風日晴朗，敵大驚，發矢如雨。將士冒死陷陣，獲首功九百，斬其長二十四人。其年十月，敵七八萬騎犯鎮夷諸堡，閱五日始去。

十五年春，東西部連營入犯。其秋八月，復以七八萬騎犯鎮夷堡。十月，把漢大成糾土蠻十萬騎由鎮夷、大清二堡入，數日始出。

北關既被創，後淸佳砮子卜寨與楊吉砮子那林孛羅漸强盛，數與南關虎兒罕子歹商搆兵。成梁以南關勢弱，謀討北關以輔翊之。明年五月率師直搗其巢。卜寨走，與那林孛羅合，憑城守。城四重，攻之不下。用巨礮擊之，碎其外郛，遂拔二城，斬馘五百餘級。卜寨等請降，設誓不復叛，乃班師。

十七年三月，敵犯義州，復入太平堡，把總朱永壽等一軍盡沒。九月，腦毛大合白洪大、長昂三萬騎復犯平虜堡，備禦李有年、把總馮文昇皆戰死，成梁選鋒沒者數百人。敵大掠瀋陽蒲河、楡林，八日始去。明年二月，卜言台周，黃台吉，大、小委正結西部叉漢塔塔兒五萬餘騎復深入遼、瀋、海、蓋。成梁潛遣兵出塞襲之，遇伏，死者千人。成梁乃報首功二百八十，得增祿廕。土蠻族弟土墨台猪借西部靑把都、恰不慎及長昂、滾兔十萬騎深入海州。成梁不敢擊，縱掠數日而去。十九年閏三月，〔三〕成梁乘給事侯先春閱視，謀邀搗巢功，使副將李寧等出鎭夷堡潛襲板升，殺二百八十人。〔四〕師還遇敵，死者數千人。成梁及總督蹇達不以聞。巡按御史胡克儉盡發其先後欺罔狀，語多侵政府。疏雖不行，成梁由是不安於位。及先春還朝，詆尤力，帝意頗動。成梁再疏辭疾，言者亦踵至。其年十一月，帝竟從御史張鶴鳴言，解成梁任，以寧遠伯奉朝請。明年，哱拜反寧夏，御史梅國楨請用成梁，給事中王德完持不可，乃寢。

成梁鎭遼二十二年，先後奏大捷者十，帝輒祭告郊廟，受廷臣賀，蟒衣金繒歲賜稠疊。邊帥武功之盛，二百年來未有也。其始銳意封拜，師出必捷，威振絕域。已而位望益隆，子弟盡列崇階，僕隸無不榮顯。貴極而驕，奢侈無度。軍貲、馬價、鹽課、市賞，歲乾沒不貲，全遼商民之利盡籠入己。以是灌輸權門，結納朝士，中外要人無不飽其重賕，爲之左右。每一奏捷，內自閣部，外自督撫而下，大者進官廕子，小亦增俸賚金。恩施優渥，震耀當世。而其戰功率在塞外，易爲緣飾。若敵入內地，則以堅壁淸野爲詞，擁兵觀望；甚或掩敗爲功，殺良民冒級。閣部共爲蒙蔽，督撫、監司稍忤意，輒排去之，不得舉其法。先後巡按陳登雲、許守恩廉得其殺降冒功狀，擬論奏之，爲巡撫李松、顧養謙所沮止。旣而物議沸騰，御史朱應轂、給事中任應徵、僉事李琯交章抨擊。事頗有跡，卒賴奥援，反詰責言者。及申時行、許國、王錫爵相繼謝政，成梁失內主，遂以去位。

成梁諸戰功率藉健兒。其後健兒李平胡、李寧、李興、秦得倚、孫守廉輩皆富貴，擁專城。暮氣難振，又轉相掊克，士馬蕭耗。迨成梁去遼，十年之間更易八帥，邊備益弛。

二十九年八月，馬林獲罪。大學士沈一貫言成梁雖老，尙堪將兵。乃命再鎭遼東，年已七十有六矣。是時，土蠻、長昂及把兔兒已死，寇鈔漸稀。而開原、廣寧之前復開馬、木二市。諸部耽市賞利，爭就款。以故成梁復鎭八年，遼左少事。以閱視敍勞，加至太傅。

當萬曆初元時，兵部侍郎汪道昆閱邊，成梁獻議移建孤山堡於張其哈剌佃，〔五〕險山堡於寬佃，沿江新安四堡於長佃、長嶺諸處，仍以孤山、險山二參將戍之，可拓地七八百里，益收耕牧之利。道昆上於朝，報可。自是生聚日繁，至六萬四千餘戶。及三十四年，成梁以地孤懸難守，與督、撫蹇達、趙楫建議棄之，盡徙居民於內地。居民戀家室，則以大軍驅迫之，死者狼籍。成梁等反以招復逃人功，增秩受賞。兵科給事中宋一韓力言棄地非策。巡按御史熊廷弼勘奏如一韓言，一韓復連章極論。帝素眷成梁，悉留中不下。久之卒，年九十。

弟成材，參將。子如松、如柏、如楨、如樟、如梅皆總兵官；如梓、如梧、如桂、如楠亦皆至參將。

如松，字子茂，成梁長子。以父廕爲都指揮同知，充寧遠伯勳衞。驍果敢戰，少從父諸兵機。再遷署都督僉事，爲神機營右副將。

萬曆十一年出爲山西總兵官。給事中黃道瞻等數言如松父子不當並居重鎭，大學士申時行請保全之，乃召僉書右府。尋提督京城巡捕。給事中邵庶嘗劾如松及其弟副總兵如柏不法，且請稍抑，以全終始，不納。十五年復以總兵官鎭宣府。巡撫許守謙閱操，如松引坐與並。參政王學書却之，語不相下，幾攘臂。巡按御史王之棟因劾如松驕橫，幷詆學書，帝爲兩奪其俸。已復被論，給事中葉初春請改調之，乃命與山西李迎恩更鎭。其後，軍政拾遺，給事中閔視，數遭論劾。帝終眷之不爲動，召僉書中府。

二十年，哱拜反寧夏，御史梅國楨薦如松大將才，其弟如梅、如樟並年少英傑，宜令討賊。乃命如松爲提督陝西討逆軍務總兵官，卽以國楨監之。武臣有提督，自如松始也。已命盡統遼東、宣府、大同、山西諸道援軍。六月抵寧夏。如松以權任既重，不欲受總督制，事輒專行。兵科許弘綱等以爲非制，尙書石星亦言如松敕書受督臣節度，不得自專，帝乃下詔申飭。先是，諸將董一奎、麻貴等數攻城不下。如松至，攻益力。用布囊三萬，實以土，踐之登，爲礮石所却。如樟夜攀雲梯上，不克。游擊龔子敬提苗兵攻南關，如松乘勢將登，亦不克，乃決策水攻。拜𡨚，遣養子克力蓋往勾套寇，如松令部將李寧追斬之。已，套寇以萬餘騎至張亮堡。如松力戰，手斬士卒畏縮者，寇竟敗去。水侵北關，城崩。如松及蕭如薰等佯擊北關誘賊，而潛以銳師襲南關，攀雲梯而上。拜及子承恩自斬叛黨劉東暘、許朝乞貸死。於是如松先登，如薰及麻貴、劉承嗣等繼之，盡滅拜族。錄功，進都督，世廕錦衣指揮同知。

會朝鮮倭患棘，詔如松提督薊、遼、保定、山東諸軍，剋期東征。弟如柏、如梅並率師援勦。如松新立功，氣益驕，與經略宋應昌不相下。故事，大帥初見督師，甲冑庭謁，出易冠帶，始加禮貌。如松用監司謁督撫儀，素服側坐而已。十二月，如松至軍，沈惟敬自倭歸，言倭酋行長願封，請退平壤迤西，以大同江爲界。如松叱惟敬憸邪，欲斬之。參謀李應試曰：「藉惟敬紿倭封，而陰襲之，奇計也。」如松以爲然，乃置惟敬於營，誓師渡江。

二十一年正月四日，師次肅寧館。行長以爲封使將至，遣牙將二十人來迎，如松檄遊擊李寧生縛之。倭猝起格鬬，僅獲三人，餘走還。行長大駭，復遣所親信小西飛來謁，如松慰遣之。六日，次平壤。行長猶以爲封使也，竚風月樓以待，羣倭花衣夾道迎。如松分布諸軍，抵平壤城，諸將逡巡未入，形大露，倭悉登陴拒守。是夜，襲如柏營，擊卻之。明旦，如松下令諸軍無割首級，攻圍缺東面。以倭素易朝鮮軍，令副將祖承訓詭爲其裝，潛伏西南。令遊擊吳惟忠攻迤北牡丹峯。而如松親提大軍直抵城下，攻其東南。倭礮矢如雨，軍少却。如松斬先退者以徇。募死士，援鉤梯直上。倭方輕南面朝鮮軍，承訓等乃卸裝露明甲。倭大驚，急分兵捍拒，如松已督副將楊元等軍自小西門先登，如柏等亦從大西門入。火器並發，烟焰蔽空。惟忠中礮傷胸，猶奮呼督戰。如松馬斃於礮，易馬馳，墮塹，躍而上，麾兵益進。將士無不一當百，遂克之。獲首功千二百有奇。倭退保風月樓。夜半，行長渡大同江，遁還龍山。寧及參將查大受率精卒三千潛伏東江間道，復斬級三百六十。乘勝逐北，十九日，如柏遂復開城。所失黃海、平安、京畿、江源四道並復。清正據咸鏡，亦遁還王京。

官軍既連勝，有輕敵心。二十七日再進師。朝鮮人以賊棄王京告。如松信之，將輕騎趨碧蹄館。距王京三十里，猝遇倭，圍數重。如松督部下鏖戰。一金甲倭搏如松急，指揮李有聲殊死救，被殺。如柏、寧等奮前夾擊，如梅射金甲倭墮馬，楊元兵亦至，斫重圍入，倭乃退，官軍喪失甚多。會天久雨，騎入稻畦中不得逞。倭背岳山，面漢水，聯營城中，廣樹飛樓，箭礮不絕，官軍乃退駐開城。二月既望，諜報倭以二十萬衆入寇。如松令元軍平壤，扼大同江，接餉道；如柏等軍寶山諸處爲聲援；大受軍臨津；留寧、承訓軍開城；而身自東西調度。聞倭將平秀嘉據龍山倉，積粟數十萬，密令大受率死士從間焚之。倭遂乏食。

初，官軍捷平壤，鋒銳甚，不復問封貢事。及碧蹄敗衄，如松氣大索，應昌、如松急欲休息，而倭亦芻糧並絕，且懲平壤之敗，有歸志，於是惟敬款議復行。四月十八日，倭棄王京遁，如松與應昌入城，遣兵渡漢江尾倭後，將擊其惰歸。倭步步爲營，分番迭休，官軍不敢擊。倭乃結營釜山，爲久留計。時兵部尚書石星力主封貢，議撤兵，獨留劉綎拒守。如松乃以十二月班師。論功，加太子太保，增歲祿百石。言者詆其和親辱國，屢攻擊之。帝不問。

二十五年冬，遼東總兵董一元罷，廷推者三，中旨特用如松。言路復交章力爭，帝置不報。如松感帝知，氣益奮。明年四月，土蠻寇犯遼東。如松率輕騎遠出搗巢，中伏力戰死。帝痛悼，令具衣冠歸葬，贈少保、寧遠伯，立祠，謚忠烈。以其弟如梅代爲總兵官，授長子世忠錦衣衛指揮使，掌南鎮撫司，仍充寧遠伯勳衞，復廕一子本衞指揮使，世襲。恤典優渥，皆出特恩云。

世忠未久卒，無子。弟顯忠由廕歷遼東副總兵，當嗣爵，朝臣方惡李氏，無爲言者。至崇禎中，如松妻武氏愬於朝。章下部議，竟寢。後莊烈帝念成梁功，顯忠子尊祖得嗣寧遠伯。闖賊陷京師，遇難。

如柏，字子貞，成梁第二子。由父廕爲錦衣千戶。嘗與客會飲，礮聲徹大內，下吏免官。

再以蔭爲指揮僉事。數從父出塞有功，歷密雲游擊，黃花嶺參將，薊鎮副總兵。萬曆十六年，御史任養心言：「李氏兵權太盛。姻親廝養分操兵柄，環神京數千里，縱橫蟠據，不可動搖。如柏貪淫，跋扈尤甚。不早爲計，恐生他變。」帝乃解如柏任。於是成梁上書乞罷，幷請盡罷子弟官，帝慰留不許。久之，起故官，署宣府參將。引疾歸。

如松之禦倭朝鮮也，詔如柏署都督僉事，先率師赴援。既拔平壤，如柏疾趨開城，攻克之，斬首百六十有奇。師旋，進都督同知，爲五軍營副將。尋出爲貴州總兵官。二十三年改鎮寧夏。著力兔犯平虜、橫城，如柏邀之，大獲，斬首二百七十有奇。進右都督。再以疾歸，家居二十餘年。會遼東總兵官張承蔭戰歿，文武大臣英國公張惟賢等合疏薦如柏，詔以故官鎮遼東。蒙古炒花入犯，督諸將擊却之。

始成梁、如松爲將，厚畜健兒，故所向克捷。至是，父兄故部曲已無復存，而如柏暨諸弟放情酒色，亦無復少年英銳。特以李氏世將，起自廢籍中。顧如柏中情怯，惟左次避敵而已。我大清師臨河，如柏故引軍防懿路。及楊鎬四路出師，令如柏以一軍出鴉鶻關。甫抵虎攔路，鎬聞杜松、馬林兩軍已覆，急檄如柏還。大清哨兵二十人見之，登山鳴螺，作大軍追擊狀，如柏軍大驚，奔走相蹴死者千餘人。御史給事中交章論劾，給事中李奇珍連疏爭尤力。帝終念李氏，詔還候勘。既入都，言者不已。如柏懼，遂自裁。

如楨，成梁第三子。由父廕爲指揮使。屢加至右都督，並在錦衣。嘗掌南、北鎮撫司，提督西司房，列環衞者四十年。最後，軍政拾遺，部議罷職，章久留不下。如楨雖將家子，然未歷行陣，不知兵。及兄如柏革任，遼人謂李氏世鎮遼東，邊人憚服，非再用李氏不可，巡撫周永春以爲言。而是時如柏兄弟獨如楨在，兵部尚書黃嘉善遂徇其請，以如楨名上，帝卽可之。時萬曆四十七年四月也。

如楨藉父兄勢，又自以錦衣近臣，不肯居人下。未出關，卽遣使與總督汪可受講鈞禮，朝議譁然，嘉善亦特疏言之。如楨始怏怏去。旣抵遼，經略楊鎬使守鐵嶺。鐵嶺故李氏宗族墳墓所在。當如柏還京，其族黨部曲高貲者悉隨之而西，城中爲空。後鎬以孤城難守，令如楨還屯瀋陽，僅以參將丁碧等防守，力益弱。大清兵臨城，如楨擁兵不救，城遂失。言官交章論列，經略熊廷弼亦論如楨十不堪，乃罷任。天啓初，言者復力攻，下獄論死。崇禎四年，帝念成梁勛，特免死充軍。

如樟，亦由父廕，歷都指揮僉事。從兄如松征寧夏，先登有功，累進都督僉事。歷廣西、延綏總兵官。

如梅，字子清。亦由父廕，歷都指揮僉事。從兄如松征日本，却敵先登。屢遷遼東副總兵。二十四年，炒花、卜言兔將入犯，如梅謀先襲之。督部將方時新等出塞三百里，直搗其廬帳，斬首百餘級而還。明年，如梅與參政楊鎬謀復從鎮西堡出塞，潛襲敵營，失利，損部將十人，士卒百六十人。如梅以血戰重創，免罪。

日本封事敗，其年八月進署都督僉事，充禦倭副總兵，赴朝鮮援勦。時麻貴三路進師，令如梅將左軍，與右軍共攻蔚山。如梅偕參將楊登山騎兵先進，設伏海濱，而令遊擊擺賽以輕騎誘賊，斬首四百有奇，餘賊遁歸島山。副將陳寅冒矢石奮呼上，破栅兩重。至第三栅，垂拔，楊鎬爲總理，宿與如梅暱，不欲寅功出其上，遽鳴金收軍。翌日，如梅至，攻之，不能拔。已而賊援至，如梅軍先奔，諸軍亦相繼潰。贊畫主事丁應泰劾鎬，幷劾如梅當斬者二，當罪者十，帝不納。旋用爲禦倭總兵官。會其兄如松戰歿，卽命如梅馳代之。踰年，坐擁兵畏敵，劾罷。久之，起僉書左府。四十年，鎬巡撫遼東，力薦如梅爲帥。不得，至以死爭。給事中麻僖、御史楊州鶴力持不可，乃止。

成梁諸子，如松最果敢，有父風，其次稱如梅。然躁動，非大將才，獨楊鎬深信。後復倚任其兄如柏，卒以致敗。

麻貴，大同右衛人。父祿，嘉靖中爲大同參將，從鎭帥劉漢襲板升，大獲。俺答圍右衛，祿與副將尚表固守，乘間擊斬其部長，寇乃引退。辛愛犯京東，祿以宣府副總兵入衛，與子遊擊錦並有却敵功。

貴由舍人從軍，積功至都指揮僉事，充宣府遊擊將軍。隆慶中，遷大同新平堡參將。寇大入，掠山陰、懷仁、應州。將吏並獲罪，獨貴與兄副將錦拒戰有功，受賞。

萬曆初，再遷大同副總兵。十年冬，以都督僉事充寧夏總兵官。無何，徙鎭大同。時諸部納款久，撦力克襲封順義王，奉中國益虔。貴頻以安邊勞蒙賜賚。

十九年爲閱視少卿曾乾亨所劾，謫戍邊。明年，寧夏哱拜反。廷議貴健將知兵，且多畜家丁，乃起戍中爲副將，總兵討賊。屢攻城不克。其五月，哱拜以套寇五百騎圍平虜堡，貴選精卒三百間道馳却之。俄以總督魏學曾命撫著力兔、銀定、宰僧於橫城，啖以重利，皆不應，貴乃還攻城。寧夏總兵董一奎攻其南，固原總兵李昫攻其西，〔六〕故總兵劉承嗣攻其北，牛秉忠攻其東，貴以游兵主策應。哱拜自北門出戰，將往勾套部，貴逐之入城，別遣將馬孔英、麻承詔等擊套寇援兵，俘斬百二十人。拜初與套部深相結，諸部長稱之爲王。日坐著力兔帳中，主籌畫，至是不敢復出。俄朝命蕭如薰代董一奎，盡將諸道援兵，以貴爲副。而李如松軍亦至，攻益急。賊奉黃金、繡蟒于卜失兔等，請急徇靈州，先據下馬關，沮餽道。卜失兔與莊禿賴果合兵犯定邊，而宰僧從花馬池西沙湃入。貴迎擊，挫宰僧於石溝。會董一元搗土昧巢，諸部長俱解去。賊復乞援於著力兔，擁衆大入。如松率勁騎迎戰張亮堡，自卯迄巳，敵銳甚。會貴及李如樟等兵至，夾擊之，寇乃却。逐北至賀蘭山，獲首級百二十餘。持示賊，賊益恟懼。無何城破，賊盡平。貴以功增秩，予廕。尋擢總兵官，鎭守延綏。

二十二年七月，卜失兔糾諸部深入定邊，營張春井。貴乘虛搗其帳於套中，斬首二百五十有奇。還自寧塞，復邀其零騎。會寇留內地久，轉掠至下馬關。寧夏總兵蕭如薰不能禦，總督葉夢熊急檄貴赴援。督副將蕭如蘭等連戰曬馬臺、薛家窪，斬首二百三十有奇，獲畜產萬五千。帝爲告廟宣捷，進署都督同知，予世廕。明年，卜失兔復入塞，掠八日而還。順義王撦力克約之納款，不從，復擬大入。貴勒兵萬五千人，遊擊閻逢時等出紅山爲中軍，參將師以律等出高家堡、神木、孤山爲左軍，參將孫朝梁等出定邊、安邊、平山爲右軍，而自以大軍當一面。銜枚疾趨，踰塞六十里。寇莫知所防，大潰。俘斬四百有奇，獲馬駝牛羊千五百。再進秩，予廕。尋以病歸。

二十五年，日本封事敗，起貴備倭總兵官，赴朝鮮。已，加提督，盡統南北諸軍。貴馳至王京，倭已入慶州，據閑山島，圍南原。守將楊元遁，全州守將陳愚衷亦遁，倭乘勢逼王京。貴別遣副將解生守稷山，朝鮮亦令都體察使李元翼出忠清道遮賊鋒。生頗有斬獲功，參將彭友德亦破賊青山。倭將行長退屯井邑，清正還慶州。經略邢玠、經理楊鎬先後至，分兵三協：左李如梅，右李芳春、解生，中高策。貴與鎬督左右協兵專攻清正。策駐宜寧，東援兩協，西扼行長。諸軍至慶州，倭悉退屯蔚山，如梅誘敗之。清正退保島山，築三砦自固。遊擊茅國器率死士拔其砦，斬馘六百五十，諸軍遂進圍其城。城新築以石，堅甚，將士仰攻多死。圍十日，倭襲敗生兵。明年正月二日，行長來援，九將兵俱潰。賊張旗幟江上，鎬大懼，倉皇撤師，以捷奏。既而敗狀聞，帝罷鎬，責貴以功贖。與劉綎、陳璘、董一元分四路。貴居東，當清正，數戰有功。會平秀吉死，官軍益力攻。十一月，清正先遁，貴遂入島山、西浦，諸路共俘斬二千二百有奇。明年三月，旋師。進右都督，予世廕。

三十八年命貴鎮遼東。泰寧炒花素桀驁，九子各將兵，他部宰賽、煖兔又助之。邊將畏戰，但以增歲賞爲事，寇益無所忌。明年，臨邊要賞，將士出不意擊之，拔營遁，徙額力素居焉。其地忽天鳴地震，炒花驚懼，再徙渡老河，去邊幾四百里，其第三子色特哂之，南移可可毋林，伺隙入犯。貴伏兵敗之，追北至白雲山，斬馘三百四十有奇。色特憤，謀復讐。

糾宰賽、以兒鄧，皆不應。乃東糾卜言顧、伯要兒，西糾哈剌漢乃蠻，合犯清河，皆潰。以兒鄧等懼，代炒花求款，邊境乃寧。明年，插漢虎墩兔以三萬騎入掠穆家堡。禦之敗去。其夏，貴引病乞罷，詔乘傳歸。

貴果毅驍捷，善用兵，東西並著功伐。先後承特賜者七，錫世廕者六。及歿，予祭葬。稱一時良將焉。

兄錦，少從父行陣，有戰功。累官千總，協守大同右衞。千戶魏昂者，坐罪亡入沙漠，引寇至城下，挾取妻子，錦伏甲擒之。俺答圍城，數突圍，城卒完。尋以殺人，幷父奪官下吏。當事以塞上方用兵，而錦父子兄弟並敢戰，曲法貸之。屢遷宣府遊擊將軍。以勤王功，進秩一等，遷大同參將。隆慶初，進本鎭副總兵，從趙岢出塞敗寇兵，與弟貴並有保境功。俺答納款，錦招塞外叛人歸者甚衆。萬曆五年擢山西總兵官。尋改鎭宣府，卒。

錦子承勛，遼東副總兵，都督僉事，南京後府僉書。從子承恩，都督同知，宣府、延綏、大同總兵官。更歷諸鎭，以勇力聞。後起援遼東，屢退避，下獄當死。詔納馬八百匹免罪，其家遂破。承詔，寧夏參將。從平哱拜有功。後爲蒼頭所弒。承訓，薊鎭副總兵。承宣，洮岷副總兵。承宗，遼東副總兵。天啓初，戰死沙嶺。

麻氏多將才。人以方鐵嶺李氏，曰「東李西麻」。

贊曰：自俺答款宣、大，薊門設守固，而遼獨被兵。成梁遂擅戰功，至剖符受封，震耀一時，倘亦有天幸歟。麻貴宣力東西，勳閥可稱。兩家子弟多歷要鎮，是以時論以李、麻並列。然列戟擁麾，世傳將種，而恇怯退避，隳其家聲。語曰「將門有將」，諸人得無愧乎！

校勘記

〔一〕五年五月土蠻復入　原脫「五年」。明史稿傳一一五李成梁傳作「五年」。按神宗實錄卷六三萬曆五年六月丁卯條稱：「先是五月丙申，土蠻入犯錦州。」事在萬曆五年五月甚明，據補。

〔二〕復以二萬餘騎從大鎮堡入攻錦州　傳文記此事於九年正月之前，本書卷二〇神宗紀、神宗實錄卷一〇八均繫於萬曆九年正月癸酉。

〔三〕十九年閏三月　閏三月，原作「閏二月」。按是年閏三月，不閏二月，今改。

〔四〕殺二百八十人　本書卷二二一及明史稿傳一〇二郝杰傳作「獲老弱二百八十餘級」。

〔五〕成梁獻議移建孤山堡於張其哈剌佃　張其哈剌佃，本書卷二二二張學顏傳作「張其哈佃」。

〔六〕固原總兵李昫攻其西　李昫，原作「李煦」，據明史稿傳一一六麻貴傳、神宗實錄卷二四九萬曆二十六年六月丁酉條改。

明史卷二百三十九

列傳第一百二十七

張臣 子承廕 孫應昌 全昌 德昌 董一元 王保 杜桐 弟松

子文煥 孫弘域 蕭如薰 達雲 尤繼先 官秉忠

柴國柱 李懷信

張臣，楡林衞人。起行伍，爲隊長。蹻捷精悍，搏戰好陷堅。從千總劉朋守黃甫川。朋遇寇喪馬被圍，臣單騎馳救，射中其魁，奪馬載朋歸，由此知名。旋代朋職，屢戰跨馬梁、李家溝、高家堡、田家梁、西紅山，並有功，遷宣府膳房堡守備。寇嘗大入，環攻堡，欲生得臣。臣召麾下酌水爲酒，歡呼歌飲，寇莫測所爲，不敢登。臣夜決圍出，取他道以歸。上官壯之，擢延綏入衞遊擊將軍。

赴之。隆庆元年九月，土蠻大入昌黎、撫寧、樂亭、盧龍，游騎至灤河。諸將莫敢戰，臣獨勒兵赴之。遼帥王治道曰：「敵衆我寡，往必無利。」臣不顧，率所部千人擐甲直馳，呼聲震山谷，寇以數騎嘗，奮前斬之。追至棒槌崖，斬首百十餘級，墜崖死傷者無算。事寧，薊鎭諸將悉獲罪，臣以功增秩二級。無何，寇潛入場子嶺，參將吳昴被殺，命臣代之。尋進副總兵，領總督標下事，改守薊鎭西協。

萬曆初，錄秋防功，進署都督僉事。炒蠻潛入古北口，參將范宗儒追至十八盤山，戰歿，餘衆被圍。臣急偕遊擊高廷禮等馳救，寇始去，坐鐫一秩。五年春，以總兵官鎭守寧夏。順義王俺答報怨瓦剌，欲取道賀蘭，臣不可，俺答恚，語不遜。臣夜決漢、唐二渠水，道不通，復陳兵赤水口，〔二〕俺答乃從山後去。三歲互市，毋敢譁者。閱邊給事中以苛禮責望，劾罷之。

十一年，小阿卜戶犯黑峪關，守將陳文治以下俱逮繫。詔起臣副總兵，駐守馬蘭峪。會朶顏長昂屢擾邊，薊鎭總兵官楊四畏不能禦，乃調四畏保定，而徙臣代之。長昂雅憚臣，使其從母土阿、妻東桂款關乞降，乃撫賞如初。猛可眞者，俺答弟老把都妻妾也，坐與小阿卜戶犯黑峪關，罷歲賞。既納款，復猖獗，以謾詞報邊臣，而令大嬖只代爲謝罪。大嬖只者，順義王乞慶哈棄妾也。臣等測其詐，令將士出塞捕二十三人，繫之獄，令還我被掠人。猛可眞以所愛者五人在俘中，許獻還所掠，親叩關索故賞。臣等幷召大嬖只入演武場，譙責甚厲。兩婦叩頭請死，乃貸之。先後獻還八十餘人，中有被拘數十年者。臣以功紀錄優敍。尋進署都督同知，召僉書左府事。出爲陝西總兵官，鎭守固原。

十八年春，移鎭甘肅。火落赤犯洮、河，卜失兔將往助之，其母泣沮，不從，遂攜妻女行，由永昌宋家莊穴牆入。臣逆戰水泉三道溝，手格殺數人，奪其坐纛。卜失兔及其黨炒胡兒並中流矢走，臣亦被創。將士斬級以百數，生獲其愛女及牛馬羊萬八百有奇。卜失兔仰天大慟曰：「傷哉我女，悔不用母言，以至此也。」自是不敢歸巢，與宰僧匿西海。已，屬宰僧謝罪，其母及順義王亦代爲言，乃還其女，而使歸套。臣以功進秩爲眞。

時諸部長桀驁甚，經略鄭洛專主款。臣以爲不足恃，上書陳八難、五要。大略云：邊薄兵寡，餉絀寇驕，諸部順逆難明，宜復額兵，嚴勾卒，足糧餉，分敵勢，明賞罰。且以創重乞歸，帝不許。後二年，謝病去。臣更歷四鎭，名著塞垣，爲一時良將。

子承廕，由父廕積功至延綏副總兵。勇而有謀，尤精騎射，數鏖戰未嘗挫衄。萬曆三十七年代王威爲延綏總兵官。沙計及猛克什力數犯邊。是年冬，復犯波羅、神木。承廕邀却之，追斬八十餘人。沙計欲修貢，守臣惡其反覆，拒之，益徙近邊，以數千騎犯雙山堡。

承廕擊走之，俘斬百二十有奇。四十年，沙計復入塞。承廕遮擊之嚮水，斬首百七十餘級。積前功，進署都督同知，世廕本衞副千戶。是歲，遼東總兵官麻貴罷，敕承廕馳代之。蟒金諸部近寧前，守將祖天壽間出獵，被圍曹莊，將士死者二百三十人，被掠者六百餘人，天壽以數騎免。事聞，論死。承廕初抵任，獲免。敖克等犯中後所，拒斬其二長，餘走出塞。時虎墩兔、炒花、煖兔、宰賽逼處遼境，無歲不犯邊。承廕未至時，虎墩兔以三萬騎犯穆家堡，參將郎名忠等遏斬其四十餘騎。及再舉，守將梁汝貴襲破其營。已而乃蠻諸部連犯中後所、連山驛，副總兵李繼功等力戰，殪其魁，徐引去。自是虎墩兔所屬貴英哈等三十餘部悉奉約束，遼西得少安。承廕旋以病去。甫歲餘，起守薊鎭。未至，復改鎭遼東。

四十六年四月，我太祖高皇帝起兵，拔撫順，巡撫李維翰趣承廕赴援。承廕急率副將頗廷相、參將蒲世芳、遊擊梁汝貴等諸營並發，次撫順。承廕據山險，分軍三，立營浚濠，布列火器。甫交鋒，大清兵蹴之，大潰。承廕、世芳皆戰死。廷相、汝貴已潰圍出，見失主將，亦陷陣死。將士死者萬人，生還者十無一二，舉朝震駭。旣而撫安、三岔兒、白家衝三堡連失，詔逮維翰，贈承廕少保，左都督，立祠曰精忠，世廕指揮僉事。廷相以下，贈廕有差。

承廕子應昌、全昌、德昌。應昌嗣祖臣職，當爲指揮僉事。以父陣亡，增三秩爲都司僉書，經略楊鎬用爲左翼遊擊。四路出師，使從李如柏。天啓元年，遷大同井坪參將，調延綏。二年秋，河套入犯，不能禦，免歸。督師孫承宗召置麾下，命駐錦州。承宗去，高第盡撤松、錦守具，應昌亦歸。

崇禎二年，總督楊鶴檄應昌署定邊鎭將事。河套入寇，擊斬百二十餘級，擢昌平副總兵，鶴遂薦應昌以副將鎭定邊。四年春，神一元陷保安，應昌偕左光先破斬一元。其弟一魁代領其衆，圍慶陽。應昌及杜文煥趨戰，圍始解。不沾泥圍米脂，應昌偕王承恩擊走之。楊鶴撫一魁，處之寧塞，而殺其黨茹成名。賊黨張孟金、黃友才懼，挾一魁以叛。延綏巡撫張福臻令應昌及馬科擊之，斬首千七百餘級。友才走，一魁守不下。其冬，洪承疇代鶴，命參政戴君恩、總兵曹文詔同應昌討之。數敗賊，賊棄城走。文詔偕應昌擊敗之駙馬溝。明年春，應昌擒友才。混天猴陷宜君、鄜州，襲靖邊，應昌追敗之，射傷賊將白廣恩。八月，山西總兵官馬士麟病免，擢應昌都督僉事代之。言者謂寧武卒善逃，宜令應昌率所部三千人以從，報可。王之臣陷臨縣。其地倚黃雲山，榆林河水出焉，入於黃河。城三面峭壁，西阻水。巡撫許鼎臣、總督張宗衡督兵攻。賊與土寇田福、田科等相倚，久不拔。會王自用陷遼州，逼會城。鼎臣還，專以恢復責應昌。六年春，賊約福劫官軍，撫標中軍陳國威因僞稱之臣往逆，斬福頭懸城下，急擊，賊始降。

應昌在關中，威名甚著。及是選愞逗撓，務與賊相避。總督宗衡五檄之不赴，奏諸朝，限應昌與文詔三月平賊。應昌避賊不擊，殺良民冒功，爲巡按御史李嵩、兵科祝世美所劾。帝乃遣近侍爲應昌內中軍。七月，部卒潰鳴謙驛。監視中官劉允中劾其避賊，帝猶貸之，令會剿畿南賊。久之，擊賊平山，僞報首功，連爲允中及巡按御史馮明玠、眞定巡撫周堪賡所劾，帝令圖功自贖。七年春，追賊靈寶，稍有功。已，擊賊均州五嶺山，敗績。身中一矢，退還河南。其弟全昌爲宣府總兵官。宣府有警，令應昌援，又無功，命解職候勘。

八年，洪承疇出師河南，令率私家士馬以從。三月抵信陽。會賊大入秦，承疇命應昌及鄧玘、尤翟文防漢江南北。玘死，承疇以賊必由鳳縣棧道直入略陽，改命應昌、翟文自鄖陽轉赴興安、漢中，以會左光先、趙光遠諸軍。至六月，艾萬年、曹文詔相繼戰歿，賊盡趨西安，承疇急檄應昌及光先還救。八月，李自成陷咸陽。越二日，應昌、光先兵至，擊斬四百四十餘級，獲軍師一人。及全昌兵敗陷賊，其潰卒歸關中，掠沿河州縣。山西巡撫吳甡請令應昌收置麾下，應昌已得疾，不能軍。無何卒。

全昌由廕敍，歷官靈州參將。崇禎四年與同官趙大胤擊點燈子於中部，已，連戰郃陽、韓城，首功多。巡撫練國事請加二將副將銜。大胤駐耀州、富平間，扼賊西路；全昌駐韓城、部陽間，扼賊東路。五年七月代應昌爲定邊副總兵。曹文詔追賊隴州、平、鳳界，全昌及馬科率千人應之，殄滅殆盡。

明年五月擢署都督僉事，充總兵官，鎮守宣府。應昌方鎮山西，兄弟接壤爲大帥。明年七月，大清兵西征插漢，旋師入其境。攻圍龍門、新城、赤城，克保安州，薄鎮城，全昌嬰城固守。已而大清兵西行，全昌進兵應州。帝以其孤軍，敕吳襄、尤世威赴援，不應。全昌至渾源，以捷聞，還軍葛峪、羊房口。襄等復不援。八月，大清兵再入其境。閏八月四日克萬全右衞，〔三〕他城堡多失守。既解嚴，兄應昌以罪解職，命全昌并將其軍。兵科常自裕言文臣張宗衡等重論，而武臣輕貸，非法。於是全昌與文詔並戍邊。用山西巡撫吳甡請，命全昌、文詔爲援勦總兵官，與猛如虎等大破高加計。

八年春，會洪承疇於汝寧，擊敗汝州賊。俄西入關，與祖大弼敗賊涇陽。未幾，敗賊醴泉。五月與賀人龍敗老回回於秦王嶺。尋解鳳翔圍，走賊秦州，敗之張家川。已而都司田應龍、張應龍戰死，艾萬年、曹文詔相繼歿，官軍益衰，賊盡趨西安。承疇急檄全昌及曹變蛟先赴渭、華格其前，親督軍尾其後，却賊紅鄉溝，賊乃南入商、雒。承疇又命全昌及趙光遠提兵三千截潼關大峪口，部卒大譁，闌入滎澤，劫庫殺人。河南巡撫玄默請急援盧氏，不聽。光遠擅歸關中，全昌迤邐至潁州。九月中，追蝎子塊於沈丘瓦店，戰敗被執，賊挾之攻蘄、黃。全昌因代賊求撫，總理盧象昇不許，責全昌喪師辱國，曰「賊果欲降，可滅其黨示信」。賊不聽命。久之，全昌脫歸，謁象昇陽和。象昇令募兵山、陝。尋薦之朝，令赴軍前立功，帝不許。十年四月，以楊嗣昌言逮付法司，謫戍邊衞。

德昌，崇禎初爲淸水營守備。三年夏，剿王嘉胤被傷，坐奪官。久之，起歷保定參將，連破土寇仁義王。十四年春，總督楊文岳命從虎大威以五千人援開封，不敢進。其冬，擢保定副總兵，仍從文岳，數有功。十六年卒。贈特進榮祿大夫，左都督。

董一元，宣府前衞人。父暘，嘉靖中爲宣府遊擊將軍。俺答犯滴水崖，力戰死。贈官錫廕，春秋世祀。兄一奎，都督僉事。歷鎭山西、延綏、寧夏三邊，以勇敢著。一元勇如兄，而智略過之。嘉靖時，歷薊鎭遊擊將軍。土蠻、黑石炭等以萬餘騎犯一片石，總兵官胡鎭禦之，一元功最，超俸三級，遷石門寨參將。隆慶初，破敵棒槌崖，功復最。再進二級，遷副總兵，駐防古北口。移守宣府。

萬曆十一年以都督僉事爲昌平總兵官，尋徙宣府。十五年徙薊州。〔三〕久之，劾罷。鄭洛經略洮、河，命一元練兵西寧。火落赤入犯，一元擊之西川，多所斬獲。尋以副總兵協守寧夏，擢延綏總兵官。哱拜之亂，套中諸部長悉助之。一元乘其西掠，輕騎搗土昧巢，獲首功百三十，驅其畜產而還，寇內顧引去。進署都督同知，入爲中府僉事。

遼東自李成梁後，代以楊紹勳，一歲三失事。尤繼先繼之，半歲病去。廷議擇帥，乃以命一元。泰寧速把亥爲官軍所殺，其次子把兔兒常欲復讐。從父炒花及姑壻花大助之，勢益强。西部卜言台周，故插漢土蠻子也，部衆十餘萬，與把兔兒東西相倚，數侵邊。至是卜言合一克灰正、腦毛大諸部，聲犯廣寧。而把兔兒以炒花、花大、煖兔、伯言兒之衆營舊遼陽，將入掠鎭武、錦、義。一元與巡撫李化龍策曰：「卜言雖衆，然去邊遠，我特患把兔兒及炒花耳。今其衆不過萬騎，破之則西部將不戰走。」乃遣副將孫守廉馳右屯禦西部，而親將大軍匿鎭武外，爲空營待之。寇騎馳入營，大笑，以爲怯，乃深入。官軍忽從中起，奮呼陷陣，自午至酉。寇大奔，逐北七十餘里，至白沙堝。俘斬五百四十有奇，獲馬駝二千計。伯言兒中矢死，把兔兒亦傷，餘衆終夜馳，天明駐馬環哭。其明日，卜言台周入右屯，攻五日夜。守廉等固守，乃引去。時二十二年十月也。捷聞，帝大喜，祭告郊廟，宣捷行賞，進一元左都督，加太子太保，廕本衞世指揮使。兵部尙書石星以下亦進秩有差。

伯言兒最慓悍，諸部倚以爲强。嘗誘殺慶雲守備王鳳翔，坐革歲賞。至是被殲，諸部爲奪氣，其部下遂納款。把兔兒、炒花及卜言台周、瓜兔兒、歹青復臨邊駐牧，期以明年正月略遼、瀋東西。一元慮歲晏不備，爲寇所乘，乃先西巡以遏其鋒。化龍亦留弱卒廣寧，數西發以疑寇。一元提健卒，踏冰渡河，監軍楊鎬與之俱。度墨山，天大雪，將士氣益奮。行四百里，三日夜乃抵其巢。斬首百二十級，獲牛馬甲仗無算，全師而還。把兔兒以鎭武創重，嘆曰：「我竟不獲報父讎乎？」未幾死，其衆散亂，諸部悉遠遁。一元以功進世廕二秩。久之，以病歸，命王保代。

朝鮮再用師，詔一元隸總督邢玠麾下，參贊軍事。尋代李如梅爲禦倭總兵官。時兵分四路。一元由中路，禦石曼子於泗州，先拔晉州，下望晉，乘勝濟江，連毀永春、昆陽二寨。賊退保泗州老營，攻下之，遊擊盧得功陣歿。前逼新寨。寨三面臨江，一面通陸，引海爲濠，海艘泊寨下千計，築金海、固城爲左右翼。一元分馬步夾攻。步兵遊擊彭信古用大棓擊寨，碎其數處。衆軍進逼賊濠，毀其柵。忽營中礮裂，煙焰漲天。賊乘勢衝擊，固城援賊亦至。騎兵諸將先奔，一元亦還晉州。事聞，詔斬遊擊馬呈文、郝三聘，落信古等職，充爲事官；一元亦奪宮保，貶秩三等。會關白死，倭遁走。石曼子爲陳璘所殲，一元得還故秩，賚銀幣。久之卒。一元歷鎭衝邊，並著勞績。與麻貴、張臣、杜桐、達雲爲邊將選云。

王保，榆林衞人。驍勇絕倫，起行伍，積功爲延綏參將。萬曆十六年遷延綏、定邊副總兵。十九年冬，擢署都督僉事，充昌平總兵官，尋改山西。薊鎮總兵官張邦奇被劾，命保與易任。自嘉靖庚戌後，薊鎮重於他鎮。穆宗有詔，獲大小部長者破格酬，他鎮不得比。迨俺答款塞，宣、大、山西三鎮烽煙寂然。陝西四鎮以火落赤敗盟，始復用兵，然寇弱易禦。獨泰寧、插漢諸部時時犯遼東。而薊門密邇王畿，與遼帥俱愼選。以保有威望，用之。朶顏長昂當張臣鎭薊時納款。居五六年，復連寇石門路、木馬峪、花場谷，〔四〕遂罷其市賞。後偕銀燈寇山海關。已，又馳喜峰口要賞。邦奇佯許增市，誘殺其通事二十五人。長昂益怒，犯大青山。頃之，遣其黨小郎兒等潛伏喜峰口，射殺偵卒。會保已至，遂擒之。長昂每資小郎兒籌策，懼而謝罪，獻還被掠人畜，保乃釋還小郎兒。長昂補五貢，邊吏始補二賞，互市如初。御史陳遇文援穆宗詔以請，進保署都督同知，副將張守愚以下皆進秩。

薊三協南營兵，戚繼光所募也，調攻朝鮮，撤還，道石門，鼓譟，挾增月餉。保誘令赴演武場，擊之，殺數百人，以反聞。給事中戴士衡、御史汪以時言南兵未嘗反，保縱意擊殺，請遣官按問。巡關御史馬文卿庇保，言南兵大逆有十，尚書石星附會之，遂以定變功進保秩爲眞，廕子。督撫孫鑛、李頤等亦進官受賜，時論尤之。

二十三年冬，順義王撦力克弟趕兔率三軍犯白馬關及東西臺，爲守備徐光啓，副將李芳春、戴延春所却。明年秋，復偕部長倒布犯黑谷頂，敗而去。保度其再至，分營开連口及橫河兒。〔三〕寇果馳橫河。官軍夜半疾抵石塘嶺，襲其營。寇大驚潰，乘勢追出塞。其冬，復犯羅文峪，敗去。詔代一元鎮遼東。朝鮮再用師，敕保防海，卒於海州。贈左都督。

子學書，宣府總兵官。學詩、學禮並副總兵。學書既里居，守榆林城，拒李自成，不屈死。

杜桐，字來儀，崑山人，徙延安衞。萬曆初，由世廕累官清水營守備，以謀勇著。遷延綏入衞遊擊將軍，改古北口參將。用總督梁夢龍薦，擢延綏副總兵。十四年就拜署都督僉事，充總兵官。

時卜失兔以都督同知爲套中主，威令不行，其下各雄長，志常叵測。朔漠素無痘症，自嘉靖庚戌深入石州，染此症，犯者輒死。打兒漢者，卜失兔祖吉能部落也，數將命奉貢，累官指揮同知。一日，互市還，與其儕禿退台吉等俱染痘死。禿退子阿計疑邊吏酖其父，思亂。及卜失兔西助火落赤共擾河西，諸部遂蠢動。十九年冬，打兒漢子土昧與他部明安互市訖，復臨邊要賞，聲犯內地。桐與巡撫賈仁元計先出兵襲之。乃令參將張剛自神木，遊擊李紹祖自孤山，桐率輕騎自榆林，三道並出。遇寇力戰，大破之，斬首四百七十餘級，馘明安而還。延綏自吉能納款，塞上息肩二十年，自此兵端復開。明安子擺言太日思報復，寇鈔無已時矣。桐先被劾罷，以是役功，超授右都督，僉書後府。

二十一年以總兵官鎮保定。二十四年徙延綏。明年再徙鎮寧夏。著力兔、宰僧入犯，逆戰水塘溝，俘斬百二十。寇益糾諸部連犯平虜、興武，桐督諸將馬孔英、鄧鳳、蕭如薰等連破之，斬首二百餘級。而延綏將士亦數擣巢，諸部長懼，乞款，詞甚哀。三十年，二鎮撫臣孫維城、黃嘉善協謀撫之，乃復貢市。論功，文臣自內閣以下悉進官。桐以先去職，但賚銀幣，許復用而已。久之，卒於家。桐自偏裨至大帥，積首功一千八百，時服其勇。

弟松，字來清。有膽智，勇健絕倫。由舍人從軍，累功爲寧夏守備。萬曆二十二年，卜失兔掠張春井，大入下馬關。松偕遊擊史見、李經以二千餘騎邀擊馬蓮井，小勝，誤入伏中，見戰死，松、經皆重傷，士卒死過半。麻貴援軍至，松復裹創力戰，寇始敗走。時松已進遊擊將軍，論功遷延綏參將。貴大舉擣巢，松以右軍出清平塞，多所斬獲，進副總兵。尋以本官改寧夏東路。松爲將廉，尙氣不能容物。嘗因小忿薙髮爲僧，部議聽其歸。尋起孤山副總兵。三十三年擢署都督僉事，代李如樟鎮延綏。明年，套寇犯安邊、懷遠，松大破之，改鎮薊州。

三十六年夏，代李成梁鎭遼東。十二月敗敵連山驛。賴暈歹者，朶顏長昂子也，狡黠爲邊患。與從父蟒金潛入薊鎭河流口，大掠去。復結黃台吉謀犯喜峰口。松受總督王象乾指，潛擣黃台吉帳，以牽薊寇。乃從寧遠中左所夜馳至哈流兎，掩殺拱兎部落百四十餘級。以大捷聞，邀重賞。副使馬拯謂拱兎內屬，不當勦，彼且復讐，與松相訐。松忿，邀賞愈急，詔予之。拱兎果以無罪見勦怒，小歹青又數激之，乃以五千騎攻陷大勝堡，執守將耿尚仁支解之。深入小凌河，肆焚掠。遊擊于守志遇於山口，大敗，死千餘人，守志亦重創。松駐大凌河，不敢救。遼人多咎松，朝議謂松前僅抵錦州邊十里，未嘗出塞，所殺乃保塞部落，悉縛殺之，非陣斬。松愈忿，言撫按諸臣附會馬拯，害其奇功。自提兵出塞，將擣巢以雪前恥，而所得止五級，士馬多陷大凌河。松益慚憤，數欲自經，盡焚其鎧冑器仗，置一切疆事弗問。兵部以聞，乃勒松歸里，而以王威代之。

松既廢，時多惜其勇，然惡其僨事，無推轂之者。至四十三年，河套寇大入，令松以輕騎擣火落赤營。獲首功二百有奇，復敍用。逾二年，薊、遼多事，特設總兵官鎭山海關，以松任之。四十六年，張承廕戰歿，詔松馳援遼陽。明年二月，楊鎬議四路出師。以撫順最衝，令松以六萬兵當之，故總兵趙夢麟、保定總兵王宣爲佐。期三月二日抵二道關，會李如柏等並進。松勇而無謀，剛愎使氣。二十九日夜，出撫順關，日馳百餘里，抵渾河。半渡，河流急，不能盡渡。松醉趣之，將士多溺河中。松遂以前鋒進，連克二小砦，松喜。三月朔乘勢趨撒爾湖谷口。時大清方築城界凡山上，役夫萬五千，以精騎四百護之。聞松軍至，精騎則盡伏谷口以待。松軍過將半，伏兵尾擊之，追至界凡渡口，與築城夫合據山旁吉林崖。明日，松引大軍圍崖，別遣將營撒爾湖山上。松軍攻崖，方戰，大清益千人助之，已又續遣二旗兵趨界凡以爲援，而遣六旗兵攻松別將於撒爾湖山。明日，六旗兵大戰，破撒爾湖山軍，死者相枕藉。所遣助吉林崖者，自山馳下擊松軍，二旗兵亦直前夾擊，松兵大敗，松與夢麟、宣皆歿於陣。橫屍亙山野，流血成渠。大清兵逐北二十里，至勺琴山而還。時車營五百尚阻渾河，而松已敗。頃之，馬林、劉綎兩軍亦敗，獨李如柏一軍遁還。事聞，朝議多咎松輕進。天啓初，贈少保左都督，世廕千戶，立祠賜祭。宣亦贈官，立祠，世廕指揮僉事。宣，榆林人。夢麟，見父尚傳。

桐子文煥，字弢武。由廕敍，歷延綏遊擊將軍，累進參將、副總兵。四十三年擢署都督僉事、寧夏總兵官。延綏被寇，文煥赴救，大破之。明年遂代官秉忠鎭延綏。屢敗寇安邊、保寧、長樂，斬首三百有奇。西路火落赤、卜言太懼，相率降。沙計數盜邊，爲文煥所敗，遂納款。既而復與吉能、明愛合，駐高家、柏林邊，要封王、補賞十事。文煥襲其營，斬首百五十。火落赤諸部落攢刀立誓，獻罰九九。九九者，部落中罰駝馬牛羊數也。已，沙計又伏兵沙溝，誘殺都指揮王國安，糾猛克什力犯雙山堡，復犯波羅。文煥擊破之，追奔二十餘里。當是時，套寇號十萬。然其衆分四十二枝，多者二三千，少不及千騎，屢不得志。沙計乃與吉能、明愛、猛克什力相繼納款，延綏遂少事。文煥尋以疾歸。

天啓元年再鎭延綏。詔文煥援遼，文煥乃遣兵出河套，擣巢以致寇。諸部大恨，深入固原、慶陽，圍延安，揚言必縛文煥，掠十餘日始去。命解職候勘。奢崇明圍成都，總督張我續請令文煥赴救。至則圍已解，偕諸軍復重慶。崇明遁永寧，文煥頓不進。尋擢總理，盡統川、貴、湖廣軍。度不能制賊，謝病去。坐延綏失事罪，戍邊。七年起鎭寧夏。寧、錦告警，詔文煥馳援，俄令分鎭寧遠。進右都督，調守關門。尋引疾去。

崇禎元年錄重慶功，廕指揮僉事。三年，陝西羣盜起，五鎭總兵並以勤王行。總督楊鶴請令文煥署延鎭事，兼督固原軍。數敗賊，賊亦日益多。會山西總兵王國樑擊王嘉胤於河曲，大敗，賊入據其城。部議設一大將，兼統山、陝軍協討。乃令文煥爲提督，偕曹文詔馳至河曲，絕饟道以困之。神一元陷寧塞，文煥家破。遂留文詔，令文煥西還。四年，御史吳甡劾其殺延川難民冒功，給事中張承詔復劾之，下獄褫職。十五年用總督楊文岳薦，以故官討賊。無功，復謝病歸。

子弘域，天啓初歷延綏副總兵。七年夏，文煥援遼，即擢總兵官，代鎭寧夏。積資至右都督。崇禎中，提督池河、浦口二營練兵，遏賊南渡，頗有功。十三年移鎭浙江。尋謝病去。國變後，文煥父子歸原籍崑山，卒。

蕭如薰，字季馨，延安衞人。萬曆中，由世廕百戶歷官寧夏參將，守平虜城。

二十年春，哱拜、劉東暘據寧夏鎭城反，遣其黨四出略地。拜子承恩徇玉泉營，遊擊傅桓拒守，爲其下所執。賊已徇中衞及廣武，參將熊國臣等棄城奔，列城皆風靡。賊黨土文秀徇平虜，獨如薰堅守不下。如薰妻楊氏，故尙書兆女也，賢而有智，贊夫死守，日具牛酒犒士。拜養子雲最驍勇，引河套著力兎急攻。如薰伏兵南關，佯敗，誘賊入，射雲死，餘衆敗去。又襲著力兎營，獲人畜甚多。著力兎憤，復來攻，爲麻貴所却，城獲全。初，帝聞如薰孤城抗賊，大喜，厚賚銀幣，擢官副總兵。六月遂以都督僉事爲寧夏總兵官，盡統延綏、甘肅、固原諸援軍。其秋竟與李如松等共平賊，再進署都督同知，廕錦衣世指揮僉事，妻楊氏亦被旌。

二十二年八月，卜失兎西犯定邊，闌入固原塞，副將姜直不能禦，遂由沙梁隤牆入，直抵下馬關，縱橫內地幾一月。如薰免官，直下吏。尋復以總兵官鎮守固原。套寇入犯，擊却之。青海寇糾番族犯洮、岷，如薰及臨洮總兵孫仁禦之，擒斬三百四十有奇，撫叛番五千人，獲駝馬甲仗無算。再鎮寧夏。銀定、歹成數入犯，輒挫衄去。徙鎮薊州。久之，罷歸。再起故官，鎮延綏。

天啓初，廷議京軍不足用，召邊將分營訓練。如薰典神機營。陛見，帝賜食加獎勞焉。明年出鎮徐州。俄召還京，復以總兵官鎮守保定。五年夏，魏忠賢黨劾其與李三才聯姻，遂奪職。崇禎初卒，賜恤如制。

如薰爲將持重。更歷七鎮，所在見稱。自隆慶後，款市既成，烽燧少警，輦下視鎮帥爲外府。山人雜流，乞朝士尺牘往者，無不饜所欲。薊鎮戚繼光有能詩名，尤好延文士，傾貲結納，取足軍府。如薰亦能詩，士趨之若鶩，賓座常滿。妻楊氏、繼妻南氏皆貴家女，至脫簪珥供客猶不給。軍中患苦之，如薰莫能却也。一時風會所尚，諸邊物力爲耗，識者歎焉。

如薰祖漢，涼州副總兵、都督僉事。父文奎，京營副將、都督同知。兄如蘭，陝西副總兵、都督僉事，前府僉書；如蕙，寧夏總兵官、〔六〕都督同知；如芷，提督南京敎場、都督僉事。

達雲，涼州衞人。勇悍饒智略。萬曆中，嗣世職指揮僉事。擢守備，進肅州遊擊將軍。炒胡兒入犯，偕參將楊濬擊敗之，遷西寧參將。

永邵卜者，順義王俺答從子也，部衆强盛。先嘗授都督同知，再進龍虎將軍。自以貢市在宣府，守臣遇己厚，不可逞，乃隨俺答西迎活佛，留據青海，與瓦剌他卜囊歲爲西寧患。〔七〕嘗誘殺副將李魁。〔八〕邊臣不能報，益有輕中國心。二十三年九月九日度將士必燕飲，擁勁騎直入南川。屬番偵告，雲設兵要害，令番人繞出朶爾硤口外，潛扼其背，而己提精卒二千與戰。方合，伏忽起，寇首尾不相顧，番人夾擊，大敗之。雲手馘其帥一人，斬首六百八十餘級。其走峽外者，又爲番人所殲。獲駝馬戎器無算。爲西陲戰功第一。所馘把都爾哈，卽前殺李魁者，其地卽魁陣亡處，時又皆九月也。先是，副將李聯芳爲寇所殺，總兵尤繼先生獲其讐。邊人以此二事爲快。

雲旣勝，度寇必復至，厚集以待。踰月，寇果連眞相、火落赤諸部，先圍番剌卜爾寨以誘官軍。番不能支，合於寇，寇遂逼西川。雲督諸軍營康纏溝，寇悉衆圍之，矢石如雨。雲左右衝擊，自辰至申，戰數十合。寇死傷無算，乃以長鎗鉤杆專犯西寧軍。西寧軍堅不可破，寇始遁，追奔數十里而還。捷聞，帝大喜，遣官告郊廟，宣捷。大學士趙志皐以下悉進官。雲擢都督同知，廕本衞世指揮使。寇歲掠諸番，番不敵則折而入寇。及寇敗遠徙，雲急招番，復業者七千餘戶。永邵卜連犯明沙、上谷，雲並擊走之。初，南川奏捷，雲已進副總兵，至是命以總兵官鎮守延綏。未幾，鎮甘肅。二十六年，永邵卜復犯西寧，參將趙希雲等陣歿，雲坐停俸。

甘、寧間有松山，賓兔、阿赤兔、宰僧、著力兔等居之，屢爲兩鎮患。巡撫田樂決策恢復。雲偕副將甘州馬應龍、涼州姜河、永昌王鐵塊等分道襲之。寇遠竄，盡拔其巢，攘地五百里。雲以功進右都督，廕世指揮僉事。無何，青海寇糾衆分犯河西，五道俱有備，獻首功百七十有奇。松山既復，爲築邊垣，分屯置戍。錄功進左都督。寇繼其故巢，乘官軍撤防時潛兵入犯，雲據險邀擊之。寇大敗，斬首百六十。加雲太子少保。寇益糾其黨犯鎮番，雲及諸將蔦賴等大破之，斬首三百七十餘級。帝爲告廟，行賞，進雲世廕二秩。寇復入犯，雲破走之。

是時，寇失松山，走據賀蘭山。後連青海諸部寇鈔不已，銀定、歹成尤桀驁。三十三年連營犯鎮番。雲遣副將柴國柱擊之，寇大敗去。未幾，青海寇復大入，將士分道遮擊，生擒其長沙賴，餘敗奔。三十五年敘功，雲增勳廕。是年，松山、青海二寇復連兵犯涼州，雲逆戰紅崖，大獲，斬首百三十有奇。

雲爲將，先登陷陣，所至未嘗挫衄，名震西陲，爲一時邊將之冠。以秋防卒於軍。贈太子太保。子奇勛，萬曆末爲昌平總兵官。

尤繼先，榆林衞人。萬曆中，積功爲大同副總兵。十八年，火落赤、眞相犯洮、河，副總兵李聯芳等戰死。詔進署都督僉事，充總兵官，代劉承嗣鎭守固原。寇據莽剌、揑工二川，日蠶食番族，且擾西寧。聞官軍大集，卜失兔又敗於水泉，乃乘冰堅渡黃河北走，留其黨可卜列、宗塔兒等五百餘人牧莽剌川南山。南山卽石門大山口，走烏思藏門戶也。屬番來告，繼先乃令番以八百人前導，與故總兵承嗣，遊擊原進學、吳顯等疾馳七百里，直抵南山。奮擊，大破之，斬首百五十有奇，生獲十二人。而拜巴爾的者，可卜列從子，前殺聯芳，至是被擒。師旋，寇尾至撒川。見有備，乃夜走。他寇犯鎭羌、西寧、石羊亦俱敗。火落赤遂徙帳西海。錄功，進秩爲眞，增世廕一秩。尋以病歸。起僉中軍府事。

二十一年冬爲遼東總兵官。炒花二千騎入韓家路，繼先督諸軍奮擊，寇乃去。再引疾歸。二十四年起鎭薊州。自戚繼光鎭守十年，諸部雖叛服不常，然邊警頗稀。寇嘗一入靑山口，輒敗去。最後，長昂導班、白二部長入犯，道石門，闕山海關，京東民盡逃入通州。繼先出關，寇已縱掠寧前去。總督蹇達怒繼先不追擊，而繼先方收召降丁八百人，欲倚爲用。達乃疏言番情難馭，恐遺後憂，請調繼先別鎭，俾降丁隨往。部議以延綏杜松與易任，巡撫劉四科爭之。達復疏言：「守邊在自強，繼先獨言惟藉降丁。去歲出關，何竟不得降丁力？羽書狎至，邊隘虛實久爲所窺。呼吸變生，安所措手！」兵科宋一韓等力主達議，且劾繼先他事。繼先遂罷，卒於家。

繼先眇一目，習兵敢戰，時稱「獨目將軍」。

官秉忠，榆林衞人。萬曆中起世廕，歷官固原參將，擢寧夏、甘肅副總兵。嘗與主將達雲大破寇於紅崖，銀定、歹成屢被挫去。移守薊鎮東協，積功加署都督同知。

四十年五月擢總兵官，代張承廕鎮延綏。套寇犯保寧，秉忠督參將杜文煥等敗之白土澗。〔九〕一日再捷，俘斬二百五十，馘其長十二人。無何，旗牌撒勒犯長樂，秉忠將輕騎追襲之，大獲。猛克什力犯保寧，秉忠又破之。已而猛克挾賞不獲，再寇保寧及懷遠，秉忠隨所向以勁騎遮擊，先後斬首二百二十有奇。猛克及旗牌復以千餘騎犯波羅，遙見保寧軍，遂遁出塞。

吉能者，卜失兔子，爲套中之主，士馬雄諸部。見卜失兔襲順義王，補其五年市賞，遂挾求封王，且還八年市賞。邊臣不許，則大怨。會他部鐵雷以痘瘡死，妄言邊吏毒殺之。而沙計盜邊，又被衄去。吉能遂合套中諸部，大舉入寇。東道高家、大柏油、神木、柏林，中道波羅，西道磚井、寧塞諸城堡盡被蹂躪。副將孫洪謨禦之大柏油，中伏被圍。遊擊萬化孚等不救，士卒死傷過半，洪謨遂降。秉忠聞寇入，急遣遊擊張榜潛劫其營，又敗，死四百餘人。會故帥杜松、寧夏帥杜文煥援軍至，並破敵，而秉忠所部亦有斬獲，寇始退。然猶駐塞下，時鈔掠。秉忠亦屢出襲擊，多獲首功，竟以前負被劾去官。方候代，沙計謀從雙山、建安入犯，秉忠設伏待之。遂大敗去，斬其首二百有奇。

四十六年與劉綎、柴國柱等同被召，令僉書前府，尋赴援遼東。楊鎬之四路出師也，令秉忠防守鎮城。無何，辭疾歸。久之卒。子撫民，亦爲寧夏總兵官。

柴國柱，西寧衞人。萬曆中，由世廕歷西寧守備。驍猛善射。從參將達雲擊寇南川，勇冠軍。錄功，進都指揮僉事。寇盜邊，輒爲國柱所挫。屢進涼州副總兵。

松山既復，方建堡置堠，寇數來擾，國柱頻擊却之。銀定、歹成連兵寇鎮番，國柱馳救，斬首二百有奇，獲馬駝甲仗無算。青海寇大掠鎮羌、黑古城諸堡，守備楊國珍不能禦，國柱急率遊擊王允中等擊走之。銀定、歹成復犯河西，國柱邀擊，獲首功百二十。擢署都督僉事，陝西總兵官。

三十六年春，改鎭甘肅。銀定、歹成屢不得志，益寇鈔永昌。國柱馳與大戰，敗之，追至㡣山湖，斬首百六十有奇。其部落復入寇，守備鄭崇雅等戰歿，國柱坐奪俸一年。河套、松山諸部長合兵入寇，國柱檄諸將分道擊，復斬首百六十。屢加右都督，世廕指揮僉事。久之，罷官。

四十六年夏，召僉書都督府事。無何，代杜松鎭山海關。松敗歿，虎墩兔乘機犯邊，國柱等力遏之。尋移鎭瀋陽。謝病歸。天啓初，追錄邊功，加左都督。卒，賜恤如制。

李懷信，大同人。由世廕歷都指揮僉事，掌山西都司。廉勤，數被推薦。萬曆中，遷延綏中路參將，進定邊副總兵。卜失兔、火落赤、鐵雷、擺言太等歲擾邊。定邊居延綏西，被患尤棘。懷信勇敢有謀，寇入輒敗。其先後鎭帥杜松、王威、張承廕、官秉忠又皆一時選，故邊患雖劇，而士氣不衰。

四十三年擢甘肅總兵官，延人爲立生祠。松山寇入掠蘆溝墩諸處，懷信邀擊，大敗之。斬首三百有奇，獲駝馬甲仗無算。已，復分三道犯鎭番諸堡，懷信亦分遏之。寇引還，將士尾其後，獲首功百九十有奇。自後寇入多失利去，威名著河西。先是，陝西止設四鎮，自西寧多警，增設臨洮總兵官，遂爲五鎮。然惟甘、延最當敵衝，故擇帥常慎。而甘肅北有松山，南臨青海，諸部落環居其外，尤難禦。懷信在鎮，邊人恃以無恐。

四十七年，遼東急，詔充援勦總兵官，馳赴遼東。時熊廷弼爲經略，令懷信偕柴國柱、賀世賢以四萬人守瀋陽。煖兔、炒花謀入犯，廷弼急移懷信戍首山，寇不敢入。俄泛懿有警，檄懷信禦却之。遼事益急，諸老將多引避。廷弼復負氣淩諸將，懷信不能堪，亦堅臥引疾去。天啓二年起鎮大同。明年罷。已，追錄邊功，進左都督。久之，卒於家。

贊曰：張臣諸人，勇略自奮，著效邊陲，均一時良將選也。董一元白沙堝、墨山之捷，奇偉不下王越。至承廕與松，以將門子捐軀報國，視世所稱「東李西麻」者，相去何等也。

校勘記

〔一〕復陳兵赤木口　赤木口，明史稿傳一一六張臣傳及讀史方輿紀要卷六二作「赤本口」。

〔二〕萬全右衛　本書卷二三莊烈帝紀及國榷卷九三頁五六九五作「萬全左衛」。

〔三〕尋徙宣府十五年徙薊州　明史稿傳一一六董一元傳作「尋徙薊州，又徙宣府」。

〔四〕花場谷　明史稿傳一一六董一元傳附王保傳作「花場谷」。

〔五〕分營开連口及橫河兒　开連口，明史稿傳一一六董一元傳附王保傳作「井連口」。

〔六〕寧夏總兵官　明史稿傳一一六蕭如薰傳作「延綏總兵官」。

〔七〕與瓦剌他卜囊歲爲西寧患　明史稿傳一一六達雲傳作「更名瓦剌他卜囊，歲爲西寧患」。

〔八〕李魁　本書卷三三〇西域諸衞傳作「李奎」。

〔九〕敗之白土澗　明史稿傳一一六官秉忠傳、神宗實錄卷四九八萬曆四十年八月壬戌並作「白玉澗」。

明史卷二百四十

列傳第一百二十八

葉向高 劉一燝兄一焜 一煜 韓爌 朱國祚朱國禎

何宗彥 孫如游孫嘉績

葉向高，字進卿，福淸人。父朝榮，養利知州。向高甫妊，母避倭難，生道旁敗厠中。數瀕死，輒有神相之。舉萬曆十一年進士，授庶吉士，進編修。遷南京國子司業，改左中允，仍視司業事。

二十六年召爲左庶子，充皇長子侍班官。礦稅橫行，向高上疏，引東漢西邸聚錢事爲鑑，不報。尋擢南京禮部右侍郎。久之，改吏部。再陳礦稅之害，又請罷遼東稅監高淮，語皆切至。妖書獄興，移書沈一貫力諫。一貫不悅，以故滯南京九年。

後一貫罷，沈鯉亦去，朱賡獨當國。帝命增閣臣。三十五年五月擢向高禮部尙書兼東閣大學士，與王錫爵、于愼行、李廷機並命。十一月，向高入朝，愼行已先卒，錫爵堅辭不出。明年，首輔賡亦卒，次輔廷機以人言久杜門，向高遂獨相。

當是時，帝在位日久，倦勤，朝事多廢弛，大僚或空署，士大夫推擇遷轉之命往往不下，上下乖隔甚。廷臣部黨勢漸成，而中官榷稅、開礦，大爲民害。帝又寵鄭貴妃，福王不肯之國。向高用宿望居相位，憂國奉公，每事執爭效忠藎。帝心重向高，體貌優厚，然其言大抵格不用，所救正十二三而已。東宮輟講者五年，廷臣屢請不得命。三十七年二月，向高擇吉以請，亦不報。自是歲春秋必懇請，帝皆不納。貴妃王氏，太子生母也，薨四日不發喪。向高以爲言，乃發喪。而禮官上其儀注，稽五日不行。向高復爭之，疏乃下。福王府第成，工部以之國請，向高擬旨上。帝不發，改明春。及期迫，向高請先飭儀衞舟車，帝不納。四十一年春，廷臣交章請，復諭改明春。已，忽傳旨，莊田非四萬頃不行，廷臣大駭。向高因進曰：「田四萬頃，必不能足，之國且無日，明旨又不信於天下矣。且王疏引祖制，而祖制無有是事。曩惟世宗時景王有之。景王久不之國，皇考在裕邸，危疑不安。此何可效也？」帝報曰：「莊田自有成例，且今大分已定，何猜？」向高因疏謝，言：「皇考時，名位雖未正，然講讀不輟，情意通。今東宮輟講八年，且不奉天顏久，而福王一日兩見，以故不能無疑。惟堅守明春期，而無以莊田藉口，天下疑自釋。」帝報福王無一日兩見事。

向高有裁斷，善處大事。錦衣百戶王曰乾者，京師奸人也，與孔學、趙宗舜、趙思聖等相訐告。〔一〕刑官讞未竟，曰乾乃入皇城放礮上疏。刑官大驚，將擬曰乾死罪。曰乾遂訐奏鄭妃內侍姜嚴山與學等及妖人王三詔用厭勝術詛咒皇太后、皇太子死，擁立福王。帝震怒，遶殿行半日，曰：「此大變事，宰相何無言？」內侍卽跪上向高奏。奏言：「此事大類往年妖書，然妖書匿名難詰，今兩造具在，一訊卽情得。陛下當靜處之，稍張皇，則中外大擾。至其詞牽引貴妃、福王，尤可痛恨。臣與九卿所見皆同，敢以聞。」帝讀竟太息曰：「吾父子兄弟全矣。」明日，向高又言：「曰乾疏不宜發。發則上驚聖母，下驚東宮，貴妃、福王皆不安。宜留中，而別諭法司治諸奸人罪，且速定明春之國期，以息羣喙，則天下帖然無事。」帝盡用其言，太子、福王得相安。貴妃終不欲福王之國，言明年冬太后七十壽，王宜留慶賀。帝令內閣宣諭。向高留上諭弗宣，請今冬預行慶壽禮，如期之國。帝遣中使至向高私邸，必欲下前諭。向高言：「外廷喧傳陛下欲假賀壽名留福王，約千人伏闕請。今果有此諭，人情益疑駭，將信王曰乾妖言，朝端必不靜。聖母聞之，亦必不樂。且潞王，聖母愛子，亦居外藩，何惓惓福王爲？」因封還手諭。帝不得已從之，福王乃之國。

向高嘗上疏言：「今天下必亂必危之道，蓋有數端，而災傷寇盜物怪人妖不與焉。廊廟空虛，一也。上下否隔，二也。士大夫好勝喜爭，三也。多藏厚積，必有悖出之釁，四也。

風聲氣習日趨日下，莫可挽回，五也。非陛下奮然振作，簡任老成，布列朝署，取積年廢弛政事一舉新之，恐宗社之憂，不在敵國外患，而卽在廟堂之上也。」其言絕痛切。帝知其忠愛，不能行。

初，向高入閣。未幾，陳用人理財策，力請補缺官，罷礦稅。見帝不能從，乃陳上下乖離之病。兩疏乞罷，帝不允。向高自獨相，卽請增閣臣，帝不聽。及吏部尙書孫丕揚以薦賢不用求去，向高特疏請留，亦不報，遂引疾。屢諭，乃出視事。已，又言：「臣屢求去，輒蒙恩諭留。顧臣不在一身去留，而在國家治亂。今天下所在災傷死亡，畿輔、中州、齊、魯流移載道，加中外空虛，人才俱盡。罪不在他人，臣何可不去。且陛下用臣，則當行其言。今章奏不發，大僚不補，起廢不行，臣微誠不能上達，留何益。誠用臣言，不徒縻臣身，臣溘先朝露，有餘幸矣。」帝不省。京師大水，四方多奏水旱。向高又言：「自閣臣至九卿臺省，曹署皆空，南都九卿亦止存其一。天下方面大吏，去秋至今，未嘗用一人。陛下萬事不理，以爲天下長如此，臣恐禍端一發，不可收也。」帝亦不省。

四十年春，向高以歷代帝王享國四十年以上者，自三代迄今止十君，勸帝力行新政。因復以用人行政請，亦不報。向高志不行，無月不求去，帝輒優旨勉留。向高復言：「臣進退可置不問，而百僚必不可盡空，臺諫必不可盡廢，諸方巡按必不可不代。中外離心，輦轂肘腋間，怨聲憤盈，禍機不測，而陛下務與臣下隔絕。帷幄不得關其忠，六曹不得舉其職，舉天下無一可信之人，而自以爲神明之妙用，臣恐自古聖帝明王無此法也。」

先是，向高疾，閣中無人，章奏就其家擬旨者一月。及是，向高堅臥益久，即家擬旨如前，論者以爲非體，向高亦自言其非，堅乞去。帝卒不命他相，遣鴻臚官慰留。至帝萬壽節，始起視事。其後，向高主癸丑會試，章奏皆送闈中，尤異事云。帝考選科道七十餘人，命久不下。向高懇請數十疏，越二年乃下。言官既多，攻擊紛起。帝心厭之，章悉留中。向高請盡付所司，定其去留。因言：「大臣者，小臣之綱。今六卿止趙煥一人，而都御史十年不補，彈壓無人，人心何由戢？」帝但責言官妄言，而大僚迄不補。向高請增置閣臣，章至百餘上，帝始用方從哲、吳道南。向高疏謝，因引退，優詔不允。

四十二年二月，皇太后崩。三月，福王之國。向高乞歸益數，章十餘上。至八月，允其去。向高以三載考績，進太子太保、文淵閣大學士；敍延綏戰功，加少保兼太子太保，改戶部尚書、武英殿；一品三載滿，加少傅兼太子太傅，改吏部尚書、建極殿。至是，命加少師兼太子太師，賜白金百，彩幣四，表裏大紅坐蟒一襲，遣行人護歸。

向高在相位，務調劑羣情，輯和異同。然其時黨論已大起，御史鄭繼芳力攻給事中王元翰，左右兩人者相角。向高請盡下諸疏，敕部院評曲直，罪其論議顚倒者一二人，以警其餘，帝不報。諸臣旣無所見得失，益樹黨相攻。未幾，又爭李三才之事，黨勢乃成。無錫顧憲成家居，講學東林書院，朝士爭慕與游。三才被攻，憲成貽書向高暨尙書孫丕揚，訟其賢。會辛亥京察，攻三才者劉國縉以他過掛察典，喬應甲亦用年例出外，其黨大譁。向高以大體持之，察典得無撓，而兩黨之爭遂不可解。及後，齊、楚、浙黨人攻東林殆盡。浸尋至天啓時，王紹徽等撰所謂東林點將錄，令魏忠賢按氏名逐朝士。以向高嘗右東林，指目爲黨魁云。

向高歸六年，光宗立，特詔召還。未幾，熹宗立，復賜敕趣之。屢辭，不得命。天啓元年十月還朝，復爲首輔。言：「臣事皇祖八年，章奏必發臣擬。卽上意所欲行，亦遣中使傳諭。事有不可，臣力爭，皇祖多曲聽，不欲中出一旨。陛下虛懷恭己，信任輔臣，然閒有宣傳滋疑議。宜愼重綸音，凡事令臣等擬上。」帝優旨報聞。〔三〕旋納向高請，發帑金二百萬，爲東西用兵之需。

熹宗初政，羣賢滿朝，天下欣欣望治。然帝本沖年，不能辨忠佞。魏忠賢、客氏漸竊威福，搆殺太監王安，以次逐吏部尙書周嘉謨及言官倪思輝等。大學士劉一燝亦力求去。向高言：「客氏出復入，而一燝顧命大臣不得比保姆，致使人揣摩於奧窔不可知之地，其漸當防。」忠賢見向高疏刺己，恨甚。旣而刑部尙書王紀削籍，禮部尙書孫愼行、都御史鄒元標先後被攻致仕去。向高爭不得，因請與元標同罷。帝不聽，而忠賢益恨向高。

向高爲人光明忠厚，有德量，好扶植善類。再入相，事沖主，不能謇直如神宗時，然猶數有匡救。給事中章允儒請減上供袍服。奄人激帝怒，命廷杖。向高論救者再，乃奪俸一年。御史帥衆指斥宮禁，奄人請帝出之外，以向高救免。給事中傅櫆救王紀，將貶謫，亦以向高言僅奪俸。紀既罷去，御史吳甡、王祚昌薦之，部議以故官召。忠賢怒，將重譴文選郎，向高亦救免。給事中陳良訓疏譏權奄，忠賢摘其疏中「國運將終」語，命下詔獄，窮治主使。向高以去就爭，乃奪俸而止。熊廷弼、王化貞論死，言官勸帝速決。向高請俟法司覆奏，帝從之。有請括天下布政司、府、州、縣庫藏盡輸京師者，向高言：「郡邑藏已竭，藩庫稍餘。倘盡括之，猝有如山東白蓮教之亂，何以應之？」帝皆不納。

忠賢既默恨向高，而其時朝士與忠賢抗者率倚向高。〔三〕忠賢乃時毛舉細故，責向高以困之。向高數求去。四年四月，給事中傅櫆劾左光斗、魏大中交通汪文言，招權納賄，命下文言詔獄。向高言：「文言內閣辦事，實臣具題。光斗等交文言事曖昧，臣用文言顯然。乞陛下止罪臣，而稍寬其他，以消縉紳之禍。」因力求速罷。當是時，忠賢欲大逞，憚衆正盈朝，伺隙動。得櫆疏喜甚，欲藉是羅織東林，終憚向高舊臣，并光斗等不罪，止罪文言。然東林禍自此起。

至六月，楊漣上疏劾忠賢二十四大罪。向高謂事且決裂，深以爲非。廷臣相繼抗章至數十上，或勸向高下其事，可決勝也。向高念忠賢未易除，閣臣從中挽回，猶冀無大禍。乃具奏稱忠賢勤勞，朝廷寵待厚，盛滿難居，宜解事權，聽歸私第，保全終始。忠賢不悅，矯旨敍己功勤，累百餘言。向高駭曰：「此非奄人所能，必有代爲草者。」探之，則徐大化也。忠賢雖憤，猶以外廷勢盛，未敢加害。其黨有導以興大獄者，忠賢意遂決。於是工部郎中萬燝以劾忠賢廷杖，向高力救，不從，死杖下。無何，御史林汝翥亦以忤奄命廷杖。汝翥懼，投遵化巡撫所。或言汝翥，向高甥也，羣奄圍其邸大譟。向高以時事不可爲，乞歸已二十餘疏，至是請益力。乃命加太傅，遣行人護歸，所給賜視彝典有加。尋聽辭太傅，有司月給米五石，輿夫八。

向高既罷去，韓爌、朱國禎相繼爲首輔，未久皆罷。居政府者皆小人，淸流無所依倚。忠賢首誣殺漣，光斗等次第戮辱，貶削朝士之異己者，善類爲一空云。熹宗崩，向高亦以是月卒，年六十有九。崇禎初，贈太師，謚文忠。

劉一燝，字季晦，南昌人。父曰材，嘉靖中進士，陝西左布政使。萬曆十六年，一燝與兄一焜、一煜並舉於鄉。越七年，又與一煜並舉進士。改庶吉士，授檢討。

一焜爲考功郎，掌京察。大學士沈一貫欲庇其私人錢夢皐、鍾兆斗等，屬一燝爲請。一燝謝不可，夢皐等竟以中旨留，由是忤一貫意。尋歷祭酒，詹事，掌翰林院事。四十五年春京察，黨人用事，謀逐孫承宗、繆昌期等，一燝力保持得免。故事，掌院無滿歲不遷者，一燝居四年始遷禮部右侍郎，教習庶吉士。光宗卽位，擢禮部尚書兼東閣大學士，參預機務，偕何宗彥、韓爌並命。時內閣止方從哲一人。

萬曆末年，神宗欲用史繼偕、沈㴶。兩人方在籍，帝命召之。未及至，帝復命宗彥、一燝、爌。明日復命朱國祚及舊輔葉向高。而宗彥、國祚、向高亦皆在籍，惟一燝、爌入直。甫拜命，帝已得疾，一燝偕諸臣召見乾清宮。明日九月朔，帝崩。〔四〕諸臣入臨畢，一燝詰羣奄：「皇長子當柩前卽位，今不在，何也？」羣奄東西走不對。東宮伴讀王安前曰：「爲李選侍所匿耳。」一燝大聲言：「誰敢匿新天子者？」安曰：「徐之，公等愼勿退。」遂趨入白選侍。選侍頷之，復中悔，挽皇長子裾。安直前擁抱疾趨出。一燝見之，急趨前呼萬歲，捧皇長子左手，英國公張惟賢捧右手，掖升輦。及門，宮中厲聲呼：「哥兒却還！」使使追躡者三輩。一燝傍輦疾行，翼升文華殿，先卽東宮位，羣臣叩頭呼萬歲。

事稍定，選侍猶趣還乾清。時選侍居乾清。一燝曰：「乾清不可居，殿下宜暫居慈慶。」

皇長子心憚選侍，然之。一燝語安曰：「主上沖年，無母后。外庭有事，吾受過；宮中起居，公等不得辭責。」明日，周嘉謨及左光斗疏請移宮。〔五〕時首輔從哲徘徊其間，已，又欲緩移宮。一燝曰：「本朝故事，仁聖，嫡母也，移慈慶；慈聖，生母也，移慈寧。今何日，可姑緩耶？」初五日偕同官請卽日降旨，竚立宮門以俟。選侍不得已，移噦鸞宮，〔六〕天子復還乾清，事始大定。帝既踐阼，從哲被劾在告，一燝遂當國，與爌相得甚歡。念內廷惟王安力衞新天子，乃引與共事。安亦傾心嚮之。所奏請，無不從。發內帑，抑近倖，搜遺逸，舊德宿齒布滿九列，中外欣欣望治焉。

明年，天啓改元，瀋陽失。廷臣多請復用熊廷弼。一燝亦言：「廷弼守遼一載，殘疆宴然，不知何故翦除。及下廷議，又皆畏懼，不敢異同。嗣後軍國大事，陛下當毅然主持，敕諸臣洗心滌慮，悉破雷同附和，共憂國奉公。」帝優旨褒答。尋有詔盡謫前排廷弼者姚宗文等官。言路多怨一燝。一燝嘗言：「任天下事者，惟六官。言路張，則六官無實政。善治天下者，俾六官任事，言路得繩其愆，言官陳事，政府得裁其是，則天下治」於是一切條奏悉下部議，有不經者，詔格之。

初，選侍將移宮，其內豎李進忠、劉朝、田詔等盜內府秘藏，過乾清門仆，金寶墮地。帝怒，悉下法司，案治甚急。羣奄懼，搆蜚語，言帝薄先朝妃嬪，致選侍移宮日，跣足投井，以搖惑外廷。御史賈繼春遂上安選侍書。刑部尚書黃克纘、給事中李春曄、御史王業浩輩張大其辭，欲脫盜奄罪。帝惡繼春妄言，且疑其有黨，將嚴譴之。一燝謂天子新卽位，輒疑臣下朋黨，異時奸人乘閒，士大夫必受其禍。乃具疏開帝意，爲繼春解，而反覆言朋黨無實。繼春得削籍去。御史張愼言、高弘圖疏救繼春，帝欲幷罪，亦以一燝言而止。帝憾選侍甚，必欲誅盜奄。王安爲司禮，亦惡之。諸奄百方救，卒不得。久而帝漸忘前事，安亦爲魏忠賢排死，諸奄乃厚賄忠賢爲地，而上疏辨冤。帝果免劉朝、詔死，下其疏法司。一燝執奏，詔等議誅久，無可雪，疏直下部，前無此制。帝不得已，下其疏於閣。一燝復言：「此疏外不由通政司，內不由會極門，例不當擬旨，謹封還原疏。」由是忠賢輩大恨，朝等亦竟免死，益任用。

定陵工成，忠賢欲以爲功。一燝援故事，內臣非司禮掌印及提督陵工不得濫廕，止擬加恩三等。諸言官論客氏被謫者，一燝皆疏救，又請出客氏於外。及言官交章論沈淮，淮疑一燝主之，與忠賢、客氏等比，而齮一燝。一燝持大體，不徇言路意。言路頗怨。又密窺魏、客等漸用事，一燝勢孤，是年四月，候補御史劉重慶遂力詆一燝不可用。帝怒謫重慶。一燝再論救，不聽。而職方郎中余大成，御史安伸，給事中韋蕃、霍維華交章劾一燝。帝不問。既而維華外轉，其同官孫杰疑一燝屬嘉謨爲之，上疏力攻一燝。一燝疏辨求罷。帝已慰留，給事中侯震暘、御史陳九疇復劾之，幷刺其結納王安。於是一燝四疏乞歸，忠賢從中主之，傳旨允其去。

先是，從哲去，帝數稱一爌爲首輔，〔七〕一爌不敢當，虛位俟葉向高。及向高至，入讒言，謂一爌尼己。至是，知其無他，力稱一爌有翼衞功，不可去。帝復慰留，一爌堅臥不起。二年三月，疏十二上，〔八〕乃令乘傳歸。既歸，兵部尚書張鶴鳴興奸細杜茂、劉一巘獄，欲指一巘爲一爌族，株連之。刑部尚書王紀不可，遂被斥去，而一爌得白。鶴鳴，一爌向所推轂者也。已而忠賢大熾，矯旨責一爌誤用廷弼，削官，追奪誥命，勒令養馬。崇禎改元，詔復官，遣官存問。一爌在位，累加少傅、太子太傅、吏部尚書、中極殿大學士。八年卒，贈少師。福王時，追謚文端。

一焜，字元丙。萬曆二十年進士。授行人。歷考功郎中，佐侍郎楊時喬典京察，盡斥執政私人。已，改文選，遷太常少卿，以憂去。久之，由故官擢右僉都御史，巡撫浙江。帝遣中官曹奉建鎭海寺於普陀山。一焜偕巡按李邦華爭不可，不聽。織造中官劉成卒，一焜屢疏請勿遣代。已得請，會命中官呂貴護成遺裝，奸人遂請留貴督織造，疏直達禁中。一焜與邦華極論其罪，帝卒命貴代之。一焜復疏爭，不報。貴既任，條行十事，多侵擾。一焜疏駁，且禁治其爪牙，貴爲斂威。一焜以暇築龕山海塘千二百丈，濬復餘杭南湖，民賴其利。御史沈珣誣訐其贓私，一焜自引去。卒，贈工部右侍郎。

一煜，兵部郎中。

韓爌，字象雲，蒲州人。萬曆二十年進士。選庶吉士。進編修，歷少詹事，充東宮講官。四十五年擢禮部右侍郎，協理詹事府。久之，命敎習庶吉士。

泰昌元年八月，光宗嗣位，拜禮部尚書兼東閣大學士，入參機務。未幾，光宗疾大漸，與方從哲、劉一燝同受顧命。時宮府危疑，爌竭誠翼衞，中外倚以爲重。大帥李如柏、如楨兄弟有罪，當逮治，中旨寬之。爌與一燝執奏，逮如律。以登極恩，加太子太保、戶部尚書、文淵閣大學士。從哲去，一燝當國，爌協心佐理。

天啓元年正月，兩人以帝爲皇孫時，未嘗出閣讀書，請於十二日卽開經筵，自後日講不輟，從之。遼陽失，都城震驚。爌、一燝以人情偸玩，擬御札戒勵百官，共圖實效，帝納之。廷臣以兵餉大絀，合詞請發帑，爌、一燝亦以爲言，詔發百萬兩。大婚禮成，加少保、吏部尚書、武英殿大學士，廕一子尙寶司丞。未幾，以貴州平苗功，加少傅、太子太傅、建極殿大學士。帝封乳母客氏爲奉聖夫人，大婚成，當出外，仍留之宮中。御史畢佐周切諫，六科、十三道復連署爭，皆不納。爌、一燝引祖制爲言，乃命俟梓宮發引，擇日出宮。

二年四月，禮部尚書孫慎行劾方從哲用李可灼紅丸藥，罪同弑逆，廷議紛然。一燝已去位，爌特疏白其事，曰：

先帝以去年八月朔踐阼。臣及一燝以二十四日入閣。適鴻臚寺官李可灼云有仙丹欲進。從哲愕然，出所具問安揭，有「進藥十分宜慎」語。臣等深以爲然，卽諭之去。二十七日召見羣臣，先帝自言不用藥已二十餘日。至二十九日遇兩內臣，言帝疾已大漸，有鴻臚寺官李可灼來思善門進藥。從哲及臣等皆言彼稱仙丹，便不敢信。是日仍召見。諸臣問安畢，先帝卽顧皇上，命臣等輔佐爲堯、舜。又語及壽宮，臣等以先帝山陵對，則云：「是朕壽宮。」因問有鴻臚官進藥。從哲奏云：「李可灼自謂仙丹，臣等未敢信。」先帝卽命傳宣。臣等出，移時可灼至，同入診視，言病源及治法甚合。先帝喜，命速進。臣等復出，令與諸醫商搉。一燝語臣，其鄉兩人用此，損益參半。諸臣相視，實未敢明言宜否。須臾，先帝趣和藥，臣等復同入。可灼調以進，先帝喜曰：「忠臣，忠臣。」臣等出，少頃，中使傳聖體服藥後暖潤舒暢，思進飲膳，諸臣歡躍而退。比申末，可灼出云：「聖上恐藥力不繼，欲再進一丸。」諸醫言不宜驟。乃傳趣益急，因再進訖。臣等問再服復何狀，答言平善如初。此本日情事也。次日，臣等趨朝，而先帝已於卯刻上賓矣，痛哉！

方先帝召見羣臣時，被衰憑几，儼然顧命。皇上焦顏侍側，臣等環跪徬徨，操藥而前，籲天以禱。臣子際此，憾不身代。凡今所謂宜慎宜止者，豈不慮於心，實未出於口，抑且不以萌諸心。念先帝臨御雖止旬月，恩膏實被九垓。爲臣子者宜何如頌揚，何如紀述。乃禮臣忠憤之激談，與遠邇驚疑之紛議，不知謂當時若何情景，而進藥始末實止如此。若不據實詳剖，直舉非命之凶稱，加諸考終之令主，恐先帝在天之靈不無恫怨，皇上終天之念何以爲懷。乞渙發綸音，布告中外，俾議法者勿以小疑成大疑，編摹者勿以信史爲謗史。

文震孟建言獲譴，論救甚力。

三年以山東平妖賊功，加少師、太子太師。時葉向高當國，爌次之。及楊漣劾魏忠賢二十四大罪，忠賢頗懼，求援於爌。爌不應，忠賢深銜之。旣向高罷，爌爲首輔，每事持正，爲善類所倚。然向高有智術，籠絡羣奄，爌惟廉直自持，勢不能敵。而同官魏廣微又深結忠賢，遍引邪黨。其冬，忠賢假會推事逐趙南星、高攀龍，爌急率朱國禎等上言：「陛下一日去兩大臣，臣民失望。且中旨徑宣，不復到閣，而攀龍一疏，經臣等擬上者，又復更易，大駭聽聞，有傷國體。」忠賢益不悅，傳旨切責。未幾，又逐楊漣、左光斗、陳于廷，朝政大變，忠賢勢益張。

故事，閣中秉筆止首輔一人。廣微欲分其柄，囑忠賢傳旨，諭爌同寅協恭，而責次輔毋伴食。爌惶懼，即抗疏乞休。略言：「臣備位綸扉，咎愆日積。如詰戎宜先營衞，而觀兵禁掖，無能紓宵旰憂。忠直尙稽召還，而搒掠朝堂，無能回震霆怒。後先諸臣之罷斥，諭旨中出之紛更，不能先時深念，有調劑之方，又不能臨事執持，爲封還之戇。皆臣罪之大者。皇上釋此不問，責臣以協恭，責同官以協贊。同官奉詔以從事，臣欲補過無由矣。乞亟褫臣官，爲佐理溺職之戒。」得旨：「卿親承顧命，當竭忠盡職。乃歸非於上，退有後言。今復悻悻求去，可馳驛還籍。」諸輔臣請如故事，加以體貌，不報。爌疏謝，有「左右前後務近端良，重綸綍以重仕途，肅紀綱以肅朝宁」語。忠賢及其黨益恨。爌去，朱國禎爲首輔。李蕃攻去之，顧秉謙代其位。公卿庶僚皆忠賢私人矣。

五年七月，逆黨李魯生劾爌，削籍除名。又假他事坐贓二千，繫其家人於獄。爌鬻田宅，貸親故以償，乃棲止先墓上。

莊烈帝登極，復故官。崇禎元年，言者爭請召用，爲逆黨楊維垣等所扼，但賜敕存問，官其一子。至五月，始遣行人召之。〔九〕十二月還朝，復爲首輔。帝御文華後殿閱章奏，召爌等，諭以擬旨務消異同，開誠和衷，期於至當。爌等頓首謝，退言：「上所諭甚善，而密勿政機，諸臣參互擬議，不必顯言分合。至臣等晨夕入直，勢不能報謝賓客。商政事者，宜相見於朝房，而一切禁私邸交際。」帝卽諭百僚遵行。

二年正月，大學士劉鴻訓以張慶臻敕書事被重譴，爌疏救，不聽。溫體仁訐錢謙益，御史任贊化亦疏訐體仁。帝召見廷臣，體仁力詆贊化及御史毛羽健爲謙益死黨。帝怒，切責贊化。爌請寬贊化以安體仁。帝因謂：「進言者不憂國而植黨，自名東林，於朝事何補？」爌退，具揭言：「人臣不可以黨事君，人君亦不可以黨疑臣。但當論其才品臧否，職業修廢，而黜陟之。若戈矛妄起於朝堂，畛域横分於宮府，非國之福也。」又率同官力救贊化，不納。皇長子生，請盡蠲天下積逋，報可。

時大治忠賢黨，爌與李標、錢龍錫主之。列上二百六十二人，罪分六等，名曰「欽定逆案」，頒行天下。言者爭擊吏部尚書王永光，南京禮部主事王永吉言之尤力。帝怒，將罪之。爌等言永吉不宥，永光必不安，乃止奪俸一年。工部尚書張鳳翔奏廠、庫積弊。帝怒，召對廷臣詰責。巡視科道王都、高賚明二人力辨，帝命錦衣官執之，爌、標、龍錫並救解。而是日永光以羽健疏劾，請帝究主使者。爌退，申救都等，因言永光不宜請究言官。帝不納，然羽健卒獲免。

初，熊廷弼既死，傳首九邊，屍不得歸葬。至是，其子詣闕疏請。爌等因言：「廷弼之死，由逆奄欲殺楊漣、魏大中，誣以行賄，因盡殺漣等，復懸坐廷弼贓銀十七萬，刑及妻孥，冤之甚者。」帝乃許收葬。

時遼事急，朝議汰各鎮兵。又以兵科給事中劉懋疏，議裁驛卒。帝以問爌，爌言：「汰兵止當清占冒及增設冗兵爾。衝地額兵不可汰也。驛傳疲累，當責按臣核減，以甦民困，其所節省仍還之民。」帝然之。御史高捷、史䇲以罪免，永光力引之。都御史曹于汴持不可，永光再疏爭。爌言，故事當聽都察院咨用。帝方眷永光，不從。九月以將行慶典，請停秋決，亦不從。

時逆案雖定，永光及袁弘勛、捷、䇲輩日爲翻案計。至十月，大清兵入畿甸，都城戒嚴。初，袁崇煥入朝，嘗與錢龍錫語邊事。龍錫，東林黨魁也，永光等謀因崇煥興大獄，可盡傾東林。倡言大清兵之入，由崇煥殺毛文龍所致。捷遂首攻龍錫，逐之。明年正月，中書舍人加尚寶卿原抱奇故由輸貲進，亦劾爌主款誤國，招寇欺君，郡邑殘破，宗社阽危，不能設一策，拔一人，坐視成敗，以人國僥倖，宜與龍錫並斥。其言主款者，以爌，崇煥座主也。帝重去爌，貶抱奇秩。無何，左庶子丁進以遷擢愆期怨爌，亦劾之，而工部主事李逢申劾疏繼上。爌卽三疏引疾。詔賜白金彩幣，馳驛遣行人護歸，悉如彝典。進、逢申並爌會試所舉士也。

爌先後作相，老成慎重。引正人，抑邪黨，天下稱其賢，獨嘗庇王永光云。十七年春，李自成陷蒲州，迫爌出見，不從。賊執其孫以脅。爌止一孫，乃出見，賊釋其孫。爌歸，憤鬱而卒，年八十矣。

朱國祚，字兆隆，秀水人。萬曆十一年進士第一。授修撰。進洗馬，爲皇長子侍班官，尋進諭德。日本陷朝鮮，石星惑沈惟敬言，力主封貢。國祚面詰星："此我鄉曲無賴，因緣爲奸利耳，公獨不計辱國乎？"星不能用。

二十六年超擢禮部右侍郎。湖廣稅監陳奉橫甚。國祚貽書巡按御史曹楷，令發其狀。帝怒，幾逮楷，奉亦因此撤去。尙書余繼登卒，國祚攝部事。

時皇長子儲位未定，冠婚踰期，國祚屢疏諫。戚臣鄭國泰請先冠婚，後册立。國祚抗疏言："本朝，外戚不得與政事。册立大典，非國泰所宜言。況先册立，後冠婚，其儀仗、冠服之制，祝醮、敕戒之辭，陞降、坐立之位，朝賀拜舞之節，因名制分，因分制禮，甚嚴且辨。一失其序，名分大乖。違累朝祖制，背皇上明綸，犯天下淸議，皆此言也。"又言："册立之事，理不可緩。初謂小臣激聒，故遲之。後羣臣勿言，則曰待嫡。及中宮久無所出，則曰皇長子體弱，須其強。今又待兩宮落成矣。自三殿災，朝廷大政令率御文華殿。三禮之行，在殿不在宮。頃歲趣辦珠寶，戶部所進視陛下大婚數倍之。遠近疑陛下借珠寶之未備，以遲典禮。且詔旨採辦珠寶，額二千四百萬，而天下賦稅之額乃止四百萬。即不充國用，不給邊需，猶當六年乃足。必待取盈而後舉大禮，幾無時矣。」已，又言：「太祖、成祖、仁宗，即位初，卽建儲貳。宣宗、英宗册爲皇太子時，止二歲，憲宗、孝宗止六歲，陛下亦以六歲。未聞年十九而不册立者。」國祚攝尚書近二年，爭國本至數十疏，儲位卒定。

陝西狄道山崩，其南湧小山五，國祚請修省。社稷壇枯樹生烟，復陳安人心、收人望、通下情、清濫獄四事。雲南巡撫陳用賓進土物，國祚劾之。尋轉左侍郎，改吏部。御史湯兆京劾其縱酒踰檢，帝不問，國祚遂引疾歸。

光宗卽位，以國祚嘗侍潛邸，特旨拜禮部尚書兼東閣大學士，入閣參機務。天啓元年六月還朝。尋加太子太保，進文淵閣。國祚素行淸愼，事持大體，稱長者。明年會試，故事，總裁止用內閣一人，是科用何宗彥及國祚，有譏其中旨特用者。國祚旣竣事，卽求罷，優詔不允。都御史鄒元標侍經筵而躓，帝遣中使問狀。國祚進曰：「元標在先朝直言受杖，故步履猶艱。」帝爲之改容。刑部尚書王紀爲魏忠賢所逐。國祚合疏救，復具私揭爭之。紀爲禮部侍郎時，嘗以事忤國祚者也。

三年，進少保、太子太保，〔一〇〕戶部尚書，改武英殿。十三疏乞休，詔加少傅兼太子太傅，乘傳歸。明年卒。贈太傅，謚文恪。從子大啓，文選郎中，終刑部左侍郎。

同時，朱國禎，字文寧，烏程人。萬曆十七年進士。累官祭酒，謝病歸，久不出。天啓元年擢禮部右侍郎，未上。三年正月拜禮部尚書兼東閣大學士，與顧秉謙、朱延禧、魏廣微並命。閣中已有葉向高、韓爌、何宗彥、朱國祚、史繼偕，又驟增四人，直房幾不容坐。六月，國禎還朝，秉謙、延禧以列名在後，讓居其次。改文淵閣大學士，累加少保兼太子太保。魏忠賢竊國柄，國禎佐向高，多所調護。四年夏，楊漣劾忠賢，廷臣多勸向高出疏，至有詬者。向高愠甚，國禎請容之。及向高密奏忤忠賢，決計去，謂國禎曰：「我去，蒲州更非其敵，公亦當早歸。」蒲州謂爌也。向高罷，爌爲首輔，爌罷，國禎爲首輔。廣微與忠賢表裏爲奸，視國禎蔑如。其冬爲逆黨李蕃所劾，三疏引疾。忠賢謂其黨曰：「此老亦邪人，但不作惡，可令善去。」乃加少傅，賜銀幣，廕子中書舍人，遣行人送歸，月廩、輿夫皆如制。崇禎五年卒。贈太傅，謚文肅。

何宗彥，字君美。其父由金谿客隨州，遂家焉。宗彥舉萬曆二十三年進士。累官詹事。四十二年遷禮部右侍郎，署部事。

福王之國河南，請求無已。宗彥上疏，言可慮者有六，帝不聽。又屢疏請東宮講學，皇孫就傅，及瑞、惠、桂三王婚禮。太子生母王貴妃薨，不置守墳內官，又不置墳戶贍地，宗彥力爭之。梃擊事起，宗彥因言：「天下疑陛下薄太子久。太子處積輕之勢，致慈慶宮門止守以耄年二內侍，中門則寂無一人。乞亟下張差廷訊，凡青宮諸典禮，悉允臣部施行，宗社幸甚。」不報。尋轉左侍郎，署部如故。

四十四年冬，隆德殿災，宗彥請通下情，修廢政，補曠官。明年，皇長孫年十三，未就傅，宗彥再疏力言。自是頻歲懇請，帝終不納。四十六年六月，京師地震。上修省三事。時帝不視朝已三十載，朝政積弛，庶官盡曠。明年秋，遼事益棘。宗彥率僚屬上言：「自三路喪師，開原、鐵嶺相繼沒，瀋陽孤危。請陛下臨朝，與臣等面籌兵食大計。」帝亦不報。

宗彥清修有執。攝尚書事六年，遇事侃侃敷奏，時望甚隆。其年十二月會推閣臣，廷臣多首宗彥，獨吏科給事中張延登不署名，遂不獲與。宗彥旋乞假去。御史薛敷政、蕭毅中、左光斗、李徵儀、倪應春、彭際遇、張新詔等交章惜之，而延登同官亓詩教、薛鳳翔又屢疏糾駁。其時齊黨勢盛，非同類率排去之。宗彥無所附麗，故終不安其位。

明年，神宗崩，光宗立，卽家拜禮部尚書兼東閣大學士。天啓元年夏還朝。屢加少師兼太子太師、吏部尚書、建極殿大學士。四年正月卒官，贈太傅，謚文毅。

弟宗聖，由鄉舉歷官工部主事。以附魏忠賢，驟加本部右侍郎。崇禎初，削籍，論配，名麗逆案。

孫如游，字景文，餘姚人，都御史燧曾孫也。萬曆二十三年進士。累官禮部右侍郎。

四十七年冬，左侍郎何宗彥去位，署印無人，大學士方從哲屢以如游請。明年三月始得命。部事叢積，如游決遣無滯。時白蓮、無爲諸邪教橫行，宗彥嘗疏請嚴禁，如游復申其說。帝從之。七月，帝疾大漸，偕諸大臣受顧命。

帝崩，鄭貴妃懼禍，深結李選侍，爲請封后。選侍喜，亦爲請封太后以悅之。楊漣語如游曰：「皇長子非選侍所愛。選侍后，嫡矣，他日將若何？亟白執政，用遺詔舉册立。登極三日，公卽援詔以請。」如游然之。八月朔，光宗卽位。三日，如游請建東宮，帝納之。俄遵遺旨諭閣臣，封貴妃爲皇太后。如游奏曰：「考累朝典禮，以配而后者，乃敵體之經，以妃而后者，則從子之義。祖宗以來，豈無抱衾之愛，而終引去席之嫌，此禮所不載也。先帝念貴妃勞，不在無名之位號；陛下體先帝志，亦不在非分之尊崇。若義所不可，則遵命非孝，遵禮爲孝。臣不敢曲徇，自蹈不忠之罪。」疏入，未報。

如游尋進本部尚書。帝既命建東宮，又言皇長子體質清弱，稍緩册立期。如游力持不可。二十三日命封選侍爲皇貴妃。期已定矣，越三日，帝又趣之。如游奏曰：「先奉諭上孝端皇后、孝靖皇太后尊謚，又封郭元妃、王才人爲皇后，禮皆未竣，貴妃之封宜在後。既聖諭諄切，且有保護聖儲功，卽如先所定期，亦無不可。」帝許之。選侍以貴妃爲未足，必欲得皇后。二十九日再召廷臣，選侍迫皇長子言之。如游曰：「上欲封選侍爲皇貴妃，當卽具儀進。」帝漫應曰：「諾。」選侍聞，大不悅。明日，帝崩，朝事大變。如游請改册封期，報可。熹宗爲皇孫時，未就傅。卽位七日，如游卽請開講筵，亦報可。

十月命以東閣大學士入參機務。言者詆其不由廷推，交章論列。如游亦屢乞去，帝輒勉留。天啓元年二月上疏言：「祖宗任用閣臣，多由特簡。遠者無論，在世廟，則有張璁、桂萼、方獻夫、夏言、徐階、袁煒、嚴訥、李春芳；在穆廟，則有陳以勤、張居正、趙貞吉；在神廟，則有許國、趙志皐、張位。卽皇考之用朱國祚，亦特簡也。今陛下沖齡，臣才品又非諸臣比，有累至尊知人之明。乞速賜骸骨，還田里。」帝仍留之。如游十四疏乞去，乃加太子太保、文淵閣大學士，遣官護送，廕子給賜悉如彝典。家居四年卒。贈少保，謚文恭。

孫嘉績，字碩膚。崇禎十年進士。授南京工部主事，召改兵部。大清兵薄都城，按營不動，衆莫測。嘉績曰：「此待後至者，即舉衆南下爾。」越三日，蒙古兵數萬果從青山口入，即日南下。於是尚書楊嗣昌以嘉績知兵，調爲職方員外郎。進郎中。督師中官高起潛譖之。會有發其納賄事，遂下獄。已，黃道周亦下獄。嘉績躬親飲食湯藥，力調護之，因從受易。會諸生涂仲吉疏救道周，帝益怒，移獄錦衣嚴訊。諸生與道周往來者多詭詞自脫，獨嘉績無所隱。擬雜犯死罪，繼擬烟瘴充軍，皆不允。保定總督張福臻陛見，薦嘉績才，請用爲參謀，不聽。徐石麒爲刑部尚書，具爰書奏，乃釋之。福王時，起九江兵備僉事，未赴。魯王監國紹興，擢右僉都御史，累進東閣大學士。王航海，嘉績從至舟山。其年遘疾卒。

贊曰：熹宗初，葉向高以宿望召起，海內正人倚以爲重，卒不能有所匡救。蓋政柄內移，非一日之積，勢固無如何也。劉一燝、韓爌諸人，雖居端揆之地，而宵小比肩，權璫掣肘，紛挠杌隉，幾不自全。朱國祚、何宗彥絀於黨人，孫如游又皆以中旨特用，爲外廷所詬。於是而知明良相遭，誠千載之一遇也夫。

校勘記

〔一〕趙思聖等相訐告　趙思聖，原作「趙聖」，據明史稿傳九五葉向高傳補。

〔二〕帝優旨報聞　優旨，原作「復旨」，據明史稿傳九五葉向高傳改。

〔三〕而其時朝士與忠賢抗者率倚向高　率倚，原作「卒倚」，據明史稿傳九五葉向高傳改。

〔四〕明日九月朔帝崩　明日，原作「明年」。按召見劉一燝諸大臣事是八月甲戌日，其明日正是九月乙亥朔。據本書卷二一光宗紀、明史稿傳一一九劉一燝傳、光宗實錄泰昌元年九月乙亥朔條改。

〔五〕周嘉謨及左光斗疏請移宮　周嘉謨，原作「嘉謨」，據本書卷二二熹宗紀、卷二四一周嘉謨傳補。

〔六〕初五日至選侍不得已移噦鸞宮　噦鸞宮，當作「仁壽殿」。按選侍於九月初五日己卯移居仁壽殿，見本書卷二二熹宗紀、又卷二四四楊漣傳及光宗實錄泰昌元年九月己卯條。又選侍於二十七日辛丑移居噦鸞宮，見同上光宗實錄九月己亥條、國榷卷八四頁五一八一。

〔七〕先是從哲去帝數稱一燝爲首輔　原脫「去帝」二字，據明史稿傳一一九劉一燝傳補。

〔八〕二年三月疏十二上　三月，原作「正月」，據本書卷二二熹宗紀、卷一〇九宰輔年表、熹宗實錄卷一五天啓二年三月丁酉條改。疏十二，同上熹宗實錄作「十疏」。

〔九〕至五月始遣行人召之　五月，本書卷一一〇宰輔年表、國榷卷八九頁五四三一作「四月」。

〔一〇〕三年進少保太子太保　三年，本書卷一一〇宰輔年表作「元年」。